EU陸上交通政策の制度的展開

道路と鉄道をめぐって

中村 徹

日本経済評論社

まえがき

　欧州連合（EU）の共通交通政策は欧州共同体の形成の理念に遡らねばならない。EUは戦後の荒廃した経済の再建と未来永劫の平和を希求し，欧州地域における政治的，経済的安定をめざし，戦後の米・ソの2大国による冷戦支配に対抗しうる強力な地域連合の形成を模索していた。欧州において長年にわたって対立関係にあったフランスと旧西ドイツは当時の基幹産業であった石炭および鉄鋼製品について共同市場の設立を提唱し，経済面での連携の強化をはかろうとした。ベルギー，オランダ，ルクセンブルクのベネルックス3カ国とイタリアがこの呼びかけにこたえ，1952年に欧州石炭・鉄鋼共同体条約がパリで締結され，ここに欧州石炭・鉄鋼共同体が設立された。欧州石炭・鉄鋼共同体はその条約の序文において，欧州は強力な団結と経済発展の共通基盤を確立することによって築かれ，この経済共同体の形成をもって過去の陰惨な対立に終止符をうち，長く分断された欧州市民のなかに共同体の意識をしっかりと根づかせることが欧州平和に寄与するものであると述べている。やがて，経済統合は石炭・鉄鋼製品のみならず，すべての経済分野を対象とする共同市場へと展開し，1957年に欧州石炭・鉄鋼共同体に加盟する6カ国は欧州経済共同体条約をローマで締結し，欧州経済共同体を設立した。共同市場は加盟国間を分断する国境による一切の障壁を排除し，人，物，資本，サービスの自由な移動と取引を保証する。このような市場を1987年の単一欧州議定書は域内市場と称しているが，このような域内市場における人，物の自由な移動と取引を支えているのが交通である。しかし，交通については，各加盟国がそれぞれ独自の理念に基づき政策を展開してきた歴史があり，これが域内の円滑な人，物の移動を阻害し，域内の健全な，バランスのとれた経済成長を抑制する原因であると考えられてきた。ここに共通交通政策の必要性が認識され，各加盟国の交通政策を共同体レベルで調整を行うという壮大な実験が企図されることになった。

EUで展開されている共通交通政策を大概するならば，1960年代から1970年代初頭は各輸送モード単位における調和政策と鉄道問題がその中心にあった。1970年代中葉には，従来，共通交通政策の対象とみなされていなかった海運および航空についても，これを共通交通政策の対象とすべきとする画期的な判例が示され，それ以後これらの輸送モードについて政策の適用がはかられることになった。しかし，1970年代には2度にわたるオイルショックを経験し，世界経済は急速に減速した。EUにおいても例外ではなく，総じて共通政策の進捗が鈍化し，いわばユーロモラトリアムの時代であった。共通交通政策も例外ではなかった。自国の政策を優先し，共通交通政策の実施にあまり積極的でなかった理事会に対して，欧州議会は条約で規定されている共通交通政策を推進する理事会の義務の不履行を理由に，1982年9月に欧州裁判所に提訴した。1985年5月に欧州議会の勝訴の判決（完全勝訴ではない）が下され，理事会は判決結果にしたがい，それ以後理事会は共通交通政策を強力に推進することになる。また，1985年には市場統合白書が公刊され，1992年12月31日までに域内市場統合を完了させるために具体的なアクションプログラムとタイムテーブルが各分野において提示された。さらに，1987年の単一欧州議定書の採択により，従来の全会一致原則から特定多数決制が大幅に適用され，共通交通政策の進捗に一層拍車がかかることになった。

　ところで，1970年代中葉より経済成長の負の効果である公害の問題と交通との関連が議論の俎上に上るようになり，1992年に締結されたマーストリヒト条約では環境の保全を前提にした政策の策定および実施が義務づけられることになった。こうして共通交通政策は従来の輸送モード単位の調和政策から各輸送モードを有機的に組み合わせて，環境に配慮した持続可能な輸送システムの構築とこれを推進すべくさまざまな政策の展開へと変化していくことになった。そして今日，21世紀を目前にして，EUは中・東欧諸国との加盟交渉を精力的に推進し，面的拡大をはかるとともに，交通インフラ整備のプログラムを作成し，これをさまざまな面から支援し，欧州横断交通ネットワークの構築を展望している。

筆者はこのような共通交通政策の展開に照らして，今日までの共通交通政策の展開を制度面から整理し，今後の動向を展望することを本書のねらいの1つとした。なお，本書では，陸上輸送モードを対象とし，各輸送モードにおいて展開された重要と思われる政策のトピックスについてその内容の詳細な考察を試みた。しかし，EU陸上交通政策の対象となる輸送モードは道路，鉄道および内陸水路であるが，筆者の力量の乏しさゆえ，内陸水路にまで言及することができなかった。また，長距離バスについても取り上げることができなかった。今後の課題としたい。

　ここに本書の構成を示すならば，第1章は共通交通政策の議論を展開していくうえで前提となる基本的な背景を提示し，これをいわゆる序章と考えている。第2章から第4章では，道路輸送における共通政策のトピックスを取り上げ，第5章から第7章では鉄道にかかわる政策の展開を明らかにした。そして第8章から第10章において，環境と交通の関係を取り上げ，環境の保全に配慮した共通交通政策の動向とそれを支援する諸施策について論述した。最後に，第11章では，21世紀を見据えたEU共通交通政策の中心テーマである欧州横断交通ネットワークを取り上げ，その内容を詳細に検討し，今後の課題を提示することにした。

　ところで，1967年に今日のEUの基礎である3つの共同体の執行機関が統合され，欧州共同体（EC）が成立した。その後，1993年にマーストリヒト条約の発効に伴い，その呼称は欧州連合（EU）と改められたが，本書ではECとEUの区別をとくに意識せず，またときに共同体という用語を用いている。

　さて，EU研究については日本EU学会を中心に各分野においてその研究成果が盛んに発表されているが，とりわけEUの政策が進捗するにつれ国内外において多くの研究成果を見るようになった。交通の分野も例外ではない。わが国の交通分野におけるEU研究は1960年代に鉄道政策を中心に論稿が公表されているが，きわめて少数であった。しかし，市場統合が進捗するにつれて，各輸送モードにおける共通交通政策に関する研究が盛んに行われ，今日にいたるEUの交通政策の研究で特筆すべき研究成果として，1994年に刊行された橋本

昌史先生の編著による『ECの運輸政策』をあげることができる。また，本書の研究の対象ではないが，海運の分野では，松本勇先生の著書である『EU共通海運政策と競争法』をあげることができる。また，海外に目を転じれば，数多い研究成果のなかで，1984年に刊行されたバットン教授（Button, K. J.）の『道路輸送免許とEC交通政策』（Road Haulage Licensing and EC Transport Policy）と1986年に刊行されたアバチ教授（Carlo degli Abbati）の『交通と欧州統合』（Transport and European Integration）を指摘することができる。『ECの運輸政策』はすべての輸送モードを対象に，各分野のエキスパートが執筆した，わが国のEU交通政策研究の秀逸の研究成果と考えられる。またバットン教授の著書は道路輸送市場への参入の問題を免許制度との関連から詳細な考察を行った良書である。アバチ教授の著書は豊富な資料に基づいて，EUの交通政策を時代を追って整理されたものであり，政策の変遷を捉え，資料を確認するうえで貴重な文献である。これらの優れた文献を前にして，これらとの差別化をはかり，あえて研究成果を公刊する意義を明らかにしておく必要があろう。良書といえども，若干の欠点はあるものである。筆者が本書を執筆するにあたり，参考になった2つの文献，すなわち『ECの運輸政策』と『交通と欧州統合』において十分に言い尽くされていないと思われる部分をより深く検討し，その内容の詳細な考察をもって，時代を追った政策の展開をより明快に描写しようと試みたつもりである。筆者の意図が本書にうまく反映されているかどうかという判断については，読者の方々からのご批判を仰ぎたい。

　なお，本書は初出一覧に示した論文に大幅な加筆，修正を加えたものを纏めたものである。

　ところで，筆者がEUの交通政策の研究に本格的に取り組むようになったのは大学に職を得た1985年からである。1985年は欧州議会が理事会に勝訴し，共通交通政策の進捗を促した年であり，また市場統合白書が公表され，1992年末までの市場統合のタイムテーブルが示された年である。EUで展開されようとする壮大な実験に耳目を奪われた次第である。こうしてEUの共通交通政策の研究に着手し，今日に至っているが，この過程でご指導，ご教示を賜った多く

の先生方にお礼を申し上げねばならない。なかでも，お二人の恩師には心よりお礼を申し上げたい。学部，大学院時代そして今日に至るまでご指導を賜っている関西学院大学商学部教授の丸茂新先生からは，近代経済学に基づく料金論を中心とする理論研究の奥深さ，文献の精読の大切さおよび研究に取り組む真摯な姿勢をご教示頂き，深く感謝している。とくに，理論研究の手ほどきを受けながら，その醍醐味を十分に確認する前に制度的な研究にシフトした，いわば不肖の門下生である筆者を常に，暖かく，静かに見守って頂いた。そして現在勤務する大学に導いて下さった大阪産業大学名誉教授の宇野耕治先生には，大学での共同研究のスタッフに加えて頂き，折節に有意義な助言を賜り，本書の刊行にあたって参考にさせて頂いた。また，宇野先生には私的な面においても大変お世話になり，ここにご夫妻にお礼を申し上げるとともに，今後もご壮健で過ごされることを祈念したい。また，勤務先の大阪産業大学経営学部のスタッフの先生方には，自由な研究環境を提供して頂き，また激励の言葉を頂戴したことに心よりお礼を申し上げたい。

　ところで，筆者は1992年から大阪産業大学産業研究所のなかで組織されている長期研究組織『EC統合に伴う産業経済の構造的変化』の研究員として研究資金の支援を仰いできた。本書はこの研究組織の下で行ってきた研究成果の一部である。また，本書の刊行にあたっては，大阪産業大学より平成12年度の研究成果刊行助成を受けた。ここに，記して謝意を表したい。

　また，編集の煩わしい作業を快く引き受けて頂いた日本経済評論社の谷口京延氏には心よりお礼を申し上げたい。

　最後に，筆者の気ままな研究生活をさまざまな面からサポートしてくれた妻そして私達の両親に心より感謝し，本書を捧げたい。

　2000年4月

妻そして両親の健康を祈念して
中村　徹

目　次

まえがき

第1章　EUにおける交通政策の背景 …………………………………… 1

はじめに　1
第1節　欧州連合（EU）の成立　1
第2節　EUの主要組織　5
　(1)　委員会　6
　(2)　理事会　8
　(3)　欧州議会　9
　(4)　欧州裁判所　10
　(5)　経済・社会評議会　10
第3節　共通交通政策の若干の理論的背景　11
むすび　14

第2章　道路貨物輸送料金の自由化 …………………………………… 17

はじめに　17
第1節　ブラケット料金　17
第2節　ブラケット料金に対する批判　22
第3節　ブラケット料金からレファレンス料金への移行　25
むすび　29

第3章　道路貨物輸送の免許制の自由化 ……………………………… 33

はじめに　33
第1節　イギリスの道路貨物輸送の免許制度　33
第2節　2国間割り当て免許と理事会指令第1号　38

第3節　共同体免許の割り当てと委員会の提案　44
　　　第4節　カボタージュへの移行　49
　　　むすび　56

第4章　道路輸送部門における社会的規則の調和 …………………………63
　　　はじめに　63
　　　第1節　理事会規則3820号　64
　　　　(1)　第6条　運転時間　64
　　　　(2)　第7条　休憩時間　64
　　　　(3)　第8条　休息時間　65
　　　　(4)　第14条　監視手続き　65
　　　第2節　理事会規則3821号　66
　　　第3節　社会的規則の実施についての調査結果　69
　　　むすびにかえて──社会的規則をめぐる新たな動き──　74

第5章　パリ条約の下での鉄道政策 ………………………………………79
　　　はじめに　79
　　　第1節　差別鉄道料金の実態　80
　　　　(1)　発地国・受入国に起因する差別料金　80
　　　　(2)　国境で分断される貨物輸送料金　83
　　　　(3)　特別料金　85
　　　第2節　国際直通輸送料金　86
　　　第3節　国際直通料金と非加盟国との関係　93
　　　むすび　95

第6章　ローマ条約以後の鉄道政策 ………………………………………99
　　　はじめに　99
　　　第1節　鉄道会社の財務問題をめぐる議論　100
　　　第2節　助成の問題をめぐる議論　104
　　　第3節　鉄道政策の新たな展開　107

目次 ix

　　第4節　鉄道の再生の模索　111
　　　　(1)　鉄道会社の経営の独立の確保　112
　　　　(2)　インフラ管理と輸送事業の分離　113
　　　　(3)　負債の削減と財務の改善　113
　　　　(4)　鉄道インフラへのアクセス権　114
　　むすび　117

第7章　欧州高速鉄道ネットワーク……………………………121

　　はじめに　121
　　第1節　欧州高速鉄道ネットワーク計画　123
　　　　(1)　路線ネットワークV1　124
　　　　(2)　路線ネットワークV2　127
　　　　(3)　路線ネットワークV3　128
　　第2節　欧州高速鉄道ネットワークの事業見通し　129
　　第3節　欧州高速鉄道ネットワークの形成にあたり考慮すべき問題　131
　　むすび　134

第8章　EU環境政策と交通……………………………………139

　　はじめに　139
　　第1節　EU環境政策の概要
　　　　　　——第1次アクションプログラムから第4次アクションプログラムまで——　140
　　第2節　第5次環境アクションプログラムと交通が環境に及ぼす影響　146
　　第3節　外部コストの内部化についての考え方　151
　　むすび　157

第9章　EUにおける自動車関連税をめぐる議論………………161

　　はじめに　161

第1節　自動車関連税をめぐる議論の背景　161
第2節　重量貨物車両の道路インフラ利用にかかわる
　　　　料金賦課　165
第3節　鉱油の国内消費税の調和　171
第4節　CO_2／エネルギー税をめぐる議論　176
むすび　180

第10章　EUの複合輸送をめぐる議論　187

はじめに　187
第1節　複合輸送の基本規則　188
　(1)　複合輸送の定義　188
　(2)　複合輸送を促進するための税インセンティブ　189
　(3)　自家用複合輸送事業の基準の緩和　190
第2節　複合輸送のシステム設計の問題　191
　(1)　統合されたインフラと輸送モード　193
　(2)　インフラの運用と利用　194
　(3)　輸送モードから独立したサービス　195
第3節　複合輸送に対する財政支援　196
むすびにかえて――若干の評価と課題――　200

第11章　欧州横断交通ネットワークと将来の展開　205

はじめに　205
第1節　共同体が提示するガイドライン　206
第2節　欧州横断交通インフラネットワークにおけるミッシング
　　　　リンク　210
　(1)　ハードウェア　211
　(2)　ソフトウェア　211
　(3)　オルグウェア　211
　(4)　フィンウェア　212
　(5)　エコウェア　212

第 3 節　欧州横断交通インフラ投資　213
　(1)　欧州地域開発基金　216
　(2)　欧州投資銀行　216
第 4 節　各輸送モードのネットワークのマスタープラン　217
　(1)　道路　218
　(2)　内陸水路　221
　(3)　複合輸送　223
第 5 節　むすびにかえて
　　　　──欧州横断交通ネットワークの展開と今後の課題──　226

付表　238
付図　246
参考文献　253
初出一覧　271
索引　273

第1章 EUにおける交通政策の背景

はじめに

　戦後，欧州諸国は戦争による荒廃した状況から復興するための手段として欧州同盟を模索した。また，アメリカとソ連の対立から欧州は東西に分断されることになったが，なお西欧諸国はアメリカとソ連の両大国に匹敵しうる第3の勢力としての欧州同盟の形成をめざした。その結果，1951年のパリ条約および1957年のローマ条約によって欧州共同体の基盤が確立されることになった。

　欧州経済共同体（European Economic Community, EEC）の目的はローマ条約の第2条で規定されているように，経済活動の調和のとれた発展，安定した経済成長，生活水準の向上そして加盟国間の緊密な関係の促進である。このEECの目的は域内貿易を促進することによって実現される。その際，加盟国間で調整された交通政策は域内貿易を促進し，加盟国間の結合を強化する重要な条件である。

　われわれはEUにおける共通交通政策の内容を詳細に検討するにあたり，EUの組織，政策の決定過程および共通交通政策を展開する必要性についての理論的背景について若干考察しておこう。

第1節　欧州連合（EU）の成立

　戦後の欧州における軍事面での最初の動きとして，1948年のブリュッセル条約機構の設立を指摘することができる[1]。これはイギリス，フランス，ベル

ギー，オランダおよびルクセンブルクによって調印された。ブリュッセル条約機構は東欧諸国を意識した相互援助組織である。1949年には，ブリュッセル条約機構はアメリカ，カナダ，デンマーク，ノルウェー，ポルトガル，アイスランドおよびイタリアとの協定によって北大西洋条約機構（North Atlantic Treaty Organisation, NATO）となった。1950年に朝鮮戦争が勃発した際，アメリカは西ドイツの再軍備を示唆した。しかし，フランスは西ドイツの再軍備に反対の立場をとり，その代替案としてNATOに加盟している欧州諸国の混成軍の編成を示唆した。この提案は1951年に欧州防衛共同体（European Defense Community, EDC）の設立を前提にして議論が行われた。その結果，1952年にEDC条約は欧州石炭・鉄鋼共同体（European Coal and Steel Community, ECSC）に加盟するフランス，西ドイツ，イタリア，ベルギー，オランダおよびルクセンブルクの6カ国によって調印された。そしてこの条約はフランスを除く5カ国によって批准された。しかし，フランス議会は西ドイツの再軍備に反対するフランス左派とフランス軍が外国の管理の下におかれることに反対するフランス右派の抵抗によって条約の批准に至らなかった。ここに，EDC構想は挫折することになった。しかし，イギリスの仲介によって西ドイツの再軍備問題はフランスに受け入れられる形で解決され，1954年にはイギリス，アメリカ，カナダとECSC加盟6カ国の間で一連の協定が締結された。その結果，ブリュッセル条約機構は修正され，拡大されることになった。すなわち，西ドイツとイタリアがブリュッセル条約機構に参加して，新しい政府間機構である西欧同盟（Western European Union, WEU）が形成された。これらの一連の協定は西ドイツの占領の終決と西ドイツのNATOへの参加，他方西ドイツの軍事強大化に対するフランスの懸念を緩和するためにイギリスの参加を規定している[2]。この西欧の動きに対して，東欧はソ連を中心にしてワルシャワ条約を締結した。ここに，欧州の東西分裂は鮮明になった。1954年は欧州の統一の視点から最悪の年であったといえる。

　他方，経済組織の面に目を転じるならば，欧州の統一運動の最初の動きとして欧州経済委員会（Economic Commission for Europe, ECE）の設立をあげるこ

とができる[3]。ECE は，1947年に欧州経済の再建を目的として国際連合の外郭組織としてジュネーブに設置された。さらに，同年の6月には欧州経済の荒廃を救済する目的でマーシャルプランが発表された。しかし，マーシャルプランは戦後のアメリカとソ連の対立を深める結果となった。西欧はマーシャルプランを受け入れ，それを実施する機関として欧州経済協力委員会（Committee for European Economic Cooperation, CEEC）を設置した。そして1948年には，西欧諸国だけを対象とする援助の受け入れおよび調整機関として欧州経済協力機構（Organisation For European Economic Cooperation, OEEC）となった。つづいて，1949年には西欧の首脳がハーグにおいて欧州会議（Congress of Europe）を召集した。この会議において，国家主権の一部を然るべき機関に委譲することを要求する決議が可決された。この欧州会議の決議によって明確になった事実は，イギリスおよびスカンジナビア諸国と ECSC を形成した6カ国との間の見解の相違であった。すなわち，前者は国家主権を維持して政府間協力を軸とした欧州の統一を考えていたのに対して，後者は国家主権の一部を放棄して連邦制による欧州の統一を考えていた。

　この両者の見解の相違を与件として，当時のフランスの外相であったロベール・シューマン（Schuman, R.）は欧州連邦の確立こそ欧州に永久の平和をもたらすものであるという信念に基づいて，ジャン・モネ（Monnet, J.）の協力を得て，その具体的な政策をシューマンプランとして発表した[4]。シューマンプランは究極の目的である欧州の政治統一のための布石として基幹産業における共同市場の確立を提唱した。その結果，1951年にフランス，西ドイツ，イタリア，オランダ，ベルギーそしてルクセンブルクの6カ国はシューマンプランを推進するための条約であるパリ条約を締結した。ここに，共同市場，共通の目的そして共通の組織に基づく欧州石炭・鉄鋼共同体が形成された。さらに，ベネルックス3カ国は欧州の政治統一は経済統合を通じて行われるべきであるという見解に基づいて欧州経済共同体（European Economic Community, EEC）および欧州原子力共同体（European Atomic Energie Community, EURATOM）の構想を明らかにした。この構想は，1955年6月の ECSC 加盟6カ国

の外相によるメッシーナ会議で検討された。その結果，EEC構想を現実のものにするための研究機関としてスパーク (Spaak, P. H.) を委員長とするスパーク委員会が設置された。イギリスはWEUの加盟国であり，ECSCと提携関係にあったので，スパーク委員会に参加することになった。スパーク委員会は，1955年7月に第1回会議を開催した。しかし，議論が進行するにつれて，欧州会議の場と同様にイギリスとECSC加盟国との間の見解の相違が明らかになった。前者は自由貿易地域連合を主張し，後者は関税同盟を主張した。その結果，1955年11月にイギリスはスパーク委員会を脱退することになった[5]。しかし，1957年にECSC加盟国は，EECおよびEURATOMを確立する条約であるローマ条約の締結にこぎつけた。

　EECにおいては，組織および制度の移行期を12年と考えて，共同市場の確立は1969年とした。一般に，経済統合はつぎの5段階に分けられる。第1段階は自由貿易地域である。これはすべての協定国間の貿易において関税および量的貿易制限を撤廃する。しかし，協定国はそれぞれ域外商品に対して自由に輸入関税水準を設定することができる。第2段階は関税同盟である。協定国は協定国間の貿易において関税および量的貿易制限を撤廃するだけでなく，域外商品に対して共通の関税を設定する。第3段階は共同市場である。これは関税同盟において財の自由な移動および生産要素の自由な移動を表わす。第4段階は経済同盟である。これは国家間の経済政策のちがいが財および生産要素の自由な移動を妨げないように相互に経済政策の調整を行う。さらに，バラッサ (Balassa, B) は最終段階として完全な経済統合をあげている。すなわち，通貨および財政政策の完全な統一である[6]。

　ところで，ローマ条約第3条は共同市場の確立についてつぎのように明確に規定している。

① 域内貿易の障害の除去。
② 共通域外関税の確立。
③ 生産要素の自由な移動の障害の除去。
④ 農業政策。

⑤　交通政策。
⑥　共同市場における競争を確保する制度の組織化。
⑦　加盟国の経済政策の調整と国際収支不均衡の改善。
⑧　加盟国の国内法の適当な調和。
⑨　欧州社会基金の確立。
⑩　欧州投資銀行の設立。
⑪　貿易および経済・社会発展のための海外植民地および属領との提携。

1967年には，ECSC, EECおよびEURATOMの執行機関が統合され，欧州共同体（European Community, EC）と総称されるようになった。1973年には，イギリス，デンマークおよびアイルランドが加盟して，第1次拡大ECが成立した。さらに，1981年にはギリシャが加盟し，1986年にはスペインおよびポルトガルが加盟し，第2次拡大ECが発足した。1987年には，1992年末までに市場統合を実現するという目標が明確にされ，そのための課題が明示され，プログラムが作成された。各分野において提示された諸課題を迅速に処理する必要から，1987年に単一欧州議定書（Single European Act）が採択され，政策決定の際に適用された全会一致制を大幅に緩和し，加重特定多数決制が適用されるようになった。さらに，1992年には，通貨統合を明確にしたマーストリヒト条約が調印され，欧州連合（European Union）が発足することになった。1995年には，オーストリア，スウェーデンおよびフィンランドが加盟し，加盟国は15カ国となり，今日に至っている。1997年には，今日のEUの基本法となっているアムステルダム条約が採択され，共通外交・安全保障政策について，「建設的棄権制」の概念が導入され，将来の政治統合に向けての布石がうたれた。そして，2000年末に予定されているアムステルダム条約の見直しにあたっては税制統合をにらみ，加重特定多数決制の適用範囲の拡大が焦点となっている。

第2節　EUの主要組織

EUにおける経済政策を論じる前に，政策がいかなる手続きを経て認可され，

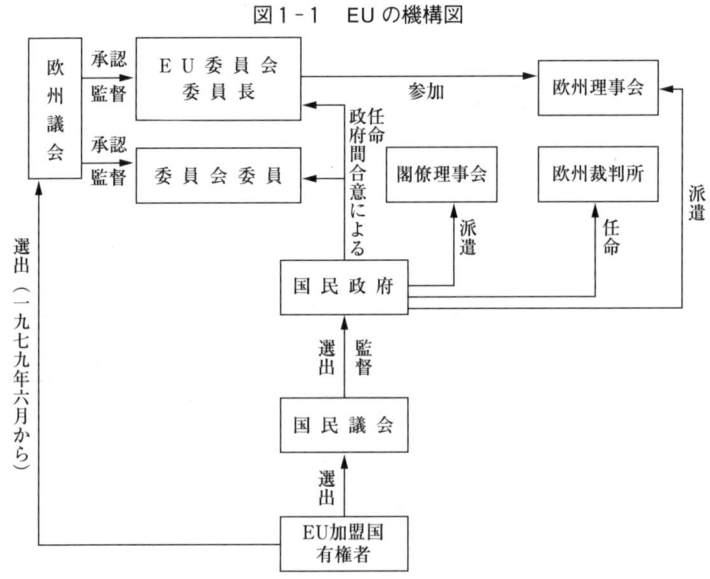

図1-1　EUの機構図

(出所)　田中（1982），277頁より若干修正。

実行法として官報を通じて公示され，実施に移されるかを明らかにしておく必要があろう。主なEUの運営機関として，委員会，理事会，欧州議会，欧州裁判所，経済・社会評議会をあげることができる。この際，EUを構成する各機関の関係図を参考にしつつ，各機関について簡単に説明しておこう[7]。（図1-1，1-2）

(1)　**委員会**

ECSC，EEC，EURATOMにはそれぞれ独立した委員会があるが，1965年4月にブリュッセルで調印された協定によって，これら3つの執行機関が統合されることになった。1967年のECの発足に伴って，EC委員会となった。

委員会の委員は当初9人で構成されていたが，EC委員会の発足に伴って14人となった。1970年には再び9人となったが，第1次拡大ECによって委員は13人に増員され，1981年のギリシャの加盟によって委員は14人となった。今日，マーストリヒト条約によって委員定数は20名と規定され，各国からそれぞれ少

図1-2 法令成立過程

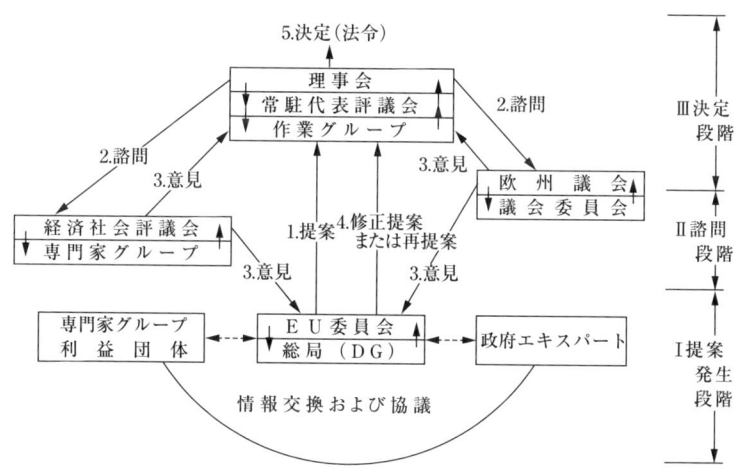

(出所) 田中 (1982), 213頁より若干修正。

なくとも1名の委員を出し，同一国から2名以上の委員を出すことはできない。各委員はそれぞれの加盟国政府によって任命され，その任期は5年と規定されている。委員長は20名の委員のなかから加盟国政府の任命を受けて選出される。EUには20の部局があり，各委員は各政策部門の統括責任者となる。

　委員会は政府およびその他のいかなる組織からも独立した機関であり，委員会には政策提案の試案作成権が与えられている。委員会は試案を作成し，これを理事会に提出する。理事会は欧州議会および経済・社会評議会の意見を参考にして，委員会案に対して決定を下す。試案が理事会の決定を受けた場合，試案は立法化され，官報に公示され，実行法として実施される。こうした過程を経て採択される法令には，規則 (regulation)，指令 (directive)，決定 (decision)，勧告 (recommendation) および意見 (opinion) がある。規則はすべての加盟国に直接適用可能であり，直接的な拘束力をもつものである。指令は直接加盟国に適用できるものではなく，指令において規定された内容にそった形で適当な国内法を導入するように加盟国に通達するものである。決定は国家，企業あるいは個人に通達されるものであり，通達を受けた当事者のみが問

題の決定に従わねばならない。規則，指令および決定が拘束力を有するものであるが，勧告および意見は法的拘束力をもたない。

また，委員会は理事会の決定によって採択された法令が有効に実施されるようにさまざまな措置を検討し，それを適用し，監督する任務を与えられている。さらに，委員会は個人，企業および各加盟国が条約あるいは各法令の規定を遵守しているかどうかを監督し，条約あるいは法令に抵触する行為を確認した場合には，委員会は違法行為者に科料を課したり，あるいは欧州裁判所に最終的な決定を委ねることができる。

(2) 理事会

理事会は各加盟国政府を代表する機関である。この組織はもし交通問題が検討の対象であるならば，各加盟国の運輸大臣によって構成される。理事会の議長はアルファベット順の輪番制で，各加盟国が6カ月担当することになっている。

ローマ条約は理事会の意思決定の票決について重要な規定を設けている。移行期の初期の段階においては全会一致制が貫かれていたが，経済政策の重要課題である共通農業政策の分野において加重特定多数決制が適用された。当時の各加盟国の票決権はフランス，西ドイツおよびイタリアがそれぞれ4票，ベルギーとオランダが2票そしてルクセンブルクが1票であった。加重特定多数決が適用された共通農業政策の票決においては12票が必要であった。ところで，理事会の票決には若干注意すべき点がある。加重特定多数決はすべての案件について適用されるわけではない。また，理事会が委員会の提案以外のものについて行動した場合，その行動が正当化されるには当時12票の支持票決のほかに4カ国の承認が必要であった。しかし，1966年以後，加重特定多数決は初期の段階において考えられていたほど重要性をもたなくなった。フランスが1965年の委員会の提案に反発して7カ月間理事会をボイコットするという事件が生じた[8]。結局，このEECの危機は1966年のルクセンブルクの妥協によって回避された。加盟6カ国が同意したルクセンブルクの妥協の内容はつぎのようなも

のであった。多数決決定の場合，ある加盟国の重大な国益が損なわれるおそれがある場合，加盟国相互の利益と共同体の利益を尊重しつつ，理事会はすべての構成員によって受け入れられる解決を見いだすために努力し，全会一致の支持が得られるまで議論は継続されねばならない[9]。このルクセンブルクの妥協の結果について，田中（1982）はつぎのように要約している[10]。

① 理事会における超国家的な要素，すなわち多数決方式は採用されず，かえって国民国家的な要素が強まった。
② 理事会の全会一致方式によって共同体委員会の政治的能力はきわめて制限されるものになった。

かくして，委員会の提案はほとんど具体的な形で政策に反映されることなく共同体の統合政策は事実上の停滞期に入った。しかし，1974年のパリでの欧州理事会においてEC首脳は理事会の機能を改善するために全会一致方式の放棄が必要であるという声明を発表した。この声明を受けて，共同体は新たな進展を遂げることになる。

今日，マーストリヒト条約において各加盟国に割り当てられた票決数はつぎのとおりである。ドイツ，フランス，イタリアおよびイギリスにはそれぞれ10票，スペインは8票，ベルギー，ギリシャ，オランダおよびポルトガルにはそれぞれ5票，オーストリアとスウェーデンには4票，デンマーク，アイルランドおよびフィンランドには3票そしてルクセンブルクは2票である。加重特定多数決によって票決する場合には，総数87票のうち62票が必要である。また，理事会が委員会の提案以外のものに基づいて行動する場合には，少なくとも10カ国の支持が必要となる。

(3) 欧州議会

欧州議会は直接選挙制が導入される以前は198議席であり，各加盟国に割り当てられた議席数は，フランス，西ドイツ，イタリアおよびイギリスがそれぞれ36，ベルギーとオランダがそれぞれ14，デンマークとアイルランドがそれぞれ10そしてルクセンブルクが6議席であった。欧州議会の議員は間接選挙制に

よって各加盟国の議会の任命を受けていた。しかし，1974年のパリの首脳会談の声明のなかで直接選挙制の導入が示唆された。その結果，1975年に直接選挙制に関する試案が欧州議会の圧倒的支持を得て採択され，1976年9月に直接選挙に関する決定および法律に調印が行われた。その際，各加盟国に割り当てられた議席数はつぎのとおりである。フランス，西ドイツ，イタリアおよびイギリスはそれぞれ81，オランダ25，ベルギー24，デンマーク16，アイルランド15そしてルクセンブルクは6議席であった。なお，1981年に加盟したギリシャには24議席が割り当てられた。1979年6月に第1回の直接選挙が行われた[11]。なお，今日マーストリヒト条約において各加盟国に割り当てられている議席数は，ドイツ99，フランス，イタリア，イギリスはそれぞれ87，スペイン64，オランダ31，ベルギー，ギリシャ，ポルトガルはそれぞれ25，スウェーデン22，オーストリア21，デンマーク，フィンランドはそれぞれ16，アイルランド15，ルクセンブルク6である。

議会に与えられていた権限については，従来は理事会の諮問機関的な機能しか与えられていなかったが，欧州議会が欧州市民の直接選挙によって選出された議員から構成され，市民の意見を直接反映しうる唯一の機関であることを尊重して，単一欧州議定書は欧州議会の権限の拡大をはかった。その結果，欧州議会に新規加盟国の承認，国際協定の締結について理事会との共同承認権および法案に対する修正案の提出権が付与された。また，予算案に対して修正案を提出したり，予算案に対する拒否権が与えられている。

(4) 欧州裁判所

欧州裁判所は6年任期の15人の判事から構成され，共同体レベルの訴訟の処理のほかに，各加盟国の国内レベルでのEC法の解釈をめぐる問題を処理する任務が課せられている。

(5) 経済・社会評議会

経済・社会評議会は条約で規定される純粋な諮問機関であり，その構成員は

今日222名であり，各加盟国の構成員数は，ドイツ，フランス，イタリア，イギリスがそれぞれ24，スペイン21，ベルギー，ギリシャ，オランダ，オーストリア，ポルトガル，スウェーデンがそれぞれ12，デンマーク，アイルランド，フィンランドがそれぞれ9，ルクセンブルク6となっている。

経済・社会評議会は経済および社会において利害関係にある生産者，労働者，農家，商人，自由業者および輸送業者などの代表から構成され，その任期は4年と規定されている。委員は各加盟国が提出する名簿に基づき理事会によって任命される。その任務は委員会から理事会に提出された法案に対して諮問を受け，その見解を明らかにすることにある。

第3節　共通交通政策の若干の理論的背景

欧州の統合の窮極の目的は政治統合であろう。しかし，政治統合を実現することは各国の利害の対立からきわめて難しい問題である。そこで，各国が相互に歩み寄り，相互のために協力できる経済部門での統合が検討された。その結果，フランス，西ドイツ，イタリア，ベルギー，オランダおよびルクセンブルクの6カ国は基幹産業であった石炭と鉄鋼についての共同市場を確立するためにパリ条約に調印した。パリ条約第4条は共同市場を確立する条件をつぎのように規定している。

① 輸出入関税あるいは同等の効果をもつ料金および生産物の移動に関する量的規制の禁止。
② 購買者の自由な選択を阻害する要因である価格，配送条件および輸送料金における差別措置および差別行為の禁止。
③ 国家助成あるいは国家援助の禁止[12]。
④ 市場シェアに影響を及ぼしうる規制行為の禁止。

また，欧州共同体の基本法であるローマ条約第3条は共同体の目的を実現するための条件の1つに交通分野における共通政策の採用を規定している。グゥイリアム（Gwilliam, K. M.）は共通交通政策の必要性をつぎのように説いてい

図1-3　輸送コスト（および関税）がない状況における貿易の最適レベル

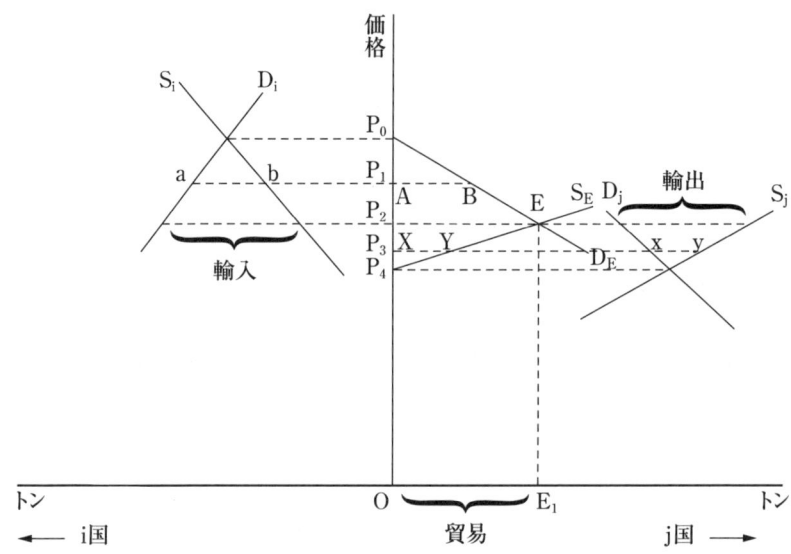

(出所)　Button, K. J. (1984), p. 4.

る[13]。自由な国際貿易の2つの主な障害は関税と輸送コストである。輸送コストは関税と同様に国内の生産者を国外の生産者との競争から保護する効果をもつ。とりわけ，輸送コストが石炭および鉄鋼価格に占める割合が大きいため，輸送コストによる国家差別を回避することは財の自由な移動にとってきわめて重要である。パリ条約第70条はこのことを明確に規定している。

この際，輸送コストが国際貿易に及ぼす影響をバットン（Button, K. J., 1984）の説明に基づいて検討しておこう[14]。

図1-3はi国とj国における同質の財の需要と供給を表わしている。j国はより低い生産コストで財を生産するが，国内需要が相対的に低く，i国に対する輸出国となる。S_iとD_iはi国における財の需給を表わし，S_jとD_jはj国における需給を表わす。この際，両国間の貿易において輸送コストが存在しないとするならば，輸入需要と輸出供給が一致する点で貿易の均衡点が得られる。D_E曲線は輸入国であるi国の財の需給ギャップ，すなわちi国の超過需要曲

図1-4 輸送コスト（および関税）が貿易に及ぼす影響

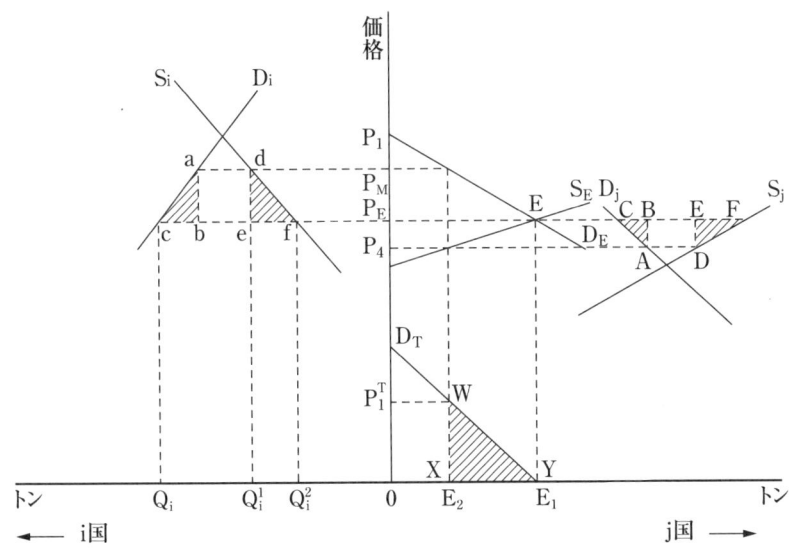

(出所) Button, K. J. (1984), p. 6.

線を表わす。S_E 曲線は同様に j 国の超過供給曲線を表わす。その結果，超過需給曲線の交点である E 点において需給が均衡し，OE_1 の財が j 国から i 国へ輸出される。しかし，現実には貿易において輸送コストあるいは関税が存在する。この際，輸送コストを考慮してこの問題を考えてみよう。

図1-4において，輸送コストがゼロである場合の貿易量は OE_1 である。しかし，いま輸送コストを P_1^T と仮定するならば，i 国からの輸入価格は P_M となり，i 国の輸入量は cf から ad へ減少し，j 国から i 国への輸出量は CF から AD へ減少し，貿易量は OE_1 から OE_2 となる。その結果，i 国および j 国において，それぞれ abc + def + ABC + DEF の死荷重が発生する。この際，各輸送コストの変化に対応した輸送需要曲線 D_T が導出される。輸送コストの変化に伴って XWY の死荷重が発生し，これは財市場において発生するものに対応する。それゆえ，輸送コストの低下は財の最終価格を引き下げ，貿易量を拡大

することになる。しかし，輸入国であるi国では，安価な輸入財の流入により，国内の生産者の収入の減少あるいは雇用の収縮というマイナスの経済効果があらわれる。このことが原因となって，国内の生産者を保護する種々の保護貿易措置が適用されることがある。しかし，グローバルな効率性を追求する共同市場において，効率的な生産コストの下で生産された財がその財を必要とするところに必要とする量だけ届くには輸送コストが安価であるということは1つの条件であろう。安価な輸送コストを実現するには国際輸送業者間の競争条件を整備する必要があろう。こうして，EUでは域内市場内での人，物の円滑かつ効率的な輸送を実現するために共通交通政策の策定と実施が不可欠となった。

むすび

EUの理想は貿易を軸とした経済的結びつきを強固なものにして，それを政治的統合にまで高めることにある。この目的を実現をするには，域内貿易の促進は不可欠な要素といえよう。

第3節においてバットンの説明にしたがって，輸送業者間の競争条件を整備することによって輸送コストの最小化をはかり，その結果として域内での人および財の円滑かつ効率的な輸送が行われ，域内貿易が促進されることを示した。

今日，EUでは道路輸送に偏重しない効率的かつ環境の保全に配慮した持続可能な輸送システムの構築をめざしている。そのためにも，各加盟国の同一輸送モードあるいは異種輸送モード間の健全な競争条件の整備は共通交通政策の最も重要な課題である。われわれはつづく各章において鉄道と道路を中心にそれぞれの分野における共通政策の展開のなかできわめて重要と思われる問題に焦点を絞り，詳細にその内容を検討することにする。

注
1) Swann, D. (1984), p. 13.
2) Palmer, M., J. Lambert, M. Forsyth, A. Morris and E. Wohlgemuth (1968), p. 32.

3) Swann, D. (1984), p. 12.
4) シューマンプランの本質的目的はフランスと西ドイツとの間の過去の敵対関係を解消するために両国の利益を統合することを提唱することであった。Diebold, W. (1959).
5) イギリスは関税同盟に対して，スウェーデン，ノルウェー，デンマーク，オーストリア，スイス，ポルトガルとともに欧州自由貿易連合を形成した。ちなみに，イギリスを中心とする7カ国は EEC の Inner-Six に対して, Outer-Seven と呼ばれた。田中（1982），p. 284.
6) Balassa, B. (1961), p. 2. 邦訳，p. 4.
7) 委員会，理事会，欧州議会の詳細な説明については，藤原，田中（1995），pp. 53-66. および島野・岡村・田中（2000）第1章を参照。なお，本書で理事会と称する機関は閣僚理事会のことであり，マーストリヒト条約で正式の EU 機関として設置された各加盟国政府首脳および EU 委員会委員長から構成される欧州理事会（European Council）とは区別される。
8) 農業財政規則，共同体の独自財源の確立，欧州議会に予算に関するより大きな権限を与えること。これら3つの案件を1つの政策議案としてまとめた委員会の提案に対して，フランスが反発したことに端を発した事件である。詳細は，田中（1982），pp. 229-236.
9) Swann, D. (1984), p. 57.
10) 田中（1982），p. 223.
11) 第1回直接選挙の結果については，*Ibid.*, p. 223.
12) なお，ローマ条約第77条は国家助成が交通の調整というニーズを充たすならば，あるいは公共サービスという概念から生じるある種の義務の負担に対する補償を表わすならば，それは条約に反するものではないと規定している。
13) Gwilliam, K. M. (1980), p. 159.
14) Button, K. J. (1984), pp. 3-6.

第2章　道路貨物輸送料金の自由化

はじめに

　EC設立に伴って交通政策に3つの課題が提示された。すなわち，①共同市場形成の過程で交通にかかわる障壁を取り除くこと，②貿易の成長，国内市場の開放に対して強力な刺激剤になること，③健全な競争を確立することである。EC設立時には，比較的自由な交通政策を展開する国からきわめて厳しい規制政策を適用する国まで幅があり，これらの政策の相違を調整しつつ，EC経済の発展に資する交通政策の遂行が求められた。

　とりわけ，域内の道路貨物輸送市場の健全な競争を実現するための条件として，賃金水準，税負担，社会的規則，営業車両の技術的特性の各分野における調和と合わせて，貨物輸送料金の問題が議論の俎上にのぼった。EC設立時より比較的自由な経済政策を展開し，比較的自由な料金政策を求めるオランダと厳しい規制政策を適用してきたドイツ，フランスとの間にある対立を緩和しつつ，貨物輸送市場の状況を反映した輸送料金規定が検討された。

　この際，道路貨物輸送市場の競争条件が整備され，道路貨物輸送市場が自由化に向かう過程にあって，道路貨物輸送料金をめぐってどのような議論が展開され，どのような結論に至ったのかということを明らかにしよう。

第1節　ブラケット料金

　1970年には，すでに鉄道の貨物輸送分野における独占の状態は崩れ，道路が

表2-1 ブラケット料金および特別協定の下での貨物輸送

輸送関係 (輸送業者の国籍)	72年1/1～6/30 輸送割合(%)		72年7/1～12/31 輸送割合(%)		73年1/1～6/30 輸送割合(%)		73年7/1～12/31 輸送割合(%)	
	ブラケット料金	特別協定	ブラケット料金	特別協定	ブラケット料金	特別協定	ブラケット料金	特別協定
ドイツ・ベルギー								
―ドイツ	75.0	25.0	67.6	32.4	70.0	30.0	68.5	31.5
―ベルギー	87.1	12.9	87.5	12.5	92.2	7.8	92.4	7.6
ドイツ・フランス								
―ドイツ	87.8	12.2	86.4	13.6	85.8	14.2	86.8	13.2
―フランス	74.5	15.5	77.2	22.8	88.8	11.2	87.3	12.7
ドイツ・イタリア								
―ドイツ	92.5	7.5	99.5	0.5	99.0	1.0	99.0	1.0
―イタリア	100.0	0	100.0	0	100.0	0	100.0	0
ドイツ・ルクセン								
―ドイツ	53.2	46.8	60.1	39.9	50.3	49.7	69.3	30.7
―ルクセンブルク	86.2	4.8	80.9	10.1	92.7	7.3	92.0	8.0
ドイツ・オランダ								
―ドイツ	69.9	30.1	65.6	34.4	63.4	36.6	65.9	34.1
―オランダ	70.0	30.0	64.3	35.7	67.6	32.0	71.0	29.0

(出所) Willeke, R. et al. (1982), p.54より抜粋

鉄道に取って代る状況になっている。1970年の貨物輸送分野のモーダルスプリットを見るならば、道路は48.5%、鉄道は31.8%となっている[1]。道路が貨物輸送分野で台頭するまでは鉄道が貨物輸送分野を支配していたため、鉄道の支配的地位の濫用を抑制するために各加盟国は貨物輸送に関して固定料金あるいは上限料金を適用していた[2]。ところが、道路輸送が台頭し、支配的地位にあった鉄道が道路に貨物を奪われはじめ、鉄道の貨物輸送単位当りのコストが上昇し、予算均衡をはかるために高い料金を設定せざるをえなくなった。その結果、鉄道は一層貨物を失うことになり、もはや総費用を償いえない状況にたち至ることになった。鉄道は内部補助によって支えられていた路線の閉鎖か、永続的な赤字の累積を受け入れるかの選択に迫られていた。こうして、鉄道の独占が終焉し、道路がその地位に取って代ろうとしているなかで、鉄道にのみ規制の枠をはめるのではなく道路にも同様の規制を適用すべきであるという議論

第2章　道路貨物輸送料金の自由化　19

（ドイツと他の加盟国との国際道路貨物輸送）

1974年		1975年		1976年		77年1/1～6/30	
輸送割合(%)		輸送割合(%)		輸送割合(%)		輸送割合(%)	
ブラケット料金	特別協定	ブラケット料金	特別協定	ブラケット料金	特別協定	ブラケット料金	特別協定
72.6	27.4	80.3	19.7	83.9	16.1	84.7	15.3
87.8	12.2	92.6	7.4	96.3	3.7	99.5	0.5
87.7	12.3	89.5	10.5	91.4	8.6	91.4	8.6
90.2	9.8	91.8	8.2	94.0	6.0	—	
99.0	1.0	99.5	0.5	99.5	0.5	100.0	0
100.0	0	100.0		100.0		100.0	0
89.4	10.6	90.5	9.5	78.5	21.5	81.7	18.3
94.3	5.7	93.8	6.2	—	—	96.0	4.0
68.7	31.3	75.7	24.3	78.1	21.9	81.7	18.3
77.0	23.0	83.0	17.0	87.1	13.0	90.0	10.0

が生じた。かような議論のなかで，1968年に理事会規則1174号が採択された。この際，1174号規則の内容を見ておこう。

　1174号規則の序文のなかで，支配的地位の濫用および非経済的な競争を回避することを目的として，問題の料金は輸送サービスの費用，市場の状況および収支均衡を考慮して確立される基礎料金を基に設計されると規定している。この際形成される料金は輸送サービスの平均費用を基準にして，上・下限の幅を23％とするブラケット料金であり，強制力をもつ料金制度である。なお，ブラケットの規制幅から乖離する輸送料金については，特別契約の締結が認められている[3]。その条件は料金の設定時に考慮されなかった状況が存在する場合あるいは3カ月の期間内に問題の契約の下で輸送される貨物重量が少なくとも500トンの場合である[4]。なお，1174号規則は第3国を通過する貨物輸送を含む加盟国間の道路貨物輸送に適用するものである。ところで，この規則が適用

表2-2　ドイツと他の加盟国との国際道路輸送におけるブラケット料金の利用

輸送関係 (輸送業者の国籍)	ブラケット料金内の平均輸送料金（ブラケットの上限＝100）							
	72年1/1 〜6/30	72年7/1 〜12/31	73年1/1 〜6/30	73年7/1 〜12/31	1974年	1975年	1976年	77年1/1 〜6/30
ドイツ・ベルギー ―ドイツ ―ベルギー	83.6 81.5	83.7 76.6	83.0 75.0	82.9 78.5	83.8 85.3	83.7 89.2	85.3 90.3	85.1 92.6
ドイツ・フランス ―ドイツ ―フランス	85.3 85.5	84.9 83.7	84.0 84.8	84.1 86.3	84.8 85.4	84.9 83.0	86.7 85.1	86.5 ―
ドイツ・イタリア ―ドイツ ―イタリア	81.5 80.4	81.3 79.6	84.4 83.32	84.4 91.52	84.9 90.5	84.5 91.73	85.0 105.5	77.9 105.1
ドイツ・ルクセン ―ドイツ ―ルクセンブルク	82.3 80.0	81.3 80.0	82.2 80.0	83.6 80.0	84.5 88.0	83.5 ―	85.7 ―	84.2 91.0
ドイツ・オランダ ―ドイツ ―オランダ	79.2 85.0	81.9 86.0	83.1 85.0	83.4 85.0	84.4 89.0	84.2 91.0	85.4 93.0	85.0 95.0

(出所)　Willeke, R. et al. (1982), p. 56より抜粋。

しない事例として，4項目があげられている[5]。
① 荷主が荷受人に託送する貨物の総重量が5トンをこえない貨物輸送。
② 全体で50キロをこえない輸送距離の貨物輸送。
③ 1962年の理事会指令第1号のアネックスⅠおよびⅡで規定されている輸送タイプ[6]。
④ 特別車両あるいは特別輸送協定の利用を伴う輸送。

この料金制度はきわめて強い規制制度を適用していたフランス，ドイツにおいて実施されていたものである。この料金制度は高いレベルの市場の不安定を回避する狙いから，ブラケットの下限は総需要が低いときに生じる過当競争を抑制し，上限は需要が高いときに生じる支配的地位の濫用を抑制しようとする狙いをもつ。

ところで，ブラケット料金が市場と一致しているかどうかを評価する際に，市場料金がブラケットの上・下限に集中していることは中間ブラケット料金が

表2-3 輸送先，貨物等級および重量等級にしたがってドイツの車両が各加盟国向けに行う国際道路貨物輸送の平均料金（ブラケットの上限＝100）

貨物等級	重量等級(t)	ベルギー	フランス	イタリア	ルクセンブルク	オランダ
I	5	98.18	124.72	115.54	102.58	96.88
	7	83.71	107.59	101.61	97.68	85.89
	10	83.54	97.53	96.81	91.91	85.19
	15	85.26	90.34	86.19	90.51	83.14
	20	81.24	78.93	74.06	76.61	78.24
	20以上	84.10	92.90	86.95	88.46	83.94
II	5	97.87	104.14	100.25	101.63	97.62
	7	97.99	105.97	100.76	106.57	96.36
	10	90.21	95.08	93.30	99.30	91.68
	15	86.32	87.56	87.25	83.25	86.69
	20	82.64	81.46	74.32	83.25	83.06
	20以上	85.04	83.99	76.39	86.98	84.63
III	5	86.41	98.64	107.30	132.13	114.82
	7	90.92	99.23	107.07	86.37	92.04
	10	88.87	90.96	97.28	106.16	97.19
	15	82.91	87.39	93.13	98.10	87.83
	20	79.85	79.95	75.55	79.50	83.29
	20以上	80.46	81.12	77.11	80.50	84.18
IV	5	120.82	113.50	83.17	94.78	121.14
	7	104.66	108.63	88.26	90.92	112.47
	10	93.38	99.14	81.11	84.34	94.26
	15	88.20	92.91	86.38	85.30	89.86
	20	82.80	84.01	76.65	77.50	81.87
	20以上	84.57	86.14	77.05	78.79	82.82

（出所） Willeke, R. et al. (1982), p. 58.

市場と一致していないことを示す[7]。そして市場料金が長期間ブラケットの上・下限に張りつく傾向がある場合，ブラケットの幅が狭く市場の一致性の基準が満たされていないと考えられる。われわれはドイツを中心とした国際道路貨物輸送について，表2-1から表2-3に示す資料からつぎのような結論を求めることができた[8]。

表2-1はブラケット料金内での貨物輸送と特別協定に基づく貨物輸送の割合の変化を示したものである。これによると，特別協定に基づく貨物輸送の割合が減少し，ブラケット料金の適用を受ける貨物輸送の割合が増加している。

表2-2はブラケット料金の枠内の平均輸送料金を示すものであるが，ドイツは各加盟国との国際貨物輸送においてブラケット料金の枠内でほぼ一定の料金水準で推移している。さらに，表2-3は貨物等級および輸送重量等級に分類して，その際ドイツの輸送業者が国際道路貨物輸送を行うにあたって提示する平均輸送料金を示している。これによると，各貨物等級の20トンをこえる輸送において，輸送料金が低下し，ブラケットの下限に近い値を示している。

われわれは加盟国間の国際貨物輸送についてドイツの限られたデータだけを基にしてブラケット料金の妥当性についての一般的な結論を導出することはできないが，少なくとも伝統的に規制政策を適用していたドイツでは，ブラケット料金が利用され，平均輸送料金はブラケットの枠内におさまっている。しかし，これを貨物等級別および輸送重量等級別により詳細に見るならば，より小さい輸送重量クラスでは平均料金はブラケットの上限に張りつき，輸送重量のクラスが大きくなるにつれて平均輸送料金が低下し，ブラケットの下限に近い値になっている。このように，重量等級別に見るならば，平均輸送料金がブラケットの上・下限に張りつく傾向が見られ，中間ブラケット料金から乖離し，市場の一致性が疑義される状況が垣間見られる。

第2節　ブラケット料金に対する批判

料金に上・下限を設けるブラケット料金の考え方には，鉄道が貨物輸送市場を独占していた時代が想定されていた。鉄道が市場を支配していた時代には，支配的地位を利用して独占的に輸送サービスを供給しうるルートではきわめて高い輸送料金を設定し，潜在的あるいは実際の競争が存在するルートでは，内部補助を利用してきわめて低い料金を設定して競争相手を排除し，独占的地位を享受していた。しかし，道路が鉄道が独占を享受していた市場に参入し，鉄道の独占的なシェアを崩しはじめ，その結果，鉄道は内部補助によって支えられていた市場からの撤退を考慮せざるをえない状況に追い込まれていった。このような状況のなかで，当初鉄道のみを対象に考えていたブラケット料金を市

場の安定化をはかる目的をもって道路輸送にも適用することが示され，1968年に理事会規則1174号が採択された。しかし，このブラケット料金については当初より多くの批判的な見解が示されている。この際，それらの批判に少し耳を傾けてみよう。

　マンビー（Munby, D.）はブラケット料金の欠点を仮説的事例をあげながら解説している[9]。マンビーは貨物輸送の質に差がないことを前提にして，2つの輸送手段に同じ上・下限料金が設定される場合と異なる上・下限料金が設定される場合に分けて議論を進めている。前者のケースにおいて，輸送費用が下限料金の下にある場合，荷主は輸送業者の輸送費用にはまったく無関心であるためにより高い費用の輸送業者を選択する可能性がある。この場合，明らかに社会的損失が発生することになる。つぎに，輸送費用が上限料金の上にある場合を考えてみよう。この場合，両者の輸送業者に輸送義務が課せられているものとしよう。より高い費用の輸送業者が選択される場合には，明らかに社会的損失が発生する。もし両者のうち一方にのみ輸送義務がある場合でも，費用が上限料金の上にあるかぎり輸送義務を課せられない輸送業者は輸送を拒否することになり，結局社会的損失が発生する。つぎに後者のケースを考えてみよう。費用が下限料金の下にある場合，一般により低い下限料金を設定する輸送業者が選択される。しかし，選択される輸送業者の輸送費用が他方の費用よりも高いならば，そこに社会的損失が発生する。さらに，輸送費用が上限料金の上にあり，両輸送業者が輸送義務を有する場合を考えてみよう。この際，より低い上限料金を設定する輸送業者が選択されることになるが，この輸送業者の輸送費用が他方の費用を上回っていれば，社会的損失が発生する。つづいて，両者のうち一方のみが輸送義務を有しているとしよう。この際，輸送義務を有する輸送業者の上限料金が他方の上限料金よりも低いならば，当然輸送義務を有する輸送業者が選択されることになる。ところで，輸送義務を有する輸送業者の上限料金が他方の上限料金よりも高くても，輸送義務を有さない輸送業者は輸送を拒否するためにより高い上限料金を設定する輸送業者が選択されることになり社会的損失が発生する。いずれにしても，輸送業者の輸送費用を適性に反

映しない規制料金システムは社会的損失を発生させる可能性をはらんでいる[10]。

アレ・レポートは最適資源配分に基づく料金設定の問題を考察している[11]。規制当局が最適資源配分に基づく料金を設定するには、費用およびすべての輸送カテゴリーの将来の需要パターンに関する不可欠な情報を所有し、輸送容量における投資が輸送業者の所得に与える影響をも認知しておく必要がある。しかし、現実にはこのようなデータは利用可能ではない。またたとえ利用しえたとしても、計算はきわめて困難である。こうして、支配的地位の濫用および非経済的競争に有効に対処すべきブラケット料金の計算にあたって、客観的なデータに基づく完全な経済的基準を確立することは一般に不可能である。なかんずく支配的地位の濫用および非経済的競争が明確に定義されていないなかで、ブラケットの上・下限料金を規定することは基本的に不可能であると述べている[12]。さらに、同じタイプのサービスに関して同時に非経済的競争と支配地位の濫用が生じることはないゆえに、上・下限料金を同時に設定する正当性を見いだすことができないと批判を展開している。また、アレ・レポートでは、ブラケットの幅を問題にしている。輸送サービスはそれが生産される時間によって規定されるゆえに、それらの異なったサービスに普遍的なブラケットを設定することは論理性がないゆえに、多様な輸送サービスに対応するためにブラケットの幅を広くしておくことが適当であると論及している。規制当局がブラケットを設定する際、それは必ずしも厳密な客観的な基準に基づいているものでないゆえに、常に誤差のリスクを伴う。また、市場条件の変化に対してブラケットは規制当局の認可制となっているために機動的にブラケットの変更を行うことができないという欠点を有しているので、あらかじめ将来の市場条件の変化をも考慮に入れ、ブラケットの幅に余裕をもたせておくことが必要である。また、ブラケットの見直しにあたっては、煩雑な行政手続きが必要となるため、この種の認可料金システムは硬直的になる傾向がある。これら種々の理由から、ブラケット料金は絶対的なものではなく、指標的なものであるべきであると述べている[13]。すでに述べたように、ブラケット料金の設定は料金計算の客観的なルールに基づくのではなく、料金が実際に適用されたときに得られる経験に

基づく問題であり，非経済的競争および支配的地位の濫用が存在しない場合には，固定料金制はブラケット料金制に移行し，さらにブラケット料金制が適用されている場合には，ブラケットの幅を漸進的に広げることが適当である。すなわち，ブラケット料金制は固定料金制から自由な料金制へ移行する過程で生ずる料金制度にすぎないと考えられている。

ブラケット料金に対するこれらの批判を総括する言葉として，ブラケット料金は自由な料金システムを主張するオランダと規制的な固定料金を主張するドイツとの妥協の産物であったといわれている[14]。

第3節　ブラケット料金からレファレンス料金への移行

1975年に欧州議会はブラケット料金は本来暫定的なものであり，試験的なものであることを強調し，委員会が貨物輸送市場の長期計画のフレームワークのなかでより柔軟な料金システムの規則案を提示することを歓迎するという決議を行っている[15]。さらに，1976年に経済・社会評議会はブラケット料金制の失敗の原因としてつぎの4項目を指摘している[16]。

① すべての加盟国が必ずしもブラケット料金に関して適当なチェックを行うための手段を取らなかった。

② ブラケット料金は1969年の費用計算に基づいて求められたが，それ以後の費用の変化を考慮した調整が行われなかった。

③ 特別輸送料金の形成に関する協定が加盟国間で異なった基準に基づいていた。

④ 加盟国の通貨の交換比率の変化がブラケット料金制を歪めた[17]。

経済・社会評議会はこのようなブラケット料金の問題点を指摘したうえで，レファレンス料金の導入について特別な異議を提示しないことを明らかにした。なおこの際，経済・社会評議会はレファレンス料金の導入にあたって，市場の混乱の危機の際には強制的な下限料金を設定するために政府の市場介入の可能性を求めている[18]。欧州議会の決議および経済・社会評議会の意見を受けて，

1977年に理事会は2831号規則を採択した。2831号規則は従来のブラケット料金に加えレファレンス料金の導入を認め，関係加盟国が相互協定によっていずれか一方の料金制の適用を決定することになる。

ところで，レファレンス料金はいわゆる推奨料金といわれるものであり，荷主と輸送会社が市場の状況および自己の利益を勘案して両者の裁量のなかで自由に輸送料金を決定するための指標である。レファレンス料金については，輸送事業の管理費を含めて輸送サービスに伴う費用を償い，輸送会社の公正な利潤を考慮して，道路輸送業者組合がレファレンス料金案を作成する[19]。その後，道路輸送業者組合は荷主組合および輸送付帯事業者組合と協議し，その詳細を関係加盟国政府および委員会に通知する。料金案の提示を受けた加盟国および委員会は異議がある場合には，料金案の提示を受けてから6カ月以内にその旨を明らかにしなければならない。異議が提示されない場合，道路輸送業者組合はレファレンス料金を公表することになる。なおレファレンス料金に関する交渉が不調に終わった場合には，組合は自国政府に議論の決着を委ねるが，問題の加盟国が決定を下すに至らなかった場合には委員会が最終決定を下すことになる[20]。

レファレンス料金が制度として導入されることが認められ，EC設立時の6カ国と新規加盟国であったデンマーク，イギリスおよびアイルランドそして新規加盟国間の国際道路貨物輸送においてこのレファレンス料金が適用されることになった。レファレンス料金の有効性は市場との一致性に求められる。レファレンス料金が現実に支払われる料金と比較してすべての輸送事業のせいぜい50％について，市場料金がレファレンス料金から20％以上乖離しているかどうかが目安となる[21]。この際，ドイツとデンマークおよびドイツとイギリスの国際道路貨物輸送から得られたデータをもとに若干の検証を行っておこう。

表2-4はドイツとデンマークとの道路貨物輸送において，貨物等級Ⅱについて重量等級別に平均市場料金とレファレンス料金を比較したものである。表2-4が示すように，各重量等級において1978年の上半期には，レファレンス料金は市場料金に対して10.8％から12.8％上回っている。他方，ドイツとイギ

第2章 道路貨物輸送料金の自由化 27

表2-4 ドイツ・デンマーク間の輸送に関しての市場料金と
レファレンス料金との比較（1978年1～6月）

重量等級 （トン）	市場の状況		レファレンス料金	比　率	
	平均輸送距離	平均料金		市場料金/レファレンス料金	乖離率(%)
5	483km	31.3	26.8	116.8	+16.8
10	541	16.5	18.7	88.2	-11.8
15	536	13.0	14.9	87.2	-12.8
20	569	11.6	13.0	89.2	-10.8
23	439	11.6	13.0	89.2	-10.8
平均	576	14.6			

（注） 料金は pfg/km。
　　　　5トンクラスの平均料金については、5トン以下の貨物も含まれる。
（出所） Willeke, R. et al. (1982), p. 82.

表2-5 ドイツ・イギリス間の輸送に関しての市場料金と
レファレンス料金の比較（1978年3～5月）

重量等級 （トン）	市場の状況		レファレンス料金	比　率	
	平均輸送距離	平均料金		市場料金/レファレンス料金	乖離率(%)
5	723km	32.2	24.5	131.4	+31.5
10	710	22.1	17.5	126.3	+26.3
15	705	14.6	14.2	102.8	+ 2.8
20	842	12.2	11.8	103.4	+ 3.4
23	660	13.0	12.5	104.0	+ 4.0
平均	752	15.1			

（注） 料金は pfg/km。
（出所） willeke, R. et al. (1982), p. 84.

リスとの貨物輸送について見るならば，市場料金がレファレンス料金を上回り，とくに低い重量等級において20％以上の乖離が見られる（表2-5）。しかし，総じて市場料金のレファレンス料金からの乖離は20％以下であり，レファレンス料金は指標機能を果たしているといえる。レファレンス料金についての将来の交渉はこれらのデータの蓄積を基に行われることになる。さらに，ドイツとオランダとの貨物輸送に適用されているブラケット料金をドイツとデンマークおよびドイツとイギリスとの間の貨物輸送に適用されているレファレンス料金と比較しているのが表2-6である。この際，各輸送距離帯についてドイツとオランダとの輸送に適用される中間ブラケット料金を100で表わし，指数比較を行っている。ドイツとデンマーク間の平均輸送距離は516kmであり，ドイツ

表2-6 輸送距離帯にみるドイツ・デンマーク，ドイツ・イギリス間の
レファレンス料金の比較

距離(km)	100	250	500	750	1,000
レファレンス料金（デンマーク）	122.3	109.0	104.5	109.1	114.5
レファレンス料金（イギリス）	168.2	124.4	105.4	109.8	114.3

(出所) Willeke, R. et al. (1982), p. 85.

表2-7 レファレンス料金からの乖離率であらわされる輸送事業の割合
（ドイツの輸送業者によるドイツ・デンマーク間の輸送のケース）

重量クラス	60.9まで	61.0〜79.9	80.0〜89.9	90.0〜99.9	100	100までの総計	101.0〜109.9	110.0〜119.9	120.0〜139.9	140.0以上	101.0以上の総計	総計
	%	%	%	%	%	%	%	%	%	%	%	%
5	1.48	1.38	1.14	0.99	0.33	5.33	0.84	0.73	1.00	2.51	5.08	10.41
10	2.27	2.93	2.44	1.73	0.47	9.83	1.49	1.23	1.30	1.45	5.47	15.30
15	2.65	3.61	2.27	1.79	0.18	10.51	1.07	0.80	0.82	0.81	3.50	14.01
20	3.78	6.21	2.48	2.71	1.03	16.21	1.73	1.50	1.51	1.08	5.82	22.03
23	7.93	9.29	4.16	5.28	1.24	27.90	3.71	3.29	1.59	1.76	10.36	38.26
計	18.12	23.41	12.49	12.50	3.26	69.77	8.84	7.55	6.22	7.61	30.23	100.00

(出所) Baum, H. (1984), p. 38.

とイギリス間の平均輸送距離は752kmである。この輸送距離帯に注目すると，レファレンス料金は中間ブラケット料金と比較してそれぞれ約5％および約10％高いことになる。そしてドイツとオランダ間のブラケット料金内の市場料金は中間ブラケット料金よりも3.5％低いことからレファレンス料金との乖離はそれぞれ8.5％および13.5％となる[22]。このような限定されたデータから一般的な結論を導出することはできないが，レファレンス料金は市場料金と比較して現実的なレベルで設定されているといえよう。しかし，1982年の連邦遠距離貨物輸送庁（Bundesanstalt für Güterfernverkehr）が行ったドイツとデンマークとの間の国際貨物輸送に関するデータに基づくバウム（Baum, H）の分析によれば（表2-7），レファレンス料金から上・下においてそれぞれ40％以上乖離する料金を課している輸送は調査対象全体の約25％になり，上・下それぞれ20％にわたって乖離しているケースは約45％である。よって，55％はレファレンス料金から上・下それぞれ20％以上乖離していることになり，従前に示した基準を満たさないものになっている事実から，レファレンス料金はもはや，市場に一致しなくなっていると断定している[23]。こうして，市場に対応しえな

くなりつつあるレファレンス料金に取って代るものとして完全に自由な料金システムへの移行が模索されることになった。

2831号規則は1982年末に有効期限の満了をむかえ，1983年に3568号規則が採択され，ブラケット料金とレファレンス料金の併存が確認され，1988年末まで適用されることになった。

ところで，1984年にはブラケット料金制を適用していたベネルックスがブラケット料金からレファレンス料金への転換を決定し，1986年に加盟したスペインおよびポルトガルは加盟時においてレファレンス料金を選択した[24]。さらに，1988年6月21日，22日の両日の理事会において，加盟国は1989年1月1日からブラケット料金を廃止し，レファレンス料金に転換することに合意した[25]。ブラケット料金についてはすでに多様な視点から問題点が指摘されていた。また，道路輸送がますますロジスティクスサービスのなかに統合されていくなかで輸送料金の概念が希薄になり，現実に一致しなくなりつつあることを考慮し，自由な輸送市場の実現に対応する自由な料金制度に転換することを決定した。この委員会の提案を受け，理事会は1989年に4058号規則を採択し，1990年1月1日より道路貨物輸送料金は輸送契約の当事者間の自由な契約によって設定されることになった[26]。

むすび

EC設立時に交通政策に課せられた課題の1つとして健全な競争条件の整備があげられる。域内の道路貨物輸送市場に健全な競争をもたらすための条件として，賃金水準，税負担，社会的規則，営業車両の技術的特性といった分野における調和措置と合わせて，貨物輸送料金の問題は重要な課題であった。EC設立時より比較的自由な経済政策を求める国と厳格な規制政策を展開してきた国との対立を調整しつつ，市場の変化に機動的に対応できる輸送料金が求められた。歴史の過程として，1968年にブラケット料金制が採択されたが，多くの経済学者から種々の批判を受け，またECの自由化政策の進展に伴ってより自

由な料金制度が求められるようになった。その結果，1977年に2831号規則が採択され，加盟国はブラケット料金からレファレンス料金への移行を強めることになった。レファレンス料金については，委員会の委託を受けて行われた調査研究では，市場を反映した結果が得られた。しかし，バウムが行った別の研究によってレファレンス料金が必ずしも現実の市場料金に一致していないことが明らかになった。また，道路貨物輸送が物流からロジスティクスを構成する一部と理解されるようになり，貨物輸送料金の概念が希薄になり，より自由な料金制度を導入する下地が整いつつあった。こうした状況を受けて，1990年1月1日より4058号規則に基づいて自由な契約によって料金が設定されることになった。

かくして，道路貨物輸送市場では，カボタージュの導入と料金の自由化により経済規制が完全に撤廃されることになり，市場の自由化が制度的に整備されることになった。

注
1) Eurostat (1998), p. 39.
2) 各加盟国が各輸送モードに適用していた料金規制については，Willeke, R., H. Baum and W. Hoener (1982), pp. 12-18.
3) OJ (1968b) の第8条の下で輸送料金および輸送条件の公表を担当する機関が明らかにする特別契約の内容は，(a)輸送業者の氏名，(b)輸送ルート，(c)貨物の内容，(d)輸送重量，(e)契約料金，(f)契約締結日，(g)契約期間，(h)主な特別条件である。
4) *Ibid.*, 第5条。
5) *Ibid.*, 第16条。
6) 第3章第2節を参照。
7) Willeke, R. et al. (1982), p. 30.
8) 表2-1および表2-2について，Baum, H. (1984) において1979年までのデータが示されている。Baum, H. (1984), pp. 28-31.
9) Munby, D. L. (1962), pp. 70-73.
10) 本文の内容に加えて，料金規制の問題として自家用輸送業者と有償輸送業者との関係において，料金規制の適用を受ける有償輸送業者が自家用輸送業者に貨物を奪われ，輸送コストの上昇と料金の引き上げに伴って貨物を失うという悪循環に陥る可能性を指摘している。さらに，最低料金が事前に公表されることから，

荷主の料金引き下げの圧力が高まる可能性を指摘している。 Ibid., pp. 74-75.
11) 最適資源配分に対応する料金を構成するものとして，生産の限界費用と耐久的な生産要素から生じる限界レントをあげている。 Allais, M., L. Duquesne de la Vinelle, C. J. Oort, St. H. Seidenfus and M. del Viscovo (1965), p. 109.
12) *Ibid.*, p. 139.
13) *Ibid.*, pp. 143-144.
14) Swann, D. (1984), p. 234.
15) OJ (1975d), p. 46.
16) OJ (1976a), p. 8.
17) Baum, H. (1984), p. 32.
18) のちに採択された1977年の2831号規則のなかに反映されなかった。
19) レファレンス料金が輸送サービスのコストを償うという条件が満たされていることを示すデータについては，Baum, H. (1984), pp. 43-44.
20) なお，レファレンス料金の計算の基本規則およびレファレンス料金の適用の一般条件についての詳細は，OJ (1978d) を参照。
21) Willeke, R. et al. (1982), p. 84. ところで，84頁6行目に，if the market price by more 20% from the recommended price... という文章があるが，文脈から more は less の誤りと考えられる。
22) *Ibid.*, p. 85.
23) ドイツ連邦カルテル庁は企業の20％以上がレファレンス料金から15％以上乖離している場合，レファレンス料金が濫用されているという基準を示している。 Baum, H. (1984), p. 37.
24) CCE (1989a), p. 2.
25) レファレンス料金についても，つぎのような問題点が指摘された。(a)輸送業者は本来自由な料金制度に慣れていたので，レファレンス料金の作成に関心がなかった，(b)適当な罰則規定がなかったこともあり，レファレンス料金を作り上げ，定期的に明示する義務が厳密に満たされなかった，(c)ブラケット料金と同様，料金計算が難しい，(d)適当な公表が行われなかったためにうまく機能しなかった。 *Ibid.*, pp. 2-3.
26) OJ (1989c), p. 1.

第3章　道路貨物輸送の免許制の自由化

はじめに

　EUにおける道路貨物輸送は伝統的にEU域内での財の自由な移動を制限する国内法および国内規則の適用をうけてきた。しかしEU共同市場を確立するためには，財の自由な移動を保証する環境が整備されねばならない。したがって，EU加盟国に共通に適用する共通規則を策定し，実施する必要がある。

　運輸部門における共通交通政策の主な目的として市場の自由化，市場へのアクセスの平等化および競争条件の調和化などがあげられる。ここでは，域内の国際道路貨物輸送の自由化の動向が道路貨物輸送の免許制度の変化の視点から検討される。この際，まず道路貨物輸送市場をいち早く自由化したイギリスにおける免許制度の変化を概観したのち，つづいてEUにおける道路貨物輸送の免許制度の変化を考察しよう。

第1節　イギリスの道路貨物輸送の免許制度

　イギリスの道路貨物輸送の起源は第1次世界大戦後の退役軍人の雇用対策に求められる。第1次世界大戦後のイギリスの最大の課題は残存する軍用トラックの処理と退役軍人の雇用問題であった[1]。軍需大臣は退役軍人に非常に安い価格で2万台の軍用トラックを払い下げた。退役軍人はこのトラックを利用して輸送請負業者として輸送業をはじめることになった。以後1919年から1921年の間に道路貨物車両台数は2倍になり，その台数は12万8,200台となった。こ

れは市場への参入規制がなく，市場参入が非常に容易であったことそして技術の進歩によって車両がますます改良されたことによるものである。その結果，1930年までに道路貨物車両台数は約35万台になった。

　従来，トラックは短距離が中心であり，鉄道は中距離輸送であると考えられていた。1929年の統計によると，道路は40マイルまでの貨物輸送の57.8％を輸送し，40マイルをこえる貨物輸送については18.5％にすぎなかった[2]。しかし，1930年代に入ると，75マイルから100マイルまでの距離において鉄道と道路の競争が激しく展開された。その結果，鉄道は1930年代中葉までに5,000万トンの貨物を失った。また，1924年は鉄道が農産物の約75％を輸送していたが，トラックが一般に利用されるようになった1938年には，トラックは農家が生産し，消費する財の約60％を輸送するようになった[3]。そのほかに，道路輸送は当時のイギリスにさまざまな経済的，社会的影響をもたらした。人および財の移動を促進し，新たな雇用と投機の機会を創造し，自動車関連産業の需要を喚起することになった。また，従来の港湾および鉄道に隣接する産業立地から幹線道路沿線への立地あるいは社会的には大都市圏の拡大とともに人口の郊外への流出という現象もあらわれた。道路輸送の構成は75％が自家用輸送業者あるいは特定の荷主の輸送請負業者であり，残る25％がいわゆるコモン・キャリアである有償輸送業者であった。道路輸送市場は多数の小規模単位の輸送業者によって構成されていた。1輸送業者当りの平均車両台数は約3台であり，もっぱら荷主との契約輸送を行う輸送業者の50％は1台しか車両を所有していなかった。100台以上の車両を所有する輸送会社はわずか20社にすぎなかった[4]。このような小規模の独立した輸送業者から構成される道路貨物輸送市場は熾烈な競争市場となり，料金の引下げ競争は道路貨物輸送市場の顕著な特徴となった。小規模輸送業者は高い水準の事業活動を維持していなかったこと，また低賃金，過剰労働，車両維持の軽視あるいは車両の減価償却を行わなかったことなどから激しい料金競争を展開することができた。これに対して，合理的な料金で定期的かつ信頼しうる輸送サービスを提供する大手輸送業者あるいは料金制度のちがいによって生じる道路輸送と鉄道輸送との間の貨物の歪んだ配分の是正を

求める鉄道は道路貨物輸送市場の規制を求めた。

　自動車交通の発展はさまざまな便益を社会にもたらしたが，その反面われわれに新たな命題を課すことになった。すなわち，貨物輸送の最も秩序ある発展のパターンを確立するためにどのような形態の規制が必要であるのか，自動車交通の発展とともに発生する道路混雑をいかに解消するのか，あるいは国民経済の利益の観点からどの程度の輸送モード間の調整が望ましいのか。このような問題を検討し，解決の糸口を探ろうとするために1928年に王立運輸委員会（Royal Commission on Transport）が設置された[5]。王立運輸委員会は1929年から1931年の間に3つの報告書を明らかにしたが，道路課税の引上げにかかわる問題などについて多くの道路輸送業者の反対によって立法化するに至らなかった。1932年には，公正な競争基準および鉄道と道路の機能分化とは何であるのかということを明らかにするためにサルター協議会（Salter Conference）が設置された[6]。サルター協議会は1932年7月の報告書において道路貨物輸送市場に何らかの規制が必要であることを認め，それは免許制によって行われるべきであるという考えを明らかにした。道路貨物輸送市場を法律によって規制しようとする根拠はつぎの論点に求められる[7]。

① 過剰競争および低料金ゆえに市場が不安定である。
② 過剰競争および低料金ゆえに車両などの輸送設備の維持がおざなりになり，高い事故率の原因となる。
③ 輸送は一般に道路と鉄道の調和から便益がえられる。

　すなわち，1920年代後半の経済不況に伴う深刻な需要不足に起因する道路容量の過剰供給は激しい料金の引下げ競争を引き起こした。同時に生じる市場の不安定あるいは安全基準に対する危惧および道路貨物輸送市場の競争の激化に伴う鉄道の収益の減少に対する懸念が規制の根拠となっている。しかし，これらの条件は決して道路貨物輸送市場の規制を正当化するものではなかった。これらの根拠は主として小規模な道路輸送業者の無差別な競争を排除したいと考える鉄道および大手の道路輸送業者といった既得権益者によって主張されたものである。しかし，免許当局はつぎのような理由をあげて免許制を正当化しよ

うとした[8]。

① 多くの輸送業者の事業水準がきわめて低い。
② 規制が道路と鉄道との間に公正な費用分配をもたらしうるかぎり，免許制度は正当な措置である。
③ 代替的な輸送モード間の調整は実現されないけれども，まったく新しい問題に対して解を見いだそうとする努力をあまり厳しく批判することは公正ではない。

このように免許制について賛否両論があったが，サルター協議会の勧告は，概ね1933年の道路・鉄道輸送法（Road and Rail Traffic Act）と同年の財政法（Financial Act）に結実した。これによって重量貨物車両により高い税が課せられ，免許制が導入されることになった。1933年法が認可した免許はA免許，A契約免許，B免許そしてC免許である。A免許はコモン・キャリアを対象にするものである。A契約免許はA免許の特殊型であって，輸送業者が少なくとも1年間特定の荷主と車両の独占賃貸契約を結ぶ輸送業者を対象とするものである。B免許は自己の貨物だけでなくコモン・キャリアとして輸送事業を行う業者を対象とするものである。C免許は自家用輸送業者を対象とするものである[9]。免許申請者はそれぞれの免許の交付を受けるために車両の安全性，速度，重量および貨物車両の荷重制限の遵守，就労時間そして記録の保存などの条件を満たさねばならない。とりわけ，A免許およびB免許の申請者は全体の公共の利益を尊重しなければならないという立場から営業車両の台数およびタイプ，輸送設備，車両の営業地域そして免許当局が必要とする情報を提供しなければならない。

免許制の主なねらいは現状を凍結することにあった。したがって，1930年代後半において道路輸送の成長はかなり低下した。しかし道路輸送産業の市場構造は免許制導入以前の状態と変わらず，依然として小規模事業者が支配的であった。1938年6月までに輸送業者の平均車両保有台数は2.11台で，A免許保有者でさえ3.5台にすぎなかった[10]。結局，免許制は既存の小規模輸送業者を保護するという結果になった。すなわち，量的免許制の導入は自家用道路貨物輸

送を刺激し，1930年代中葉までに全道路貨物車両の75％を占めるようになった。他方，鉄道は道路貨物輸送の規制の下で目立った技術革新あるいは近代化を行なわなかった。こうした状況において，道路輸送産業は免許制は健全かつ効率的な事業を行っている輸送業者がさらに事業を拡大しようとする機会を奪うものであると主張して，免許制を批判した。しかし，1933年の運輸法で規定された免許制は1953年の運輸法において若干の修正を加えられたものの，1968年の運輸法が施行された1970年まで適用されることになった。

さて，1933年の運輸法において設定された免許制は1968年の運輸法において改正されるが，その背景になった交通事情を概観しておこう。戦後，1950年代および1960年代のイギリスの貨物輸送市場は道路輸送のシェアの拡大に対して鉄道輸送のシェアの低下，とくに一般雑貨の輸送量の低下によって特徴づけられる。1953年から1963年までの10年間を見るならば，総貨物輸送トン数および総トンキロはそれぞれ39.1％および20.7％増加している。道路貨物輸送量の増加率は58.2％であり，輸送トンキロの増加率は77.9％である。他方，鉄道貨物輸送トン数および輸送トンキロはそれぞれ18.7％および32.4％減少している。またシェアの変化を見るならば，この10年間に道路輸送は輸送トン数におけるシェアを71.9％から81.7％へ拡大したのに対して，鉄道輸送の輸送トン数におけるシェアは23.7％から13.9％へ縮小した。また輸送トンキロにおいて，道路輸送のシェアは36％から53.1％へ拡大したのに対して，鉄道輸送のシェアは41.7％から23.4％へ低下した[11]。この数値は両世界大戦の間に生じていた経済構造の変化に伴う貨物の輸送分担率における変化を顕著に示すものである[12]。

鉄道はこのような道路輸送との競争によって経営状態を悪化させ，多額の累積赤字を抱えるようになった。こうした鉄道問題に対して，1955年の近代化計画（Modernisation Plan）および1963年のビーチング報告書（Beeching Report）に基づく鉄道再建計画に着手することになった。他方，道路輸送においては4車軸連結トラックの総重量が32トンまで許容され，連結トラックの長さの制限が1964年には13フィートから13メートルへ，さらに1968年には13メートルから15メートルへ変更され，トラックの大型化が進んだ。

1933年の運輸法において制定された免許制は同一輸送モード間あるいは道路輸送と鉄道輸送のきわめて浪費的な競争を抑制するとともに，鉄道の輸送シェアの確保をねらいとするものであった。しかし，1930年代から1960年代の鉄道の貨物輸送のトレンドを見るかぎり，免許制が鉄道を保護する手段にならなかったことは明らかである。また，免許制によって輸送貨物のタイプおよび目的地などが規制された結果，ロードファクターの低下を招くことになり，道路貨物輸送産業の効率性を低下させた。また，免許制の導入によって，とくに著しく安全性が向上したという結果もあらわれなかった。こうした諸々の理由から，1963年に設置されたゲデス委員会（Geddes Committee）は免許制の見直しを行って，1965年に報告書を提出した。1968年の運輸法はこのゲデス委員会報告書に基づいて，規制的な量的免許にかわる質的免許（quality licensing）を導入した[13]。質的免許は貨物輸送産業の質の維持と改善を目的とするもので，3.5粗トン以上の貨物車両に適用された。他方，長距離大量輸送という鉄道の特性を発揮させるために，100マイル以上の輸送に利用される総重量16トン以上の貨物車両あるいは長距離または短距離において特定の原資財を大量輸送する車両には量的免許を適用することが提案されたが，実際には1970年に政権についた保守党内閣は量的免許の適用を実施しなかった。

　このように，イギリスの道路貨物輸送市場は量的免許制から質的免許制への移行に伴って自由化された。

第2節　2国間割り当て免許と理事会指令第1号

　EUにおける国際道路貨物輸送は一般に，①2国間協定，②理事会指令第1号，③共同体割り当て協定，④ECMT割り当て協定の規定の適用を受けて行われていた[14]。

　EUにおける国際道路貨物輸送は主として，2国間協定あるいは2国間協約に基づいて行われていた。協定あるいは協約を結ぶ当該国は2国間協定の下で免許の割り当てを規定して，道路貨物輸送量を決定している[15]。2国間協定の

下で免許の割り当てが実施された理由として，①道路貨物輸送業者間の熾烈な競争の回避，②鉄道の保護，③道路インフラの過剰輸送の回避，④エネルギーの節減と住環境の保護などが指摘されている[16]。2国間協定の内容は協定締結国間の貨物輸送において，2国間免許が必要であるのか否かあるいは2国間免許が割り当てであるのか非割り当てであるのかといった点において協定の相手国によって異なる。免許の割り当ての規模は当該加盟国間の道路貨物輸送量および他の輸送モードによる当該加盟国間の貨物輸送量における過去のトレンドと予測しうる短期的な変化を考慮して決定される[17]。イギリスは26カ国と2国間協定あるいは協約を締結していた。そのうち，免許の割り当てを規定している国は10カ国であった。イギリスと他のEU加盟国との関係についていえば，イギリスはアイルランド，フランス，西ドイツ，イタリア，ポルトガルおよびスペインとの2国間協定において免許の割り当てを規定していた[18]。アイルランドとスペインについては，免許の割り当ては輸送需要を十分満たすほど大きなものであるので実際的な問題はなかった。しかし，イギリスとフランス，西ドイツおよびイタリアとの間の貨物輸送において，きわめて規制的な免許の割り当ては重大な問題を引き起こしていた。たとえば，イギリスの輸送業者がフランスを通過してイタリアへ貨物を輸送する場合，問題の輸送業者がイタリアの免許は保有しているが，フランスの免許を保有していないためにイタリアへ貨物を輸送することができないという不都合が生じた。免許の割り当てを受ける国が目的地となり，非割り当て国を通過しなければならないとき，貨物輸送は免許の割当制によって不都合な規制を受けることになり，荷主の輸送業者の選択を狭めることになった。2国間免許にはこのほかに，特別な目的をもつ2国間免許がある。すなわち，協力免許（cooperation permit）と複合輸送免許（combined transport permit）である。イギリスとフランス，西ドイツおよびイタリアとの間の貨物輸送はきわめて規制的な免許の割り当てによって制限されていたが，これを若干緩和する目的でフランス，西ドイツおよびイタリアはある条件の下でイギリスの輸送業者に追加的な2国間免許を与えた。協力免許はイギリスがフランス，西ドイツおよびイタリアの輸送業者に帰り荷を準備す

表3-1　英国の輸送業者に対する2国間免許の割り当て数

		1970	1973	1975	1977	1979	1980	1982	1984	1985
フランス	一般	16,800	20,500	29,000	40,000	43,500	53,500	55,300	71,500	65,500
	協力	—	4,800	7,000	8,500	13,000	18,500	18,500	12,500	18,500
	複合輸送（道路／鉄道）	1,000	1,500	2,400	—	—	—	—	*	*
西ドイツ	一般	2,800	4,313	7,000	8,250	9,450	16,500	20,000	22,500	23,000
	協力	—	—	500	700	4,000	4,000	4,000	4,000	4,000
	NATO	455	1,600	1,750	2,000	2,000	2,000	2,000	*	*
	短距離輸送	—	—	200	2,500	2,500	300	300	*	*
	西ベルリン	—	180	180	180	180	—	—	*	*
	複合輸送	—	—	—	—	5,000	5,000	5,000	5,000	5,000
イタリア	一般	3,000	3,000	4,450	4,850	7,600	8,500	11,000	15,000	18,000
	協力	—	—	—	—	—	—	500	1,000	1,000
	複合輸送	1,200	600	1,100	—	—	—	—	*	*
	その他	—	850	—	—	—	—	—	*	*

(注)　*印は数値が不明
(出所)　Button, K. J. (1984)の表3.6 (p. 71) と Mackie, P. J. et al. (1987)の表5.3 (p. 89) より作成。

ることによって，その見返りとしてフランス，西ドイツおよびイタリアの免許をうる制度である。他方，複合輸送免許はイギリスの輸送業者がフランスおよび西ドイツの鉄道を利用する貨物輸送を行うことによって，その見返りとして免許をうる制度である。フランスは道路・鉄道の複合一貫輸送システムであるカンガルーシステム，西ドイツはピギーバッグシステムを利用するイギリスの輸送業者に免許を与えた[19]。これは道路輸送を抑制して，鉄道を保護しようとするフランスおよび西ドイツの政策を反映したものである。そのほかに特別な2国間免許として，ブラマーハーヴェン（Bramarharven）あるいはハンブルク（Hambrug）の港からラーヴェンベルク＝ホルスト（Lavenberg-Horst）とシュルチュップ＝ゼルムショルド（Schlutup-Selmschord）にある東ドイツ国境までの短距離輸送，NATO輸送あるいは西ベルリンを発着地とする輸送に適用する免許がある[20]。イギリスの主な貿易相手国であるフランス，西ドイツおよびイタリアとの2国間免許の割り当てを時系列的に見るならば，表3-1のとおりである。表3-1から明らかであるように，1980年代に入って，一般の2国間免許の割り当ておよび協力免許が増加している。これはイギリスがEU

における国際道路貨物輸送市場の規制を緩和しようとする努力のあらわれと理解されよう。しかし，2国間免許の割り当てを実施しようとする際に，つぎのような欠点が指摘されている[21]。
① 当該国間の交渉，法的手続き，管理の問題，さらに国境での査察などに費用がかかりすぎる。
② 重要な調整に関して当該国の交渉が必要になり，融通性にかける。
③ 輸送需要がトリップの方向によって異なるので，輸送業者間で免許の過不足が生じる可能性がある。
④ 既存の輸送業者が免許制によって競争から保護される可能性がある。
⑤ 免許の割当制は鉄道を保護するという目的を成就していない。
⑥ 免許の割当制は特定のルートにのみ適用して，ある特定の国籍の輸送業者の活動を妨げるゆえに，資源の最適配分を妨げる。

人および財の自由な移動はEU共同市場の基本原則であり，この基本原則を実現するための交通政策の実施はきわめて重要である。EUの国際道路貨物輸送は2国間免許の割当制によって規制されてきたが，財の自由な移動を促進する規制緩和措置として1962年の理事会指令第1号がある。本指令はアネックスⅠにおいて輸送の割り当ておよび認可制の適用を受けない輸送タイプを規定し，アネックスⅡにおいて量的規制を受けないが，なお認可制の適用を受ける輸送タイプを規定している。前者のカテゴリーに入るものはつぎのとおりである。
① 問題の総輸送距離が50キロをこえない条件で，国境を挟んだ両側25キロの範囲内のゾーンにおける国境輸送。
② 輸送サービスの迂回の場合，空港を発着とする貨物の臨時輸送。
③ 旅客輸送車両に付随するトレーラーでの手荷物の輸送およびすべてのタイプの車両での空港を発着とする手荷物の輸送。
④ 郵便輸送。
⑤ 破損した車両の輸送。
⑥ 廃棄物および下水汚物の輸送。
⑦ 動物の死骸の処理輸送。

⑧　蜜蜂および稚魚の輸送。
⑨　葬送輸送。
他方、後者のカテゴリーに入るものはつぎのとおりである。
①　ある加盟国から共通の国境から直線で25キロ入った隣接する加盟国の国境ゾーンへの輸送。
②　トレーラーの重量を含めて，問題の貨物積載重量が6,000キロをこえない車両の貨物輸送。
③　展示および商業目的のための芸術品の輸送。
④　もっぱら宣伝および公報の目的のための資財の臨時輸送[22]。
⑤　宣伝および公報の目的のための特別なスタッフと設備をもつ企業による移動。
⑥　劇場，ミュージカルあるいは映画の上映，スポーツ興業，サーカス，展示，見本市あるいはラジオ，テレビ放送，映画撮影のための器材および動物の輸送。

以後，第1号指令は何度か修正が加えられ，規定の適用を受ける輸送のカテゴリーの枠が拡大された。1972年の理事会指令426号はイギリスのEU加盟を想定して第1号指令を若干修正した。すなわち，アネックスⅠ①に，"問題の領土がただ海域によって隔たっている加盟国間の輸送の場合，……海上輸送モードで移動する距離については考慮されない"という文言が追記された。さらに，アネックスⅡ①に，"ある加盟国が他の加盟国と共通の陸上国境をもたない場合，25キロの距離は……車両が海上輸送モードから降ろされる地点から計算される"という文言が加えられた。1974年の理事会指令149号は加盟国間の貿易の展開を考慮するならば，軽車両による輸送は免許の割り当てあるいは一般の免許制を免除されるべきであると規定している。第1号指令第1条は有償輸送に対してアネックスで規定される国際貨物輸送の自由化を認めているが，149号指令は自家用貨物輸送にもこのタイプの国際貨物輸送の自由化を認めた。さらに，149号指令は第1号指令のアネックスⅠに，①トレーラーの重量を含めて問題の許容積載重量が6メトリックトンをこえない，あるいはトレーラー

の重量を含めて問題の許容有料荷重が3.5メトリックトンをこえない貨物輸送，②とくに自然災害に対する救急医療のために必要とされる医療品の輸送，③警察あるいは警備保障が伴走する特別車両による貴重品の輸送の3項目を追加した[23]。また，149号指令は第1号指令のアネックスIIの②の項目を削除し，新たに，①航行する船舶の予備部品の輸送，②屠殺用家畜およびサラブレッド種の馬を除く生物の輸送の2つの項目を追加した[24]。1978年の理事会指令175号はEU加盟国間の国境地域の開放を促進するために，より長距離の国境通過輸送の自由化を規定している。すなわち，第1号指令のアネックスIの①は50キロの国境通過輸送の自由化を規定しているが，175号指令はこれを100キロに修正し，さらに各加盟国は行政組織，地理的特徴あるいは経済構造を考慮して国境通過輸送の自由化地域を拡大することができる旨を規定している。1980年の理事会指令49号は第1号指令のアネックスIの項目につぎの5つの条件を満たす自動車車両の貨物輸送を追加している[25]。問題の5つの条件はつぎのとおりである。

① 輸送される貨物は企業の所有物あるいは企業が販売，購買，賃貸，生産，処理あるいは修理するものでなければならない。
② 輸送の目的が企業を発着とする貨物輸送あるいは貨物を企業内あるいは企業の要請で企業外に輸送するものでなければならない。
③ 輸送に用いられる車両は企業の従業員が運転するものでなりればならない。
④ 貨物輸送車両は企業が所有し，据え置き条件で企業が購入したものでなければならない[26]。
⑤ 輸送は企業の全体の活動に付随するものでなければならない。

さらに，1982年の理事会指令50号は第1号指令のアネックスIの追加項目としてつぎの5項目を規定している[27]。

① 船舶および航空機の予備部品の輸送。
② 荷降国における貨物輸送車両および車両が登録されている国以外の加盟国で機能しなくなった車両の代替車両の通過および機能しなくなった車両

に発行された免許の適用を受けて，応急作業車が行う輸送の継続。
③　展示および商業目的での物品および芸術品の輸送。
④　もっぱら宣伝および情報のための物品および資財の臨時輸送。
⑤　劇場，ミュージカル，映画，スポーツ興業，サーカス，展示あるいはラジオ，テレビ，映画撮影にかかわる資財，小道具および動物の輸送。

これによって，第1号指令のアネックスⅡの③，④，⑥の規定が削除されることになり，認可制の適用を受ける輸送対象は3項目にまとめられた。このように，1962年の第1号指令の規定は何度か改訂され，その都度免許の割り当ておよび認可制の適用を免除される輸送のカテゴリーの枠が拡大し，2国間免許の拘束が若干緩和された。

ところで，1965年の理事会指令269号は免許制の適用を実施する際の手続きを規定している。269号指令は共同体免許の割当制の下で行われる貨物輸送を除く貨物輸送に適用する。この際，車両がトレーラーあるいはセミ・トレーラーを連結した車両の場合に若干問題が生じた。すなわち，免許の発行に際して，269号指令がトラクターが登録されている加盟国の当局が免許の発行を行うのか，あるいはトレーラーが登録されている加盟国の当局が免許を発行するのかという問題について明確に規定していなかったために生じた問題である。そこで，1985年の理事会指令505号第1条は輸送活動が連結車両によって行われる場合，必要とされる免許はトラクターが登録されている加盟国の当局によって発行されることを明示し，269号指令第1条の文言に追記することを規定している。

第3節　共同体免許の割り当てと委員会の提案

1983年のイギリスとEU諸国間の総貿易量は1億400万トンで，総外国貿易の約40％を占めている[28]。とくに，規格化された貨物のro-ro輸送は輸出で36％，輸入では37％を占めている。規格化された貨物のro-ro輸送の拡大はイギリスと他のEU加盟国との道路貨物輸送の促進を意味するものである[29]。イ

ギリスは EU 加盟以来，域内での自由な貿易を促進するために免許の割当制の廃止を主張しつづけてきた。これに対して，委員会は国際貨物輸送市場は市場力ができるかぎり自由に機能しうるように組織されるべきであり，差し迫ったニーズを満たすように組織されねばならないという基本的な立場を明らかにした[30]。委員会は２国間協定に基づく免許の割り当てからより自由な貨物輸送市場への移行期を５年と考えて，共同体免許の割り当てを拡大するよう提案を行った。

1962年の第１号指令は２国間免許の割り当ての適用を受けない貨物輸送のタイプを規定して，自由な貨物輸送の枠を確保した。以後，第１号指令は数度修正されて，その都度免許の割り当ての適用を受けない貨物輸送の枠を拡大してきた。しかし，自由な貨物輸送は依然として特定のカテゴリーの貨物に限定されたものであり，ローマ条約が規定する自由な貨物輸送の実現にはほど遠いものであった。こうした状況において，２国間免許の割当制の欠点を補い，かつより自由な貨物輸送の実現のために共同体免許の割当制が提案された。共同体免許は有償貨物輸送業者に適用し，免許保有者に域内での自由な有償貨物輸送を行うことを可能ならしめ，空荷輸送を最小限にして容量の利用効率を高めようとするものである[31]。

1964年に，委員会は域内の国際道路貨物輸送部門における容量問題に対して，つぎのような提案を行った[32]。

① 道路輸送事業者が域内で自由な国境通過輸送に従事することを可能ならしめる共同体免許の割り当て。
② 1958年からの共同体貿易の拡大を考慮して，２国間割り当て免許を拡大して向こう５年間において２国間割り当て免許を共同体割り当て免許に吸収すること。
③ 共同体免許の保有者が他の加盟国で輸送事業を行うことができるように共同体免許を拡大すること。

しかし，これらの内容は各加盟国政府に受け入れられなかった。その結果，委員会は２国間協定の存続を認め，共同体免許の保有者のカボタージュを認め

ないという修正を加えた。

　共同体形成後の10年間における道路貨物輸送の拡大，鉄道輸送の減少あるいは域内の調和政策の推進などを考慮して，1969年から3年間試験的に共同体免許が導入された。共同体免許の総数は1,200枚で，委員会は道路およびその他のすべての輸送モードでの各加盟国の貿易量を基準にして免許を分配することを提案したが，結局，加盟国の政治勢力によって問題の免許の分配が決定された。免許はつぎのように分配された。ベルギー161，フランス286，西ドイツ286，イタリア194，ルクセンブルク33，オランダ240であった。1973年には拡大ECに伴って予想される輸送量の増加を考慮して改めて免許の分配が行われた。免許は基本的には各国の国際道路貨物輸送の実績に基づいて分配されるが，1973年の新規加盟国に対する割り当てはきわめて少なく，イギリスは総免許数の7.2％，デンマークは4.3％にすぎなかった。1974年5月に委員会は向こう3年間において免許数の年間の分配を旧加盟6カ国については15％そして新規加盟国については20％増やすことを提案したが，最終的に理事会はすべての加盟国について免許数を毎年一律20％増やすことに決定した。1976年の理事会規則3164号第3条は共同体免許の総数を2,363と規定し，分配の内訳をベルギー265，デンマーク169，西ドイツ427，フランス409，アイルランド50，イタリア319，ルクセンブルク70，オランダ382，イギリス272と決定した[33]。

　ところで，委員会は1976年の免許について免許の規模を2倍にして，免許の各加盟国への分配を1977年に決定するという内容の提案を行った。委員会が提案する免許の分配は一律の増加という線形分配ではなく免許の増加分の50％は1975年の免許の各加盟国への分配に比例させて，残りの50％は1973年の各加盟国の輸送実績に基づいて分配しようとするものである。しかし，1973年は第1次拡大ECの年であり，新規加盟国の貨物輸送産業に対する市場における調整が完全でないこと，あるいは免許の利用基準に関してイギリスが国際道路貨物輸送を行うには海上渡航しなければならないという不利な条件が考慮されていないということからイギリスは一律の免許の増加を求めた。1977年8月に委員会は再び1978年の免許の割り当てを2倍にする提案を行ったが，理事会は1978

年の免許の割り当てを一律20％増やすことに決定した。免許の割り当ての拡大および各加盟国への分配についてEU諸機関の間で見解の一致が見られなかった。委員会は1982年の免許の割り当てに際して，免許の割り当ての拡大および免許の割り当ての分配について確固たるシステムの確立が必要であることを強調した。委員会は各加盟国への免許の分配について各加盟国の貿易シェアと各加盟国の輸送業者の免許の利用状況に基づいて行われるべきであると主張した[34]。しかし，理事会は委員会のこの提案を拒否して，免許の増加分の分配は50％は既存の免許の分配に基づき，残る50％は免許の利用に基づいて行われるべきであるという考えを明らかにした。1982年に，委員会は1983年の免許の増加分の分配について1983年の加盟国間の道路貨物輸送の予測に基づいて免許の増加分の総数を決定して，各加盟国への分配については50％は既存の免許の分配にしたがって一律に分配し，残る50％はイギリス，アイルランドおよびギリシャのような地理的に不利な条件にある加盟国に配慮しつつ，各加盟国の免許の利用状況に基づいて分配することを提案した。たとえば，1983年の道路貨物輸送トン数の増加を4.3％と予測するならば，1982年の共同体免許の総数は4,038であるので免許の増加分は174となる。この免許の増加分を提案の免許の分配基準に基づいて各加盟国へ分配するならば，表3-2のとおりである。しかし，実際には理事会は委員会の提案に賛意を示さず，1983年の免許の分配を1982年の水準に据え置くことに決定した。1983年6月に委員会は1984年から1989年までの5年間の移行期を設定して，免許の割当制による量的規制の廃止を提案した。もし5年で量的免許の廃止が実現されなかった場合，さらに問題の期間を3年延長することができる。その際，5年間の移行期に共同体免許は毎年域内道路輸送の増加率の乗数に等しい割合だけ増やされる。委員会は5年の移行期に適用する乗数を5として，共同体は域内ルートにおいて割り当て免許の適用を受けるすべての輸送事業について免許のシェアを7％から13％へ拡大することを検討した。さらに，3年間の移行期の延長に際して，問題の乗数を5から10に変更し，共同体免許の役割の強化を提案した[35]。移行期における共同体免許の分配について免許の増加分はできるだけ公平に各加盟国に分配さ

表3-2 共同体免許の分配基準に基づく割り当て

加盟国	1982年の分配	1982年の分配率(%)	1981年の免許の利用率(総トンキロ%)	50:50に基づく分配	地理的条件を配慮した追加的分配	1983年の免許数
ベルギー	434	10.7	10.7	19	—	453
デンマーク	305	7.6	12.9	18	1	324
西ドイツ	727	18.0	21.3	34	—	761
ギリシャ	88	2.2	1.3	3	6	97
フランス	656	16.2	12.7	25	—	681
アイルランド	88	2.2	1.3	3	6	97
イタリア	567	14.0	16.7	27	—	594
ルクセンブルク	111	2.8	2.1	4	—	115
オランダ	626	15.5	14.8	26	—	652
英国	436	10.8	6.3	15	2	453
合計	4,038	100.0	100.0	174	15	4,227

(出所) Button, K. J. (1984), p. 82.

れるべきであり，免許の分配基準として，①ある水準の交通需要を生み出す各加盟国の能力に一致する各加盟国の経済ウェイト，②域内の国際道路貨物輸送における各加盟国の輸送業者のシェア，③各加盟国の輸送業者の免許の利用状況を考慮する[36]。なお，イギリスのような海上横断の必要性ゆえに共同体免許の利用率が低下する場合には，利用される統計数値は適当に修正される必要がある。すなわち，車両が海上横断の間，道路貨物輸送が行えたならば実現したであろうトンキロ値を規定されているトンキロ値に加えることによって修正が行われる。したがって，i国の1免許当りの輸送トンキロ値に加算されるトンキロ値はつぎのように規定される。

$$\frac{60(\text{km/h}) \times \text{i国の輸送業者について海上横断の間の待機時間(h)} \times \text{i国の輸送業者が共同体免許の下で輸送するトン数(t)}}{\text{i国の免許数}}$$

この際，i国の輸送業者の海上横断の間の待機時間はつぎのように表わされる[37]。

$$\frac{\sum_j j 国への横断時間（M+X)j}{\sum_j (M+X)j}$$

　これらの共同体免許についての委員会の提案を受けて，1984年の理事会規則3621号第1条第1項は1985年の共同体免許を30％増やし，1985年以後4年間は15％増やすことを規定している。なお，各加盟国への免許の増加分の分配は50％は各加盟国に一律に分配され，残る50％は各加盟国の輸送業者の共同体免許の利用状況に基づいて分配される。また，ギリシャ，アイルランドおよびイギリスのような地理的に不利な条件にある加盟国に配慮して，ギリシャおよびアイルランドに対してそれぞれ6単位，イギリスに対して2単位の免許の追加が認められた。1985年以後の4年間については，ギリシャおよびアイルランドについてはそれぞれ3単位，イギリスについては1単位の免許の追加が認められている。なお，共同体免許の適用を受ける道路輸送容量が輸送需要の増加に十分対応しえない場合，委員会は定期的な共同体免許の拡大のほかに免許を適当に増やすことができる[38]。

第4節　カボタージュへの移行

　1982年に，理事会が共通交通政策を積極的に推進しない行為はローマ条約に反する怠慢行為として，欧州議会が理事会を相手取り欧州裁判所に提訴した事件があった。この案件の判決は1985年に下され，欧州議会が勝訴した[39]。裁判の審理のなかで，欧州議会はある加盟国の輸送業者が別の加盟国の国内輸送事業に参入できる条件に関する措置の採択を求めていた。理事会は裁判所の判決を受けて，つぎの3つの事業計画の採択を決議した[40]。
　① 遅くとも，1992年には量的規制のない自由な交通市場の形成。
　② 2国間割り当てが非差別的に漸次採択され，共同体割り当てが漸進的に増やされる移行期の確立。

表3-3　各加盟国およびEFTA構成国に分配されたカボタージュ

	7/90-6/91	7/91-6/92	7/92-12/92	1993	1994	1995	1996	1997
ドイツ	2,170	2,387	1,314	2,628	4,452	6,047	7,862	10,318
フランス	1,793	1,973	1,086	2,172	3,681	5,000	6,501	8,531
イタリア	1,795	1,975	1,087	2,174	3,685	5,005	6,507	8,539
オランダ	1,869	2,056	1,131	2,262	3,834	5,209	6,773	8,888
ベルギー	1,322	1,455	801	1,602	2,715	3,687	4,794	6,292
ルクセンブルク	616	678	373	746	1,264	1,719	2,235	2,934
イギリス	1,124	1,237	681	1,362	2,309	3,138	4,080	5,355
アイルランド	595	655	361	722	1,224	1,663	2,162	2,837
デンマーク	1,282	1,411	777	1,554	2,634	3,578	4,653	6,106
ギリシャ	584	643	355	710	1,200	1,631	2,121	2,785
スペイン	1,371	1,509	831	1,662	2,814	3,823	4,971	6,525
ポルトガル	777	855	471	942	1,597	2,169	2,820	3,701
アイスランド*					5	13	17	23
ノルウェー*					198	514	669	870
フィンランド*					296	1,794	2,333	3,063
スウェーデン*					590	2,354	3,061	4,018
リヒテンシュタイン**						22	43	57
オーストリア								4,256
総計	15,298	16,834	9,268	18,536	32,498	47,366	61,602	85,098

(注)　*　1994年は7/94-12/94。
　　　**　1995年は5/95-12/95。
(出所)　CEC (1998g), p. 11.

③　移行期間に競争の歪みを取り除くこと。

　この理事会の決議に対して，委員会は国籍あるいは居住に基づく差別を取り除くことはサービスの供給の自由を確立するうえできわめて重要であると主張した。また，委員会はかねてより国際貨物輸送において空荷での復路輸送が燃料費の浪費，不必要な混雑を発生させ，それらによる道路貨物輸送の生産性の低下に懸念を示していた。

　このような議論の流れを受けて，1988年に理事会規則1841号が採択された。1841号規則は1993年1月1日よりすべての量的規制を廃止することによって，加盟国間の輸送事業の共同市場の確立をねらいとしている。従来の2国間割り当ておよび移行期に導入された共同体割り当てを廃止し，質的基準に基づいて輸送業者に発行される共同体免許システムへの移行を明示した[41]。つづいて，1989年にカボタージュの条件を規定する理事会規則4059号が採択された。4059

第3章　道路貨物輸送の免許制の自由化　51

免許数		
1/98-6/98	7/90-6/98	7/90-12/95
6,707	43,885	18,998
5,546	36,283	15,705
5,552	36,319	15,721
5,778	37,800	16,361
4,090	26,758	11,582
1,909	12,474	5,396
3,482	22,768	9,851
1,845	12,064	5,220
3,969	25,964	11,236
1,811	11,840	5,123
4,243	27,749	12,010
2,406	15,738	6,811
15	73	18
567	2,818	712
1,992	9,478	2,090
2,613	12,636	2,944
37	159	22
2,767	7,023	
55,329	341,829	139,800

号規則によると，全面的なカボタージュシステムへの移行の暫定的な措置として限定的なカボタージュ免許を導入し，それを各加盟国に割り当てることを規定している。共同体カボタージュ免許の有効期限を2カ月とし，当初1万5,000枚が発行された[42]。なお，カボタージュ免許は輸送事業者の個人名義で発行され，他人への譲渡は認められない。1991年以後，免許の割り当ては各加盟国の国内の道路輸送の平均的なトレンドにしたがって増やされることになる。ところで，カボタージュによってある加盟国の国内市場に混乱が生じた場合，当該加盟国の要請を受けて，委員会は他の加盟国と協議し，1カ月以内にセーフガード措置を決定する。委員会がセーフガード措置の導入を検討する際に考慮する基準は，①12加盟国で利用可能なカボタージュ免許の利用の対象となる総日数に対してある加盟国でカボタージュに費やされる日数が30％をこえる場合，②カボタージュ免許を利用して行われるトンキロベースの総輸送量に対してある加盟国でカボタージュを利用した総輸送量が30％をこえる場合である[43]。また，第6条において罰則条項が規定されていて，偽造免許が発行された場合には，ただちに免許の取消し措置が講じられ，違反の程度にしたがって量刑が規定されている。また，1993年に理事会規則3118号が採択され，カボタージュ免許を3万枚に増やし，以後毎年30％増やすことが規定されている。カボタージュにより国内市場に混乱が生じた場合検討されるセーフガード措置については，6カ月を有効期限とし，その期限内に1回の更新が可能であることが明記された。さらに，3118号規則第12条では，カボタージュのための共同体免許システムは1998年7月1日をもって終了し，それ以後カボタージュが完全に自由化されること

表 3-4　各加盟国および EFTA 構成国の

	7/90-12/90	1991	1992	1993	1994	1995	1996
ドイツ	20,361	73,960	70,322	43,667	55,983	63,633	72,068
フランス	26,012	109,835	98,457	125,161	172,218	187,596	223,247
イタリア	9,037	33,183	40,516	45,280	37,786	45,754	52,056
オランダ	37,804	128,279	201,685	226,233	350,103	588,582	720,804
ベルギー	41,581	139,233	142,233	233,747	236,641	319,838	383,520
ルクセンブルク	14,843	48,047	65,557	80,131	78,038	114,351	134,100
イギリス	3,444	32,819	34,176	40,617	41,097	47,531	62,912
アイルランド	5,760	12,757	7,501	5,409	11,130	13,882	17,496
デンマーク	14,876	58,409	69,160	58,768	78,950	105,808	98,658
ギリシャ	0	196	0	0	0	0	0
スペイン	2,013	5,497	12,822	19,169	38,211	18,152	24,855
ポルトガル	57	3,319	2,660	2,619	5,799	8,366	9,528
アイスランド*					0	0	0
ノルウェー*					1,419	4,484	6,690
フィンランド*					5,099	30,000	34,995
スウェーデン*					33,099	128,715	158,675
リヒテンシュタイン**						21	43
オーストリア							
総計	175,788	645,534	745,089	880,801	1,145,579	1,676,713	1,999,647

(注)　表 3-3 に同じ。
(出所)　CEC (1998g), p. 12.

が明示されている。これに伴って，セーフガード措置の適用規定も改正された。すなわち，道路輸送業者の財務の安定および存続を脅かす深刻かつ永続的な過剰供給がある場合，当該加盟国は委員会に市場の状況を伝え，必要な情報を提供してセーフガード措置の適用を求めることができる。委員会は第4四半期の最新のデータに基いて状況を検討し，問題の加盟国の要請を受けてから1カ月以内に決定を下すことになる。

　ところで，1998年に3118号規則の実施状況を示す報告書のなかでカボタージュ免許の利用に関する興味深いデータが公表された。なお，1992年に EU と欧州自由貿易連合（EFTA）との間で欧州経済地域（EEA）条約が調印され，1993年から EEA が発足することになった。それに伴ってカボタージュ領域も EFTA 諸国へ拡大し，1994年7月1日より EEA 領域においてカボタージュが行われることになった。

第3章 道路貨物輸送の免許制の自由化 53

カボタージュの実績

(単位：1,000トンキロ)

1997	1/98-6/98	7/90-6/98	7/90-12/95
82,544	46,949	529,487	327,926
272,992	160,834	1,376,352	719,279
59,773	33,312	356,697	211,556
888,800	520,020	3,662,310	1,532,686
453,024	261,760	2,211,577	1,113,273
158,436	87,814	781,317	400,967
64,260	34,820	361,676	199,684
19,859	11,070	104,864	56,439
116,014	63,504	644,153	385,977
0	0	196	196
26,100	12,729	159,548	95,864
11,103	7,218	50,669	22,820
0	0	0	0
9,570	5,670	27,833	5,903
42,882	25,896	138,872	35,099
192,864	109,746	623,099	161,814
57	37	158	21
68,096	35,971	104,067	0
2,466,374	1,417,350	11,152,875	5,269,504

報告書では，12カ国を対象とする1990年第2半期から1994年第1半期までを第1期そして1994年第2半期から1995年第2半期までを第2期として，各国が提供したトンキロ・データに基づいて簡単な分析結果が示されている。

全般的に見るならば，1990年第2半期のカボタージュ免許を利用した貨物輸送実績は1億7,600万トンキロであり，年間ベースで3億5,200万トンキロとなる。1995年には16億7,700万トンキロとなり，約5倍の増加となっている。この際，国内輸送に占めるカボタージュ免許を用いた輸送の割合をカボタージュの浸透率と定義するならば，1990年のカボタージュの平均浸透率は0.07％であったが，1995年には0.26％となっている[44]。これらの状況を各国について見るならば，表3-3は各国に分配された免許数を示し，表3-4は各国の輸送業者が行うカボタージュの実績を示している。ベネルックス3カ国のカボタージュ免許数は1993年では全体の約25％にすぎないのにもかかわらず，問題の3カ国の輸送業者が行ったカボタージュは全体の約61％を占めている。この傾向は1993年以後，3カ国のカボタージュ免許数の割合がわずかながらも減少しているなかで，カボタージュの実績は61％を維持している。この結果と対照的に，ドイツとイタリアに分配されたカボタージュ免許数の割合はそれぞれ1993年において約14％であり，約12％であるにもかかわらず，両国の輸送業者が行ったカボタージュはともにそれぞれ約5％であり，これ以後その割合は漸次低下している。つづいて，いわゆる低労働コスト国と見られるギリシャ，

表3-5　カボタージュの実績マトリックス（1990年第3四半期～

	ドイツ	フランス	イタリア	オランダ	ベルギー	ルクセンブルク	イギリス
ドイツ		22,356	183,789	10,154	1,979	25	7,192
フランス	290,822		52,461	877	23,194	847	20,225
イタリア	140,892	3,866		459	161	0	34
オランダ	553,606	17,527	52,408		29,247	80	51,624
ベルギー	400,019	193,433	42,568	22,028		145	11,356
ルクセンブルク	240,584	3,604	3,126	206	3,813		0
イギリス	25,473	38,935	20,768	5,984	6,009	0	
アイルランド	3,667	1,158	4	160	40	0	29,899
デンマーク	219,131	4,144	10,852	463	23	0	2,395
ギリシャ	196	0	0	0	0	0	0
スペイン	4,792	32,442	259	17	3	0	123
ポルトガル	647	1,558	60	0	7	31	0
総計	1,879,829	319,023	366,295	40,348	64,476	1,128	122,848
	64%	11%	12%	1%	2%	0%	4%

（出所）　CEC (1998g), p. 16.

表3-6　カボタージュの実績マトリックス

	ドイツ	フランス	イタリア	オランダ	ベルギー	ルクセンブルク	イギリス	アイルランド	デンマーク
ドイツ		21,908	47,358	5,400	7,489	193	520	0	379
フランス	177,280		25,519	392	35,171	610	7,288	0	0
イタリア	55,089	6,898		117	77	0	1,589	0	0
オランダ	717,582	35,291	10,164		946	8	31,189	0	534
ベルギー	265,863	150,520	11,613	203		5	7,800	0	191
ルクセンブルク	144,391	2,281	1,927	0	0		0	0	23
イギリス	3,504	29,290	11,509	3,662	2,356	0		7,616	140
アイルランド	4,924	318	0	6	2	0	16,049		2
デンマーク	128,136	1,108	425	1,398	34	0	701	0	
ギリシャ	0	0	0	0	0	0	0	0	0
スペイン	1,627	21,351	363	0	5	0	0	0	0
ポルトガル	22	2,887	44	0	29	13	6	0	54
アイスランド	0	0	0	0	0	0	0	0	0
ノルウェー	4,574	35	27	13	29	0	0	0	66
フィンランド	28,320	0	56	43	3	0	55	0	623
スウェーデン	154,197	51	3	45	180	0	552	0	564
リヒテンシュタイン	21	0	0	0	0	0	0	0	0
総計	1,685,530	271,938	109,006	11,279	46,321	829	65,749	7,616	2,576
	73%	12%	5%	0%	2%	0%	3%	0%	0%

（出所）　CEC (1998g), p. 17.

第3章 道路貨物輸送の免許制の自由化

1994年第2四半期)

(単位:1,000トンキロ)

アイルランド	デンマーク	ギリシャ	スペイン	ポルトガル	総額	
2	3,747	1,959	5,088	745	237,036	8%
0	8	393	48,705	831	438,363	15%
0	0	0	947	0	146,359	5%
199	7,516	564	10,569	874	724,214	25%
0	181	97	1,287	48	671,162	23%
0	47	0	434	23	251,837	9%
15,475	86	3,373	16,877	256	133,236	5%
0	0	0	136	0	35,064	1%
16	0	0	168	1,497	238,689	8%
0	0	0	0	0	196	0%
0	0	0	0	24,861	62,497	2%
0	0	0	9,922		12,225	0%
15,692	11,585	6,386	94,133	29,135	2,950,878	100%
1%	0%	0%	3%	1%	100%	

(1994年第3四半期～1995年第4四半期)

(単位:1,000トンキロ)

ギリシャ	スペイン	ポルトガル	アイスランド	ノルウェー	フィンランド	スウェーデン	リヒテンシュタイン	総額	
3,920	2,869	187	0	0	0	669		90,890	4%
748	32,640	1,099	0	76	0	93		280,916	12%
0	1,369	0	0	0	0	58		65,197	3%
0	11,166	740	0	80	57	715		808,472	35%
906	4,927	83	0	0	0	0		442,111	19%
0	413	95	0	0	0	0		149,130	6%
3,488	4,667	174	0	6	0	36		66,448	3%
0	0	0	0	0	0	74		21,375	1%
0	6	1,261	0	3,448	0	10,771		147,288	6%
0	0	0	0	0	0	0		0	0%
0	0	10,017	0	0	4	0		33,367	1%
0	7,540	0	0	0	0	0		10,595	0%
0	0	0	0	0	0	0		0	0%
8	13	3	0	0	0	1,135		5,903	0%
43	2	0	0	1,304	0	4,650		35,099	2%
0	27	0	0	4,612	1,583	0		161,814	7%
0	0	0	0	0	0	0		21	0%
9,113	65,639	13,659	0	9,526	1,644	18,201		2,318,626	100%
0%	3%	1%	0%	0%	0%	1%		100%	

ポルトガル，スペインの状況を簡単に見ておこう。1993年にこれら3カ国に割り当てられたカボタージュ免許数は合わせて全体の約18％であったが，これらの国のカボタージュの輸送実績は合わせて全体の約2.5％にすぎなかった。この結果から低労働コスト国の輸送業者の輸送活動が高労働コスト国の輸送業者の脅威になると一義的に考えることはできない。表3-5と表3-6はそれぞれ各国におけるカボタージュの実績をマトリックスで示したものである。この表を見るかぎり，ドイツは第1期には全体のカボタージュの実績値の約64％を占め，第2期には約73％となり，きわめて高い割合を示している。これらの表が示すように，カボタージュがドイツ国内に集中する傾向が顕著である。なかでも，オランダの輸送業者がドイツ国内で行うカボタージュは，1998年の第1半期にはEEA加盟国のすべての輸送業者が行うカボタージュの約33％を占め，ドイツ国内の有償貨物輸送市場の約0.6％を占めると予測されている。

しかし，いずれにせよカボタージュ免許は暫定的な措置であり，1998年7月1日よりカボタージュが全面自由化されることになっている。

むすび

EUにおける国際道路貨物輸送は第1号指令で規定された特定のカテゴリーの輸送を除いて，主として2国間協定に基づくきわめて規制的な条件の下で行われていた。しかし，この2国間協定に基づく規制的な道路貨物輸送は財の自由な移動を共同市場の確立の基本原則とするローマ条約の規定に合致するものではなかった。域内における貨物輸送需要の増大，ro-ro輸送に伴うイギリスと欧州大陸間の貨物輸送の増大とイギリスのEUへの加盟を前提として，1968年から3年間試験的に1,200枚の共同体免許が導入された。1973年にEUに正式に加盟したイギリスは国内の貨物輸送と同様に域内における国際貨物輸送の自由化を求めた。委員会はイギリスの要求にこたえるかのごとく貨物輸送の自由化，すなわち規制的な量的規制免許の廃止を実現すべき提案を行った。しかし，委員会の斬新な提案は理事会によって退けられ，3621号規則が1985年の共

同体免許を30％増やし，さらに1985年以後の4年間において共同体免許を15％増やすことを規定するにとどまった。

　域内の財の自由な移動を確立するためには量的規制免許を完全に廃止することが最善の解であるが，かかる決定が下されていなかった時点では，2国間割り当て免許あるいは共同体免許の絶対数を拡大することと各加盟国の輸送業者に分配される免許の利用効率を高めることが次善の解であった[45]。共同体免許の利用効率を高めるために，1979年の理事会規則2964号は試験的に短期免許の導入を規定している。2964号第1条第1項によれば，輸送業者が保有する共同体免許の最高10％まで30日間有効である短期の共同体免許に転換することができる。すなわち，共同体免許の有効期間が1年であるゆえに，1つの共同体免許は12の短期の共同体免許に転換することができる。この短期の共同体免許の導入についてつぎのような効用があげられる[46]。

① 多くの輸送業者が多国間免許の利点から便益をうることができる。
② 一時的な貨物輸送の需要の増加に対応できる。
③ 1年間有効な共同体免許が長期間未利用のまま放置されることを回避する。
④ 短期免許は市場のニーズにより適合しやすくなる。

　1982年の理事会規則3515号は短期免許の適用を無期限として，2964号規則において規定された10％の上限を15％に拡大した。

　イギリスでは，国内の輸送業者の免許の利用効率を高めるために2国間免許について割り当て免許の利用基準を75％と定めて，この基準を満たさない輸送業者は貿易相手国への貨物輸送のために平均的に利用されている免許数プラス貨物輸送量の変動を考慮して25％だけ上乗せした免許が与えられる[47]。従来，問題の輸送業者に交付されていた免許の差引き分は国際道路貨物局（International Road Freight Office）によって回収され，より効率的な免許の利用者に交付された。また，多国間免許については，免許の利用基準を少なくとも年間80回の貨物輸送と85万トンキロと規定して，この基準を満たさない免許保有者は貿易相手国に対する実質のニーズにしたがって2国間免許に取り替え

られた48)。また、これらの基準を満たしているが、貨物輸送の相手国が特定の国に片寄っている輸送業者も2国間免許に切り替えられた。このように、イギリスでは、輸送業者の輸送ニーズに適応した各種の免許を効率的に分配する制度が確立されていた。

このようなイギリスの努力は免許の割当制によって規制されているEU域内の道路貨物輸送市場において免許の利用効率を高めて、できるかぎり多くの輸送業者をして満足できる自由な輸送活動を行わしめる刺激となった。

EUにおいては、1985年の欧州裁判所の判決を受けて、理事会は域内の自由化をめざす共通交通政策の実施に本格的に取り組まざるをえなくなり、域内の自由化を推進すべき措置を採択することになった。その結果、1998年7月1日から域内の道路貨物輸送市場において、カボタージュが完全自由化されることになった。

注
1) Dyos, H. J. and D. H. Aldcroft (1969), p. 366.
2) *Ibid.*, p. 372.
3) *Ibid.*, p. 373.
4) *Ibid.*, p. 367.
5) 王立運輸委員会の設置目的、研究課題および委員会の勧告については、中村 (1984), pp. 10-11.
6) サルター協議会の設置目的および委員会の勧告については、*Ibid.*, p. 11.
7) Dyos, H. J. et al. (1969), p. 389.
8) *Ibid.*, p. 390.
9) 各免許の有効期間は、それぞれA免許は2年、B免許は1年、C免許は3年と規定された。中村 (1984), p. 12.
10) Dyos, H. J. et al. (1969), p. 391.
11) 各輸送モードによる貨物輸送トン数および貨物輸送トンキロの時系列の実績については、Mackie, P. J., D. Simon and A. E. Whiteing (1987), pp. 14-18.
12) 鉄道および道路輸送の主な輸送対象の生産物の産出量の変化については、*Ibid.*, p. 32.
13) 質的免許の免許申請者が満たさねばならない条件はつぎの5項目である。(a)良好な評判、(b)事業を経営するのに適する財源を所有すること、(c)職業適性証明書

を所有するか，あるいは問題の証明書を所持する管理者を雇用すること，(d)車両フリートを維持するのに適当な設備を備えるか，それ同等の措置を講じること，(e)車両の営業拠点をもつこと。中村（1984），p. 13. あるいは Mackie, P. J. et al. (1987), p. 26.
14) House of Lords (1983), p. 1.
15) 割り当て免許には単一輸送免許，数次輸送免許，期間輸送免許がある。数次免許は3カ月の期間に数回輸送活動を行う業者を対象にするもの，期間免許は1年間自由に輸送活動を行うことを可能にする免許である。イギリスと他の加盟国，とくにフランス，西ドイツとの2国間協定において定められた免許である。免許の交付に際して，イギリスの国際道路貨物局はそれぞれの免許に対して，£2.80，£1.70および£50を輸送業者に課す。Button, K. J. (1984), p. 70, Mackie, P. J. et al. (1987), p. 87.
16) CEC (1983), p. 2.
17) 当該加盟国間の道路貨物輸送量は加盟国間の輸送および通過輸送の総トン数である。その際，1962年の第1号指令およびその後に改訂された規定の適用を受ける貨物は除く。OJ (1980a) の第3条，第4条を参照。
18) Mackie, P. J. et al. (1987), pp. 86-87.
19) *Ibid.,* p. 88および Button, K. J. (1984), p. 69.
20) *Ibid.,* p. 87および Button, K. J. (1984), p. 70.
21) CEC (1983), pp. 2-3.
22) この項目については，のちにOJ (1965a) を修正しているOJ (1983b) 第1条はOJ (1965a) の第2条に追記すると規定している。また，OJ (1983b) は問題の輸送は割当制の適用を受けない旨を規定し，第2条において第1号指令から削除することを規定している。
23) ①，②，③の各項目はそれぞれOJ (1962) のアネックスⅠにおいて，⑩，⑪，⑫という番号が付される。
24) ①，②の各項目はそれぞれOJ (1962) のアネックスⅡにおいて，⑥，⑦という番号が付される。なお，アネックスⅡの②の項目が削除されるために，③，④，⑤，⑥はそれぞれ②，③，④，⑤と変更される。
25) この項目を⑪として，注23) で規定された⑪，⑫の項目はそれぞれ⑫，⑬となる。
26) ④の条件は，通常利用されている車両の短期の故障期間中の代替車両の利用には適用しない。
27) 本文の③，④，⑤はアネックスⅡの③，④，⑥の項目であり，それらはそれぞれアネックスⅠの⑯，⑰，⑱と変更される。そして本文の①と②はアネックスⅠの⑭，⑮という番号が付された。

28) Mackie, P. J. et al. (1987), p. 59.
29) ro-ro 輸送の実績については， Mackie, P. J. et al. (1987), p. 62.
30) CEC (1983), p. 5.
31) 共同体免許の割り当ての適用を受ける有償輸送業者によって行われる国際道路輸送は総国際道路輸送の約 8 ％，自家用輸送を含めて考えるならば，有償輸送業者による国際道路輸送は全体の約 5 ％にすぎない。House of Lords (1983), p. 93.
32) Button, K. J. (1984), p. 76. なお，以下の議論において共同体割り当て免許は単に共同体免許と略記する。
33) OJ (1976b) の第 2 条第 3 項において，共同体免許は 1 車両（単一車両あるいは連結車両）についてのみ利用され，輸送業者は常に携帯して輸送活動を行わねばならない旨を規定している。イタリア政府は連結車両の場合，トラクターとトレーラーが登録されている国籍が異なっている場合，それぞれの国が交付する免許が必要であると主張した。これに対して，委員会は OJ (1976b) の下で規定されている共同体免許の下では異なった 2 つの免許を必要としないと主張して欧州裁判所で争った。結果は，イタリア政府の主張が退けられ，共同体免許は各加盟国によって問題の加盟国に拠点をおく輸送業者の名義において発行され，免許保有者は所有権あるいは登録国というような条件に制約されることなく，貨物輸送を行うために利用すべき車両を選択することができる。Judgement of the Court (1984), p. 4266.
34) Button, K. J. (1984), p. 81. なお，免許の利用状況を知るための貨物輸送データの集計については，OJ (1978c)。
35) CEC (1983), p. 9. および p. 12.
36) *Ibid.*, p. 13.
37) *Ibid.*, アネックスⅡ，pp. 2-3. なお，(M+X) は j 国への道路輸送による輸出入量を表わし，j 国は i 国以外の加盟国を表わす。また，貨物の積降ろし時間は海上横断時間に含まれる。
38) OJ (1984a) 第 1 条第 6 項。
39) 欧州議会の提訴理由はつぎのとおりである。(a)理事会がローマ条約の第 3 条(e)，第61条，第74条，第75条および第84条に反して，共通交通政策を導入し，その一般フレームワークを採用していない，(b)委員会が提案し，欧州議会が意見を陳述した16案に関して決定が下されていない。これに対して，欧州裁判所はつぎのような判決を下した。(a)共通交通政策の導入はローマ条約から派生する義務を反映するが，そのような政策が欠如していることそのものは理事会の義務不履行を必ずしも十分に正当化し得るものではない。(b)サービスの自由な供給を実現しようとする条約の第75条第 1 項(a)および(b)で規定される義務については，不履行が認められる。(c)委員会が提案した案件の採択については，理事会の裁量に属するも

のである。このように，欧州議会の勝訴といっても，きわめて限定されたものであり，完全勝訴とは言えない。しかし，その後の政策の進捗に大きな影響を及ぼすことになった。EUROPEAN PARLIAMENT (1991b), p. 7.

40) *Ibid.*, p. 8.
41) OJ (1974b) 第3条第1項で規定された質的基準は，①良好な評判（good reputation），②適当な財務状態（appropriate financial standing），③専門能力（professional competence）である。OJ (1989b) を改正した OJ (1996a) はこれらの内容をより具体的に規定している。①については，(a)営業上の犯罪を含めて重大な刑事犯罪を犯していないこと，(b)道路輸送業者として不適格の烙印を押されていないこと，(c)雇用条件を満たしていること，(d)社会的規則，営業車両の重量および大きさ，道路の安全性と車両の安全性に関する規則を遵守していること。②については，(a)企業の年間の決算，(b)銀行の現金を含む利用可能な基金，(c)当座貸越および借入の便宜，(d)資産，(e)購買コストあるいは初期支払いを含むコスト，(f)運転資金である。なお，企業は1車当り少なくとも3,000ECU あるいは企業が利用する車両の最大許容重量1トン当り150ECU，旅客輸送車両の場合は，1座席当り150ECU の利用可能な資本と予備金をもっていなければならない。③については，OJ (1996a) のアネックスで提示される問題についての試験に合格しなければならない。なお，管理レベルで少なくとも5年の実務経験を有するか，あるいはそれ相当の資格証明書を有する者は試験を免除される。OJ (1992a) によれば，質的基準に基づく共同体免許はある加盟国が共同体に拠点をおく，あるいは問題の加盟国で国際道路貨物輸送を行う権利を認められる有償貨物輸送業者に与えられ，共同体免許は5年を有効期限として，質的基準に基づいて更新が行われる。また，アネックスⅡが規定するように，許容有償荷重が3.5トン以下あるいは総許容積載重量が6トンをこえない車両は質的免許の規定の適用を受けない。アネックスⅡは共同体免許が免除される輸送タイプを規定している。
42) 2カ月有効の1単位のカボタージュ免許は1カ月を有効期限とする2単位のカボタージュ免許に換えることができる。なお，1万5,000枚の免許は各加盟国につぎのように分配された。ベルギー1,302，デンマーク1,263，ドイツ2,073，ギリシャ573，スペイン1,350，フランス1,767，アイルランド585，イタリア1,767，ルクセンブルク606，オランダ1,842，ポルトガル765，イギリス1,107。OJ (1989d) 第2条第2項および第3項。
43) *Ibid.*, 第3条。
44) 自家用輸送によるカボタージュはきわめて少数であるため，有償輸送だけが対象となる。CEC (1998g), p. 2.
45) 国際道路貨物輸送に利用される免許には，2国間免許あるいは共同体免許のほかに ECMT 免許がある。イギリスの場合，輸送業者が輸送活動を EU 域外へ拡大

しようとする場合，問題の輸送業者は保有する2国間免許あるいは共同体免許と交換に ECMT 免許をうることができた。ECMT 免許の割り当てについては，Mackie, P. J. et al. (1987), p. 90.
46) House of Lords (1983), p. 54.
47) 免許の利用基準の75％は輸送事業の変動および不確実性を考慮して最近3年間の平均として計算される。Mackie, P. J. et al. (1987), p. 92.
48) *Ibid.,* p. 92.

第4章　道路輸送部門における社会的規則の調和

　はじめに

　EU における共同市場形成のための重要な条件の1つに異種輸送モード間および同一輸送モード間の競争条件の調和があげられる。とくに，加盟国間に存在する道路輸送分野における労働条件の差異は加盟国間の道路輸送分野における健全な競争を妨げるものであり，なによりも人および財の安全な輸送を脅かすものになりうる。かかる視点から，1969年に域内の道路輸送分野における社会的規則の調和をねらいとする理事会規則543号が採択され，1970年には社会的規則の遵守を確認するための手段となる記録装置の装着を義務づける措置として理事会規則1463号が採択された。

　543号規則は全編19条から構成され，その内容として運転手および運転助手の資格，運転時間，休息時間，罰則規定および規則の適用除外項目などが規定されている。また，1463号規則は全編21条と2つのアネックスから構成され，記録装置の EU 認可のタイプ，装置の装着と検査および装置の利用といった技術的な内容となっている。

　ところで，543号規則の実施については，主につぎの2つの大きな問題が指摘されている[1]。

① 　規則があまりにも複雑で，加盟国の間で規則の内容の理解に大きな差異が認められる。

② 　社会的規則の適用，監視および実施の行政処理にあたって加盟国間で大きな差異が見られる。

提示された問題を解決するために543号規則の改正案が提案されるが、その際、委員会はつぎのことに配慮を行った[2]。

① 規則の理解をより容易にするために、より単純なものにする。
② 家庭で過ごす休息時間に配慮する。
③ 過剰労働を回避する。
④ 規則の実施水準を向上させる。

委員会はこの4つの目的を明らかにしたうえで、改正案を提示した。この改正案に基づき、1985年に理事会規則3820号および3821号が採択された。この際、3820号規則および3821号規則の主な内容を紹介し、つづいて委員会が明らかにした報告書を手がかりにして各加盟国における規則の実施状況を確認し、今後の課題を探ることにしよう。

第1節　理事会規則3820号

(1) 第6条　運転時間

1日の運転時間（daily driving period）は2回の1日の休息時間（daily rest period）の間あるいは1日の休息時間と週当りの休息時間（weekly rest period）との間の運転時間と定義され、9時間をこえない。なお、ある週については、2回にかぎり10時間まで延長することができる。また、運転手はせいぜい6日の勤務の後、週当りの休息時間をとらねばならない。最後に、2週間における総運転時間は90時間をこえない。

(2) 第7条　休憩時間

運転手は4時間30分の運転後、休息時間をとらない場合には、少なくとも45分の休憩（break）をとらねばならない。なお、この休憩を運転時間のなかで少なくとも15分の休憩として分散してとることができる。ところで、国内定期旅客輸送の場合には、加盟国は4時間をこえない運転時間後にとる休憩時間を

少なくとも30分と固定することができる。しかし，これは運転中に30分以上の休憩をとることにより都市輸送のフローを妨げると考えられる場合にのみ与えられる例外措置である。

(3) 第8条　休息時間

1日24時間のなかで，運転手は1日の休息時間として少なくとも連続して11時間の休息をとる。なお，ある週において，せいぜい3回まで問題の休息時間を連続で9時間までに削減されるが，削減された休息時間はつぎの週の末までに代休として与えられる。ところで，1日の休息時間として連続で11時間の休息時間を与えられる場合，これを1日のなかで2回ないし3回に分けることができる。しかし，その際，そのうちの1回については少なくとも連続で8時間の休息としなければならない。このように1日のなかで1日の休息時間を分散させる場合，1日の休息時間は12時間に広げられる。少なくとも2人の運転手が乗務する場合には，30時間の間に各運転手は少なくとも連続して8時間の休息をとることになる。

ところで，このようにしてとる休息時間は週当りの休息として連続で45時間まで延長される。しかし，この45時間の休息時間は車両の営業拠点でとられるものであるならば，36時間まで削減されうるし，休息時間がそれ以外のところでとられるならば，24時間まで削減されうる。こうして削減された休息時間は問題の週のつぎの週に一括して補償される。その際，補償される休息時間は少なくとも8時間の休息時間に継続してとらねばならない。なお，1日の休息時間は車両が寝台を装備し，停車しているかぎり，車内でとることができる。

(4) 第14条　監視手続き

定期国内旅客輸送および路線のターミナルが2国間の国境から直線で50キロ範囲内にあり，問題の路線距離が100キロをこえない定期国際旅客輸送の場合，輸送サービスの時刻表および勤務表は輸送会社が作成する。勤務表には運転手の氏名，営業地，事前に定められた運転予定などが示され，各運転手は勤務表

の写しを携帯する。なお，車両が3821号規則の規定にしたがって利用される記録装置を装着している場合には，勤務表の携帯は免除される。勤務表は期限満了後，運転手はそれを会社に返却し，会社はそれを1年間保管しなければならない。

第2節　理事会規則3821号

記録装置の装着は3820号規則で定められた規定を正しく遵守しているかを確認するための手段である。この種の記録装置の装着は加盟国に登録されている車両の義務となる。

さて，運転手が記録装置を操作することによって記録シートに記録される情報はつぎのとおりである。

① 運転時間。
② 運転以外の労働時間。
③ その他の利用可能な時間。
　　―待機時間
　　―車両の走行中に運転手の脇で費やされる時間
　　―車両の走行中に寝台で費やされる時間
④ 仕事中の休憩および1日の休息時間。

なお，運転手が車両から離れたために記録装置を操作できない場合には，手書きにてこれらの情報を記入しなければならない。

また，乗務員が記録シートに記録しなければならない情報はつぎのとおりである。

① 氏名。
② 記録シートの利用開始日とその場所および利用終了日とその場所。
③ 記録シートに記録される最初の輸送開始時および車両の交換の場合には指定される各車両の登録番号。
④ シートに記録される最初の輸送の開始時，シートに記録される最後の輸

送の終了時および車両の走行中に車両の交換が生じた場合の走行距離計の記録。

記録装置はEU認可に基づくものであり，その技術的詳細は3821号規則のアネックスにおいて規定されているが，この記録装置は装置の利用開始後に公認の検査官が行う検査の9時間前の記録を読み取ることができるように設計されている。

ところで，3820号規則および3821号規則はそれぞれの条項のなかで適用除外の対象となる車両をあげている。

① トレーラーあるいはセミ・トレーラーを含めて車両の最大許容重量[3]が3.5トンをこえない貨物輸送に用いられる車両。
② 製造および設備から運転手を含めてせいぜい9人を輸送するのに適する旅客輸送に用いられる車両。
③ 輸送サービスの対象となる路線が50キロをこえない定期旅客輸送に用いられる車両。
④ 最大認可速度が時速30キロをこえない車両。
⑤ 軍事サービス，民間防衛，消防サービスおよび公共秩序の維持に責任を有する軍隊の下で利用される車両。
⑥ 下水処理，洪水防止，水，ガス，電気，高速道路の維持・管理，廃物の収集・処理，電報・電話サービス，郵便物の輸送，ラジオ，テレビ放送およびラジオ，テレビの送受信の検波に関連して用いられる車両。
⑦ 救急，緊急作業に用いられる車両。
⑧ 医療目的のために用いられる車両。
⑨ サーカスおよび遊戯設備を輸送する車両。
⑩ 特別な救難車両。
⑪ 技術開発，修理あるいは維持目的のために路上テストを行う車両およびまだ利用されていない新車あるいは改造車。
⑫ 個人のために非営利貨物輸送を行うのに用いられる車両。
⑬ 農家から牛乳の収集とミルクコンテナーを農家に返還するのに用いられ

る車両。

　さらに，定期国内旅客サービスおよび2加盟国間の国境から直線で50キロの範囲内に問題の路線のターミナルがあり，その路線距離が100キロをこえない定期国際旅客サービスは3821号規則が規定する記録装置の装着を免除される。
　また，加盟国はつぎのカテゴリーに属する車両に対して3820号規則および3821号規則の適用を免除することができる。

① 車両の製造および設備から運転手を含めてせいぜい17名を輸送するのに適する車両。
② 有償道路輸送と競争しない公共サービスを提供するのに用いられる車両。
③ 車両が通常拠点をおく地点から半径50キロの範囲内で農業，園芸，林業，漁業会社が貨物輸送のために用いる車両[4]。
④ 個人消費向けでない動物の死骸を輸送するのに用いられる車両。
⑤ 農家から地方の市場あるいは農家から地方の屠殺場へ生物を輸送するのに用いられる車両。
⑥ 地方の市場の店舗，ドア・ツ・ドア販売，移動銀行，両替，預金取引，礼拝，図書・レコード・カセットの貸出し，文化行事あるいは展示のために用いられる車両。
⑦ 車両が通常拠点をおく地点から半径50キロ範囲内で運転手の仕事のなかで資材や器材を輸送するのに用いられる車両[5]。
⑧ 自動車車両が利用できる橋梁，トンネルによって連結されていない地域にある2,300平方キロをこえない島で走行する車両。
⑨ ガスあるいは電気によって駆動し，調整器を装備した貨物輸送に用いられる車両[6]。
⑩ 運転教習用の車両。
⑪ もっぱら農業および森林作業のために用いられるトラクター。

第3節　社会的規則の実施についての調査結果

　1969年に道路輸送に従事する輸送業者の運転手の労働条件を定めた理事会規則543号および1970年に規定の実施を監視するための手続きを定めた理事会規則1463号が採択された。

　ところで，543号規則第17条に基づいて委員会は1463号規則で定められたEU公認の記録装置を利用して各加盟国が得たデータを整理し，報告書として毎年理事会に提出していた。この報告書では，543号規則および1463号規則の主な条項について各加盟国の規定違反の状況が明らかにされていた。しかし，各加盟国においてそれぞれの規定の内容について理解の程度に大きな差異があり，また監視システムの制度および正確さにも大きな乖離が見られ，均一なデータが収集できないために単純にデータの比較を行うことができなかった。その後，543号規則と1463号規則が廃止され，新たに1985年に3820号規則と3821号規則が採択された。3820号規則第16条において，従来，毎年作成されていた報告書を2年に1回の発行とし，調査対象期間を2年とした。さらに，データの内容を均一なものに改善するために，1988年に理事会指令599号が採択された。599号指令は3820号規則の厳正かつ均一的な適用を検査するための最低限の条件を定めている。検査は路上と輸送会社の構内で実施される。検査対象は3820号規則の適用を受ける車両の運転手の総労働日数の少なくとも1％と規定されている。表4-1は1993年から94年の各加盟国に指定された最低限の検査日数を示している[7]。たとえば，1993年1月1日から1994年12月31日までの期間においてベルギーの運転手1人当りの総労働日数は440日であり，3820号規則の適用を受ける総車両台数は15万1,250台であった。よって，総労働日数は6,655万日となる。その結果，検査を受けるべき最低限の日数は66万5,500日となる。各加盟国で実施された検査日数の実態は表4-2で示されるとおりである[8]。その際，路上での検査日数は検査を受ける総労働日数の少なくとも15％，そして会社の構内での検査日数は検査を受ける総労働日数の25％となっている[9]。

表4-1　最低限の検査日数の算定（1993年1月1日から1994年12月31日）

加盟国	参考期間の運転手1人当りの総労働日数 (a)	3820号規則の適用をうける総車両台数 (b)	総労働日数 (a×b) (c)	最低限の検査日数 (cの1％) (d)
オーストリア				
ベルギー	440	151,250	66,550,000	665,500
デンマーク	440	40,000	17,600,000	176,000
フィンランド[(1)]	220	41,500	9,130,000	91,300
フランス[(2)]	240	521,875	125,250,000	1,250,000
ドイツ	480	768,847	369,046,560	3,690,465
ギリシャ				
アイルランド[(3)]	460	52,880	24,324,800	243,248
イタリア				
ルクセンブルク	460	10,760	4,949,600	49,496
オランダ	500	129,400	64,700,000	647,000
ポルトガル	430	137,500	59,125,000	591,250
スペイン	480	350,000	168,000,000	1,680,000
スウェーデン[(1)]	200	100,000	20,000,000	200,000
イギリス	464	434,250	201,492,000	2,014,920

(注)　(1)　1994年11月から1994年12月31日まで。
　　　(2)　1年に関する数値。
　　　(3)　数値は1,524kg以上の貨物車両と国に登録されている大型の公共サービス車両の総数に関するものである。その内の若干数は3280号規則の適用を免除される。しかしながら、利用可能な数値の分類は行われていない。
(出所)　CEC (1997f), p.17.

　路上での検査項目は、①1日の運転時間、休憩時間そして1日の休息時間、違反を示す指標がある場合には前日の記録シート、②直近の1週当りの休息時間、③記録装置の機能の精度である。会社の構内で行われる検査は路上での検査に加え、①1週当りの休息時間および問題の1週当りの休息時間とつぎの休息時間との間に行われる運転時間、②2週間の運転時間数制限、③削減された1日あるいは1週当りの休息時間の補償、④記録シートの利用と運転手の労働時間の構成である[10]。委員会はこれらの項目に基づいて各加盟国から送られてくるデータを整理し、報告書としてまとめて、社会的規則の違反の実態を明らかにしている。この際、公表されている報告書を手がかりにして、各加盟国における実態を確認しておこう[11]。

　表4-2が示すように、各加盟国は599号指令で規定された検査の最低日数の条件をほぼ満たしており、とりわけデンマーク、ドイツ、アイルランドおよび

第4章　道路輸送部門における社会的規則の調和　71

表4-2　最低限の検査日数に対して実際に検査された日数
(1993年1月1日から1994年12月31日まで)

加盟国	検査を受けるべき最低限の労働日数 (a)	検査を受ける労働日数（自国業者）(b)	検査を受ける労働日数（外国の業者）(c)	検査を受けた総労働日数 (d)	d/a % (e)
オーストリア					
ベルギー[1]	665,500	194,527	245,898	440,425	66
デンマーク[2]	176,000			449,859	256
フィンランド[3]	91,300			40,000	44
フランス[4]	1,250,000	1,530,160	224,048	1,774,154	142
ドイツ	3,690,466	9,096,571	5,885,704	14,982,275	406
ギリシャ					
アイルランド	243,248	935,125	4,143	939,268	386
イタリア					
ルクセンブルク	49,496	53,990	36,736	90,726	183
オランダ	647,000	651,120	94,814	745,934	115
ポルトガル[2][5]	591,250	57,450	1,638	88,158	15
スペイン	1,680,000	3,035,725	347,927	3,383,652	201
スウェーデン[3]	200,000	22,926	1,998	27,048	14
イギリス	2,014,920			3,439,391	171

(注)　(1)　表4-2では、憲兵、財務省、雇用・労働省が行った検査に関する数値は欠けている。それらの機関は運輸省の2倍以上の違反を検知しているので、それらの機関は運輸省の2倍以上の検査を行っていると仮定される。それゆえ、ベルギーは要求されている最低限の検査日数をはるかにこえる検査を行っている。
　　(2)　検査の統計は国内と海外 (non-national) に分類されていないが、全体の数値(d)のなかに含まれる。
　　(3)　1994年1月1日から1994年12月31日まで。
　　(4)　1993年1月1日から1993年12月31日まで。
　　(5)　表4-2では、労働検査官と憲兵が行った検査に関するすべての数値が欠けている。統計は検査実施活動の一部を表わすにすぎない。
(出所)　CEC (1997f), p.9.

スペインでは2倍をこえる検査日数をかぞえ、検査の強化がうかがえる。これらの検査によって検知された規則違反の実態については、1993年1月1日から1994年12月31日までを対象にした調査結果のみを示しておこう（表4-3, 表4-4）[12]。

われわれはこれらの限られたデータから一定の結論を導出するということはできない。委員会は3820号規則の厳正な適用と遵守は道路の安全性、輸送の効率性および輸送モード間あるいは各加盟国の道路輸送業者間の公正な競争を実現するためにきわめて重要であると認識している。そのうえで、委員会は各加盟国に依然として存在する3820号規則の実施と検査についての認識のずれに大

表4-3 違反件数の実態（1993年1月1日から1994年12月31日まで）

加盟国	旅客			貨物			計
	自国業者	EEC	第3国	自国業者	EEC	第3国	
オーストリア							
ベルギー(3)	200	258	9	2,602	4,818	134	8,021
デンマーク	19			3,247			3,266
フィンランド				(2)1,282			1,282
フランス							(1)47,642
ドイツ	44,814	1,978	1,550	681,460	116,424	61,304	907,530
ギリシャ							
アイルランド	1,541	251		9,700	1,001		12,493
イタリア							
ルクセンブルク	5	3	3	222	545		778
オランダ	962	57	6	15,706	3,956	137	20,824
ポルトガル	258	1		1,580	18		1,857
スペイン	47,580	725					48,305
スウェーデン				223	86		309
イギリス	(2)714			(2)7,087	1,470	65	9,336

（注）(1) 1993年1月1日から1994年6月30日までの数値。
(2) 利用可能なのは総数の数値のみ。
(3) つぎの数値は表に組み入れられていない。
　　　　憲兵　　　　　　17,329
　　　　財務省　　　　　 3,625
　　　　雇用・労働省　　　 222（1994年のみ）
　　　　計　　　　　　　21,176

（出所）CEC (1997f), p. 10.

表4-4 カテゴリー別の違反件数
（1993年1月1日から1994年12月31日まで）

3820号の条項	違反のタイプ	違反条件
6	運転時間	356,188
7	休憩	261,871
8	休息時間	414,763
14	輸送サービスの予定表と勤務表	19,738
計		1,052,560

（出所）CEC (1997f), p. 10.

きな懸念を抱いている。たとえば，規則の実施を担当する部局が加盟国によって異なっていたり，検査および監視の程度および強度が異なっている。また，表4-5が示すように違反に対して適用される罰則の程度が各加盟国において多様である。これらの諸問題を認識したうえで，課題の解決に果敢に取り組む必要があろう。

第4章 道路輸送部門における社会的規則の調和 73

表4-5 各加盟国の罰則規定

加盟国	軽度の違反	重度の違反
オーストリア	22～36ECU	2,181ECUもしくは6週間以下の禁固。
ベルギー	62ECU	248ECU
デンマーク	運転手については少なくとも，54ECU，会社については135ECU。なお罰金の額は違反の内容とその重大性に依存する。	
フィンランド	罰金は所得に関連する。：1日の罰金は社会的免除はあるが，個人の1日の所得の33.3%にあたる。徴収される罰金を決定する際，一つの違反の重大さが違反の回数よりも重要である。このタイプの違反に対する平均の罰金は120～137ECUである。	
フランス	1994年3月1日の新刑法の導入以前では，罰金はつぎのとおりであった。197～455ECU（2回目の違反については，455～910ECU）1994年3月1日に新刑法の導入後，罰金はつぎのように改正された。759ECU。	1994年3月1日の新しい刑法の導入以前では，罰金はつぎのとおりであった。76～2,276ECU，もしくは15日から3ヵ月の禁固。他の国の違反者は1回の違反当り136ECUあるいは刑事犯1回当り303～1,158ECUを裁判所に供託する。1994年3月1日に新刑法の導入後，罰金はつぎのように改正された。3,794ECUと3カ月の禁固。
アイルランド		1,365ECUおよび／あるいは6カ月の禁固。
イタリア	最低16ECU。	最高4,447ECU
オランダ	規則の規定違反ごとに罰金が設定され，45～1,365ECUの幅がある。	
スペイン	30～284ECU	284～1,388ECU（第1カテゴリー）1,388～2,414ECU（第2カテゴリー）
スウェーデン	139～231ECU	
イギリス		運転手の時間違反およびタコグラフの違反を引き起こす運転手に対して最大の罰金は1,407ECU（レベル3）から7,034ECU（レベル5）の範囲である。なお，北アイルランドについては，上限は2,814ECUである。罰金のほかに，チャートを偽造したり，タコグラフに張りつけるシールを変造したり偽造した場合，2年以下の禁固を伴う。

（注） ECUへの換算レートは1997年3月31日。
（出所） CEC (1997f), p. 16.

むすびにかえて――社会的規則をめぐる新たな動き――

　社会的規則の厳正な適用と実施は域内における輸送の安全，効率および異種輸送モード間あるいは同一輸送モード内の健全な競争を確立する重要な条件の１つであることは周知のところである。しかし，各加盟国において社会的規則についての認識に乖離が見られ，規定の適用および監視体制に差異があり，必ずしも域内において社会的規則が均一に適用されているとはいえない。たとえば，加盟国間に存在する罰則規定の差異は社会的規則の規定の重要性についての理解のちがいを表わすものであると理解されよう。また，総検査日数に対する違反の摘発率を見るならば，ドイツが最も高く6.1％，つづいてフィンランドの3.2％，オランダの2.8％，フランスの2.7％となっている。これに対して，イギリスの摘発率は最も低く，0.3％であり，つづいてデンマークの0.7％，ルクセンブルクの0.9％となっている。この数値より，ただちに摘発率が高いのは検査体制が充実しているからだと短絡的に結論づけることはできない。その逆に，イギリス，デンマークおよびルクセンブルクについては，監視体制が充実し，厳しい罰則規定が違反の抑止力として作用し，違反の摘発率が低くなっているとも理解される。いずれにせよ，域内における監視および検査体制が加盟国間で均一なものとなり，さらに罰則規定が調和されれば，違反摘発率の数値が均一化するものと考えられる。

　このような状況を憂慮し，ドイツはつぎのような提案を行った[13]。
① 規定の適用と監視体制を標準化するために委員会が各加盟国の検査担当の長官を召集し，会議を開催する。
② 記録装置の不正利用の機会を最小にするために3821号規則を改正する。
③ 社会的規則の違反罰則を調和させる。
④ 3820号規則のなかで，とくに運転時間および休息時間についての規定を簡素化する。
⑤ 社会的規則が域内で均一に解釈され，適用されるために各加盟国の担当

の代表者間の定期会合を開催する。

　これらのドイツの提案を受けて，EUレベルにおいてそれに対応する動きがあった。そのうちの1つは3820号規則の改正を提案する動きである。EUでは，労働時間を法的に規定する理事会指令104号が1993年11月に採択されている。104号指令のねらいは労働者を過剰労働から解放し，労働者の健康と安全を確保することにある。具体的な内容はつぎのとおりである。

① 1週当りの最大労働時間は超過労働時間を含めて平均で48時間をこえない。
② 労働者は年間で少なくとも4週間の有給休暇をとることができる。
③ 1日の休息時間として最低で連続して11時間とり，さらに少なくとも1週当り1日の休息日をとることができる。
④ 労働時間が6時間以上に及ぶ場合には，若干の休憩時間をとることができる。
⑤ 夜間労働者の労働時間は8時間をこえない。

　委員会は当初より104号指令をすべての部門の労働者に適用するよう主張を続けてきたが，理事会は交通部門の労働の特殊性を理由に交通部門を適用除外とした。しかし，3820号規則の適用と実施について種々の問題が明らかになり，これを受けて1997年に，委員会は従来104号指令の適用を除外された部門にもその規定を適用するように提言を行う白書を明らかにした。問題の白書は従来，104号指令の適用除外となっていた交通部門について，移動労働者（mobile worker）と非移動労働者（non-mobile worker）との区別を明確にし，104号指令の適用を差別化した。

　問題の白書で示された提言はつぎのように要約される[14]。

① 従来，104号指令の適用除外となっていた交通部門について，移動労働者と非移動労働者との区別を明確にし，すべての非移動労働者には104号指令を適用する。
② 移動労働者については，104号指令が規定する4週間の年間有給休暇規定およびとくに夜間労働者については，健康アセスメントについての規定

を適用する。
③　移動労働者の労働時間，休息時間および休憩時間などの労働条件に関する規定は，別途各輸送モードの特異性を考慮して定める[15]。
④　道路輸送部門が定める労働条件において，自家用移動労働者が有償輸送に従事する移動労働者と同等の労働条件を保証されない場合，自家用移動労働者には104号指令が適用される。
⑤　従来，3820号規則において労働時間に算入されていなかった荷積・荷降などの輸送に付随する活動を労働時間の一部とみなす。

この白書を受けて，1998年に道路輸送に従事する自営運転手を含む移動労働者の労働条件についての内容が示された。それは3820号規則の適用を基本としつつ，若干の修正を加えたものである。その主な内容を示しておこう[16]。

①　1週当りの平均労働時間は48時間をこえない。ただし，4カ月の参考期間内で1週当りの平均労働時間が48時間をこえない場合にかぎり，1週当りの最大労働時間は60時間まで延長することができる。
②　休憩を入れないで連続で6時間以上労働を行うことはできない。労働が全体で6時間から9時間までである場合には少なくとも30分の休憩，労働時間が9時間以上に及ぶ場合には少なくとも45分の休憩を入れねばならない。
③　夜間労働者の1日の労働時間は8時間をこえない。ただし，2カ月の参考期間内に1日の平均労働時間が8時間をこえない場合にかぎり，10時間まで延長できる。
④　1週当りの平均労働時間は48時間と規定されるが，9カ月の参考期間内に1週当りの平均労働時間が39時間あるいは12カ月の参考期間内に1週当りの平均労働時間が35時間に短縮されるならば，加盟国は48時間の制限時間を緩和することができる。

つづいて問題になっているのが，現行のタコグラフの不正使用とデータの改竄に伴う規則違反の増加である。とりわけ，道路貨物輸送の自由化に伴って国境をこえた輸送業者間の競争が激しくなり，規則違反が増加する傾向にある。

また，現行のシステムでは，タコグラフから得られたデータの読取りおよび照合に時間を浪費し，包括的な検査に適さないということが明らかになっている。さらに，現行のタコグラフの読取りには専門的な知識と経験を必要とするために，これがタコグラフの不正使用の誘因にもなっている[17]。このように指摘される問題に対処するために，デジタル記憶装置を運転手の運転免許証に組み入れ，スマートカードとして利用することが提案された。こうして従来のハードコピーの記録シートからデジタル化されたデータ記憶装置に転換することによって迅速かつ信頼できるデータの収集と厳正な検査が可能になると期待されている。1998年9月24日に理事会において3821号規則の改正案が採択され，官報に公示されて2年後に最初にサービス供用される車両はデジタルタコグラフの装着が義務づけられることになった。

最後に，委員会は検査および罰則についての意見交換を促進するねらいから1995年に各加盟国の専門家による会合を開催した。

これらの地道な取組みにより，厳正な監視の下で，社会的規則が域内に均一に適用され，その実効をあげることが期待されよう。

注
1) CEC (1984), p. 4.
2) *Ibid.*, p. 7.
3) 完全に積載した車両の最大許容運行重量と定義される。
4) その際，地方の行政地区の中心は車両が拠点をおく地点から半径50キロの範囲内にある。
5) その際，車両を運転することが運転手の主な活動ではないという条件がつく。
6) 問題の車両の最大許容重量はトレーラーあるいはセミ・トレーラーを含めて3.5トンをこえない。
7) 1991年から92年にわたる数値については，CEC (1996b), p. 2.
8) 表4-2のドイツとスウェーデンのe欄の数値について，原文ではそれぞれ405％，13％となっているが，この際，406％および14％とする。なお，1991年から92年にわたる実績については，CEC (1996b), p. 7.
9) OJ (1988a) 第2条第2項。
10) *Ibid.*, 第3条第2項および第4条第2項。

11) 1993年から94年を対象とする報告書は1993年に採択された委員会決定173号が定める書式にしたがって報告されたデータに基づいている。
12) 1991年から92年の実態については，CEC (1996b), p. 16. 各加盟国におけるカテゴリー別の違反の実態については，pp. 8-15. また，1993年から94年にわたる各加盟国におけるカテゴリー別の違反の実態については，CEC (1997f), pp. 23-29.
13) CEC (1996b), p. 22.
14) CEC (1997c), pp. 6-7.
15) 1998年9月30日に鉄道部門の労使はすべての鉄道労働者に104号指令を適用することに合意し，公式協定に調印を行った。ただし，条件として，他の輸送部門にも同様の規定が適用されること，そしてすべての新規参入の事業者にも労働時間に関する条件が適用されることをあげている。
16) CEC (1998h), pp. 53-55. なお，欧州議会は提示された内容に対して約20箇所の修正を求めている。EC Inform (1999), p. 5.
17) CEC (1994c), p. 1.

第5章　パリ条約の下での鉄道政策

はじめに

　戦後，欧州大陸はアメリカと旧ソ連に代表される東西ブロック体制に分断されることになった。西欧諸国は戦後の荒廃した経済の再建と欧州の平和を希求し，これを実現するために団結する必要性を確認した。この目的は当時の基幹産業であった石炭および鉄鋼分野における共同市場を確立することによって追求されることになった。

　1951年4月18日，西ドイツ，ベルギー，フランス，イタリア，ルクセンブルク，オランダの6カ国は欧州石炭・鉄鋼共同体条約，いわゆるパリ条約を締結し，共同市場に基づく国境のない域内貿易を実現した。

　共同体の目的は石炭および鉄鋼についての共同市場を確立し，経済の拡大，雇用の増進，生活水準の向上および最大可能な生産水準で生産された製品の最も合理的な分配の実現にあった[1]。この経済目標を実現するための条件として，パリ条約第70条は同等の状況におかれる消費者に対して同等の価格条件を提示するような石炭および鉄鋼の輸送料金および輸送条件の適用が必要であると規定している。

　この際，石炭および鉄鋼の共同市場における鉄道貨物輸送に焦点を絞り，まず共同市場の設立以前に存在していた差別的な鉄道料金の実態を明らかにする。つづいてパリ条約の主旨にそって，差別料金に取って代って導入された新しい料金制度の内容を検討し，あわせて重要な通過国となる非加盟国との関係について検討しよう。

第1節　差別鉄道料金の実態

　共同市場製品である石炭，鉄鋼，コークスおよび鉄鉱石の輸送費は一般に他の製品に比べて最終価格に占める割合が高い。また，共同体構成国の鉄道は政府の市場介入によって他の輸送モードとの競争から保護されていた。したがって，鉄道の貨物輸送料金は必ずしも実質の輸送費を反映したものとはいえない。かくして，共同市場製品の輸送に際して，必然的にさまざまな差別的な鉄道料金が適用されていた。パリ条約第70条の規定に一致しない鉄道料金としてつぎの4つをあげることができる[2]。

① 同一製品を同一距離だけ輸送する際，発地国および受入国が異なる場合，異なった鉄道料金が適用されるケース。
② 国境で分断される鉄道料金のケース。
③ 特定の加盟国で特定の荷主あるいは特定の消費者を優遇する鉄道料金のケース。
④ 共同体製品の鉄道輸送料金について加盟国に存在する絶対的水準における料金差。

これらの問題について若干詳細に見ておこう。

(1) 発地国・受入国に起因する差別料金

　われわれは発地国および受入国に起因する差別料金の一例として，西ドイツにおいて適用されていた2種類の石炭輸送料金を指摘することができる（図5-1）。すなわち，輸入石炭に対して課せられる料金FKと国産石炭に課せられる料金6B1である。たとえば，石炭を400km輸送する際，外国産石炭は国産石炭よりも24％も高い輸送料金FKを課せられた。これは西ドイツ政府が西ドイツ南部の市場においてザール・ロレーヌ産の石炭に対してルール産の石炭を保護するためにとった措置である[3]。また，ベルギー鉄道はフランスの鉄鋼工場からアントワープへ輸送する鉄および鉄鋼製品にベルギー・ルクセンブルク経

図5-1 輸入石炭に賦課される料金と国内石炭に賦課される料金

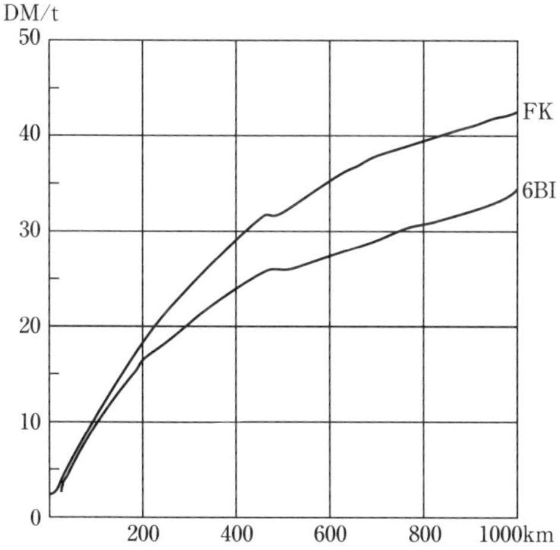

(出所) W. Scheider (1956), ANNEX.

表5-1 差別料金の廃止前と廃止後

ルート	距離	トン当りの価格		差	
		差別料金廃止前	差別料金廃止後	絶対的差	相対的差
アザス〜アントワープ	254 km	184Bfr.	222Bfr.	＋38Brf.	＋21％
ローダンジェ〜アントワープ	257	230	268	＋38	＋16
モン・サン・マルタン〜アントワープ	260	317	293	－24	－8

(出所) ECSC (1953), p. 60.

済共同体で生産された鉄鋼より高い料金を課した。

つぎに, アントワープから6 km範囲内に立地する3つの鉄鋼工場の場合を見てみよう (表5-1)。それらはそれぞれベルギーのアザス (Athus), ルクセンブルクのローダンジェ (Rodange) そしてフランスのモン・サン・マルタン (Mont-Saint-Martin) に立地する。各都市からアントワープまでのトンキロ当りの鉄道料金はそれぞれ0.72Bfr., 0.89Bfr. そして1.22Bfr. である。したがって, その比率は1：1.24：1.69である。しかし, 共同市場の確立と同時に差別料金が廃止されたのち, その比率は1：1.20：1.30と修正された[4]。この3つのルートにおいて差別料金が廃止される以前はそれぞれのルートがほぼ同一距

表5-2 差別料金の廃止前と廃止後について（西ドイツのケース）

ルート	距離	トン当りの価格		差	
		差別料金廃止前	差別料金廃止後	絶対的差	相対的差
レーデン～シュツットガルト	232km	24.50DM	22.40DM	−2.10DM	− 9％
レーデン～レーゲンスブルク	491	37.60	31.60	−6.00	−16

(出所) ECSC (1953), p.59.

表5-3 差別料金の廃止前と廃止後について（フランスのケース）

ルート	距離	トン当りの価格		差	
		差別料金廃止前	差別料金廃止後	絶対的差	相対的差
サンス～ウグレ	211km	850Ffrs.	784Ffrs.	−66Ffrs.	−8％
サンス～アザンクール	284	631	654	＋23	＋4

(出所) ECSC (1953), p.59.

離であるにもかかわらず，問題の料金の最大差は133Bfr.であった。しかし差別料金の廃止後，問題の較差は71Bfr.に縮小された。この71Bfr.の料金較差は国境における輸送の分断に起因するものと考えられる。

欧州石炭・鉄鋼共同体委員会はこれらの差別鉄道料金を関税および貿易規制と同様のものと判断し，過度的規定を含む協定（Convention Containing the Transitional Provision）のセクション10の規定にしたがって，共同市場の確立に伴う差別料金の廃止を決定した。1952年10月23日に委員会は専門家委員会に差別料金の廃止についての研究の開始を命じた[5]。その結果，専門家委員会は1年後の1953年12月に研究成果をまとめて答申を行った[6]。こうして，1953年2月10日の共同市場の開設までに差別料金が廃止されることになった。差別料金の廃止に伴って，共同市場内で輸送される年間約4,500万トンの製品の輸送料金が修正された[7]。なお，専門家委員会は料金差別に代る新しい料金の設定に際して，つぎの3つの提案を行った[8]。

① 従来，国内産の貨物輸送にのみ適用されていた料金が外国産の貨物の輸送にも適用される。

② 従来，外国産の貨物の輸送にのみ適用されていた料金が国内産の貨物の輸送にも適用される。

③ まったく新しい料金が適用される。

西ドイツは①のケースを採用した。その一例は表5－2に示されるとおりである[9]。また，フランスは鉄道が負担する欠損を償うために最低料金に若干の上積みをしたまったく新しい料金を設定した。その一例は表5－3が示すとおりである[10]。

図5－2　貨物輸送料金の数値例

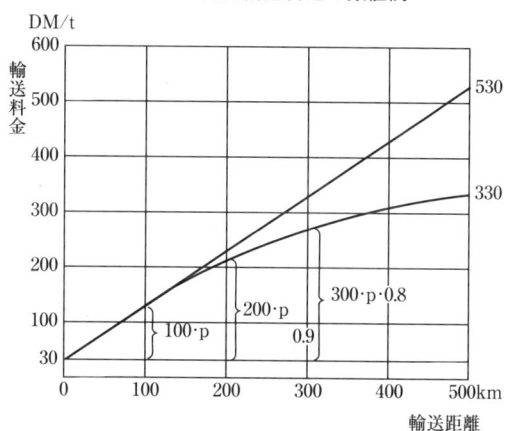

(出所)　Klaer, W. (1956), S. 51.

(2) 国境で分断される貨物輸送料金

国内貨物輸送料金は一般にターミナル料金と輸送距離料金から構成される。ターミナル料金は貨物の荷積および荷降に関連して生ずる費用で，固定料金と考えられる。ただし，ターミナル料金は貨物の種類によって異なる。他方，輸送距離料金は距離の関数としての料金である。そして輸送距離料金は基本距離料金と問題の距離に対する逓減係数から形成される。この際，ターミナル料金をT，基本距離料金をP，輸送距離をdそして輸送距離に対応する逓減係数をf(d)と表記するならば，貨物輸送料金は一般式としてつぎのように表わされる。

$$T + P \cdot f(d) \cdot d$$

これを適当な数値をもって表わすならば，図5－2のようになる[11]。

さて，われわれが検討しなければならない問題は国際貨物輸送の場合である。国際貨物輸送の場合，国境という障壁が存在するために，たとえば貨物がA国の鉱山から国境まで輸送され，国境においてターミナル料金が徴収され，B国

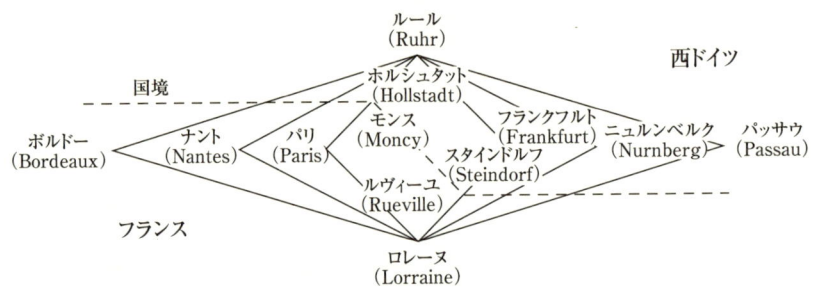

図5-3　産地と消費地の地理的関係

```
                          ルール
                         (Ruhr)
                     ホルシュタット              西ドイツ
   国境               (Hollstadt)
─────────────────────────────────────────────
                  モンス     フランクフルト
ボルドー   ナント   パリ  (Moncy)  (Frankfurt) ニュルンベルク  パッサウ
(Bordeaux)(Nantes)(Paris)  スタインドルフ    (Nurnberg)  (Passau)
                  ルヴィーユ  (Steindorf)
                   (Rueville)
   フランス
                        ロレーヌ
                       (Lorraine)
```

（出所）Meade, J. E. et al. (1962), p. 356.

表5-4　フランスおよび西ドイツに適用された逓減係数

km	フランス	西ドイツ
100	1.00	1.00
150	0.986	0.949
200	0.972	0.900
300	0.946	0.810
600	0.870	0.591
900	0.800	0.430

（出所）Meade, J. E. et al. (1962), p. 355.

の目的地に輸送される。ここで問題となるのはA国とB国との間の貨物輸送において2つのターミナル料金が課せられることである。さらに，各国の国内において適用されている異なった逓減係数が国際直通料金の形成に適用されるということである。この際，専門家委員会が検討した内容を見ておこう[12]。

　共同体はフランスと西ドイツの2カ国から構成されているとしよう（図5-3）。フランスのロレーヌ産の石炭は主にパリの市場へ輸送される。他方，西ドイツのルール産の石炭はフランクフルトの市場へ輸送される。そして，石炭の消費者はフランスおよび西ドイツの石炭産地であるロレーヌおよびルールから300kmの地点に立地しているとする。また，フランスおよび西ドイツにおけるターミナル料金はそれぞれ30Bfr.と20Bfr.であり，トンキロ当りの基本距離料金はそれぞれ1Bfr.と1.50Bfr.である。さらに，両国内において適用されている逓減係数は表5-4が示すとおりである。ここで，ロレーヌからパリそしてルールからフランクフルトへの石炭の輸送料金を算定するならば，つぎのような結果を得る。すなわち，ロレーヌからパリへの輸送については，$30+1\times300\times0.946\fallingdotseq314$Bfr.ルールからフランクフルトへの輸送については，$20+1.5\times300\times0.810\fallingdotseq384$Bfr.

つぎに，ロレーヌからフランクフルトそしてルールからパリへの石炭の国際輸送の場合の総輸送料金を算定してみよう。この場合，ロレーヌからフランクフルトへの輸送に際して国境は2地点間の中間に位置しているとする。したがって，ロレーヌから国境まで150km，そして国境からフランクフルトまで150kmである。また，ルールとパリとの位置関係もロレーヌとフランクフルトの場合と同様である。ロレーヌからフランクフルトへの石炭輸送に伴う総輸送料金はつぎのように算定される。ロレーヌから国境までの輸送料金は，30＋1×150×0.986≒178Bfr．また，国境からフランクフルトまでの輸送料金は，20＋1.5×150×0.949≒234Bfr．となる。かくして，ロレーヌからフランクフルトまでの石炭の国際輸送料金は，178＋234＝412Bfr．となる。このような事例から，たとえ輸送距離が同じであっても，国際輸送料金が国内輸送料金よりもはるかに高いことが確認される。こうした国際輸送にかかわる不合理な問題を解消するために，欧州石炭・鉄鋼共同体委員会は国際直通輸送料金の検討をはじめることになった。

(3) 特別料金[13]

　特別料金とは，国が国内の特定の生産者あるいは消費者を優遇する貨物輸送料金と定義される[14]。フランスにおいては，その例としてフランス中・南部の鉄工場への薪炭輸送および遠距離地にある鉱山，たとえばピレネー鉱山からフランス中・南部および他の消費地への鉱石の輸送に適用される割引料金をあげることができる。また，オーヴェルニュ（Auvergne），セヴァンヌ（Cévennes）およびロワール（Loire）地方の石炭がパリの市場へ向けて輸送される際に適用される割引料金をあげることができる。また，西ドイツにおいては，その例として，ルールからザルツギッター（Salzgitter）の東部のローヴァ・ザクソニ（Lower Saxony）およびニュルンベルク（Nuremberg）近くの鉄工場への固形燃料の輸送に適用される割引料金あるいはハルツ（Harz）山脈近くの鉱山からルールの鉄工場への鉱石輸送に適用される割引料金がある[15]。鉄道会社がこれらの特別料金を特定のルートに関して適用する根拠として，①問題の

ルートにおいて他の輸送モードとの競争が特に厳しい状態にある，②ある鉄道区間が他の輸送区間に比べ輸送費が低いという点を指摘している[16]。

鉄道会社の特別料金の必要性についての見解に対して，欧州石炭・鉄鋼共同体委員会は問題の企業が市場の変化に適用するために何らかの措置による援助の必要性について一定の理解を示した。とりわけ，フランスと西ドイツは地域経済の振興の必要性から特別料金の存続を主張した。しかし，委員会はこの主張をパリ条約第2条および第3条に反するものとして退けた。ただし，例外として西ドイツと東ドイツの国境の近くに位置する企業については，戦後の政治的分離の結果として生じた経済的損失を相殺するような特別料金の設定を認めた。最終的に，委員会は特別料金の適用期限を12カ月とし，問題の割引額を段階的に縮小し，1961年7月21日までに完全に廃止すべきであることを明らかにした。

第2節　国際直通輸送料金

パリ条約第70条では，共同市場の確立は同等の状況に位置する消費者に対して同等の価格条件を提示するような輸送料金の適用を必要とすると規定されている。しかし，条約は第70条で規定されている同等の状況という概念が単に消費者が石炭の産地から同じ距離のところに位置するという地理的状況を表わすのか，それとも消費者の経済力をも考慮したものであるのか明確ではない。しかし，この際問題とする輸送料金の不均衡は単に国境において輸送が分断されることに起因するものと考えよう。そこで，同じ地理的状況にある消費者に対して同等の価格条件を提示しうる国際直通輸送料金が検討の対象となる。

専門家委員会は国際直通料金の形成にあたりつぎの5つの基準を設定した。

① 国際直通料金の設定の原則は，個々の国に適用されるときにはこれらの国々の国内料金にならうべきである。

② 2つの国の国内料金が等しいならば，国際直通料金は両国にとって常に等しくなければならない。

第5章　パリ条約の下での鉄道政策　87

③　もし短距離区間が長距離区間に完全に包含されるならば，長距離区間はより高い運賃率に対応しなければならない。

④　国境通過輸送において，AからBまでの輸送に対してはBからAまでの輸送と同じ料金が適用されねばならない。

⑤　国際直通料金の運賃率は絶えず変化しなければならない[17]。

委員会はこの5つの基準に照らして国際直通料金の検討をはじめる。委員会は，まず最初に国際輸送にかかわる料金問題を解決するための料金算定法として単純平均算定法を提示した。たとえば，300 kmの2国間国際直通輸送を考える場合，その際問題となる300 kmの基本距離料金，300 kmの逓減係数そしてターミナル料金のそれぞれの平均をとることによって料金を算定する方法である。単純平均算定法を用いてロレーヌとフランクフルトを結ぶルートにおける石炭輸送の直通料金を算定するならば，つぎのような結果を得る[18]。すなわち，$25+375 \times 0.878 \fallingdotseq 354$ Bfr. 単純平均算定法を用いて輸送料金を算定するならば，国境がロレーヌとフランクフルトの2地点間のどの地点を通過していようとも，問題の輸送料金は一義的に決定される。確かに，単純平均算定法を用いて決定される輸送料金は国境によって輸送が分断された場合の国際輸送料金よりもはるかに低くなっている。しかし，単純平均算定法について幾つかの問題点を指摘することができる。

図5-3が示すように，ロレーヌとフランクフルトを結ぶルートにおいて国境をはさんでフランス側にルヴィーユ（Rueville）そして西ドイツ側にスタインドルフ（Steindorf）という町がある。その際，ルヴィーユの消費者はロレーヌ産の石炭を178 Bfr. という国内料金で手に入れることができる。他方，スタインドルフの消費者はロレーヌ産の石炭を手に入れるためには206 Bfr. を支払わねばならない[19]。したがって，スタインドルフの消費者はロレーヌ産の石炭を購入するためにはルヴィーユの消費者よりも28 Bfr. だけ余計に支払わねばならない。さらに，ルールとパリを結ぶルートにおいても同様の現象が生じる。国境をはさんでフランス側にモンス（Moncy）そして西ドイツ側にホルシュタット（Hollstadt）という町がある。この際，ホルシュタットおよびモンスの消

費者はそれぞれルール産の石炭を購入する。ホルシュタットの消費者はルール産の石炭を購入するためには234Bfr.という国内輸送料金を支払わねばならない。他方、モンスの消費者はルール産の石炭を購入するために206Bfr.の国際輸送料金を支払うだけでよい。かくして、フランスのモンスの消費者は国際輸送料金が西ドイツの国内料金よりも低いために西ドイツのホルシュタットの消費者よりも安くルール産の石炭を入手することができる。このように、国際直通料金の算定公式として単純平均算定法を適用した場合、パリ条約第70条の規定に反する現象が生じる。また、単純平均算定法によって一義的に決定される料金は輸送費の変化に柔軟に対応しえないゆえに、輸送費を反映する料金とはいいがたい。したがって、単純平均算定法はシャイダー（Scheider, W.）が規定する国際直通料金の5つの必要条件をすべて満たすことができない。そこで、単純平均算定法に代る新たな算定法が検討された。その結果、委員会の諮問機関である専門家委員会は問題の新算定法をつぎのように説明している[20]。

　国際直通料金は発地国の国内料金からはじめ、これを国境まで変えずに維持し、このようにして得られる国境までの部分料金に受入国の国内料金の上積みされるべき部分距離に対して受入国で適用されている部分等級（Teilsstaffel）を上積みすることによって形成される。われわれはこの算定法を解Ⅰとよぶことにする。この際、A国の起点からB国の目的地までの500kmの国際輸送において、A国の起点から国境まで300kmそして国境からB国の目的地まで200kmとする。また、その逆にB国からA国への輸送の場合、B国の起点から国境まで300kmそして国境からA国の目的地まで200kmとする。また、A国およびB国におけるターミナル料金をそれぞれ $T_A=30$, $T_B=60$ とする。そして基本距離料金をそれぞれ $P_A=1$, $P_B=2$ とする。さらに、逓減係数はつぎのように規定される。

$$f(d): 100\mathrm{km}=1$$
$$200\mathrm{km}=0.9$$
$$300\mathrm{km}=0.8$$

500km＝0.6

　この際，解Ⅰの説明に基づいてA国からB国への貨物輸送の国際直通料金を求めてみよう。まず，A国の起点から国境までの300kmの輸送料金は，300×1×0.8＋30＝270となる。つぎに，国境からB国の目的地までの輸送料金はつぎのように求められる。B国の国内輸送において，B国のある起点から300kmまでの輸送料金は，300×2×0.8＋60＝540である。また，同様に，500kmまでの輸送料金は，500×2×0.6＋60＝660となる。したがって，国境から受入国の目的地までの残りの部分距離である200kmに対応する料金は，660-540＝120である。かくして，A国の起点からB国の目的地までの国際直通料金はつぎのようになる。

$$(300×0.8×1+30) + \{(500×0.6×2+60)-(300×0.8×2+60)\} = 390$$

　つぎに，B国を発地国として，A国を受入国とする場合の国際直通料金はつぎのように求められる。

$$(300×0.8×2+60) + \{(500×0.6×1+30)-(300×0.8×1+30)\} = 600$$

　ところで，解Ⅰについてつぎのような欠点が指摘されている。まず第一に，A国からB国への輸送とB国からA国への輸送に際して，輸送料金の同値性を保証することができない。これは国際直通料金の5条件のうちの1つに反するものである。さらに，この算定法は国内料金の加重平均値を反映していないということが指摘される。そこで，解Ⅰがもつこれらの欠点を解消する新しい算定式，すなわち解Ⅱが提示される。その内容はつぎのとおりである。

　通関手続き料金の加重平均値はつぎのように表わされる。

$$\frac{T_1+T_2}{2}$$

　これは貨物の発地国の鉄道と受入国の鉄道の通関手続き料金のみが考慮されている。つぎに，総距離料金はつぎのような式に基づいて算定される。

$$\frac{\text{発地国の鉄道の距離料金(総距離)×発地国の鉄道の部分距離 + 受入国の鉄道の距離料金(総距離)×受入国の鉄道の部分距離}}{\text{総距離}}$$

これを一般式であらわすと,

$$FS = \frac{T_1}{2} + P_1 \cdot f_1(d_1 + d_2 + \cdots + d_n) \cdot d_1 + P_2 \cdot f_2(d_1 + d_2 + \cdots + d_n) \cdot d_2 + \cdots + P_n \cdot f_n(d_1 + d_2 + \cdots + d_n) \cdot d_n + \frac{T_2}{2} \quad \cdots\cdots(1)$$

となる。この算定式は確かに解Iの欠点を補うために検討された公式であったが，また新たな欠点を生み出すことになった。すなわち，国内で適用されているターミナル料金，基本距離料金および逓減係数の値について，問題の共同体加盟国間でその値の差が大きくなると長距離料金が短距離料金よりも低くなるという現象が発生する[21]。このような現象について，つぎのような例を示すことができる。ベルギー鉄道で15トンの石炭を輸送する場合，100kmではトン当り117Bfr.であり，150kmではトン当り132Bfr.である。ターミナル料金は21Bfr.である。他方，オランダ鉄道で同じ15トンの石炭を輸送するのに，150kmでは，58Bfr.である。ターミナル料金は23Bfr.である。さて，ベルギーとオランダを結ぶ150kmの国際輸送における国際直通料金を考えてみよう。この際，150kmの総距離のうちベルギー領内の輸送距離を100kmとして，オランダ領内の輸送距離を50kmとする。この条件の下で求められる国際直通料金はつぎのとおりである。

通関手続き料金：$\dfrac{21+23}{2} = 22$ Bfr.

距離料金：$\dfrac{100 \times 132 + 50 \times 58}{150} = 107.3$ Bfr.

総輸送料金：$107.3 + 22 = 129.3$ Bfr.

この結果から，ベルギーとオランダを結ぶ150kmの石炭輸送の国際直通料金

は，ベルギー国内で石炭を100km輸送する際の国内輸送料金117＋21＝138Bfr. よりも約9Bfr. 低いことが確認できる[22]。また，ロレーヌからスタインドルフへの石炭輸送あるいはロレーヌからフランクフルトへの石炭輸送の場合を考えてみよう。その際，それぞれの場合においてフランス鉄道はロレーヌから国境まで石炭を輸送する。ところで，それぞれの石炭輸送に際してフランス鉄道が得る料金収入は前者の場合については，

$$\frac{30}{2}+\frac{150\times 0.986\times 150}{150}=163 \text{Bfr.}$$

であるのに対して，後者の場合は

$$\frac{30}{2}+\frac{150\times 0.946\times 150}{300}=157 \text{Bfr.}$$

となる。すなわち，同一輸送ルートにおいて輸送距離が長くなればなるほどフランス鉄道の輸送料金収入が小さくなるという現象が生じる。これらの矛盾について，基本距離料金が問題であるのか，あるいは逓減係数が問題であるのか，それとも両者が問題のひずみを生ぜしめているのか，いずれにせよ加重平均のほかにさらに調和的要素を国際直通料金の算定の際に考慮しなければならないということが確認された。そこで，加盟国の逓減係数が距離にしたがって調和されることになった。かくして，解Ⅱはつぎのように修正された。この際，f_m は統一的な逓減係数を表わす。

$$FS = \frac{T_1}{2} + P_1 \cdot f_m(d_1+d_2+\cdots+d_n)\cdot d_1 + P_2 \cdot f_m(d_1+d_2+\cdots+d_n)\cdot d_2 + \cdots + P_n \cdot f_m(d_1+d_2+\cdots+d_n)\cdot d_n + \frac{T_2}{2} \quad\cdots\cdots(2)$$

しかし，逓減係数の統一について各加盟国政府はさまざまな異議を唱えた。国内において逓減係数の逓減率が小さい国では，逓減係数の統一に伴って逓減係数の逓減率が大きくなり鉄道の料金収入が減少するのではないかという懸念が生じる。また，逓減係数の大きい国，たとえば西ドイツは問題の逓減係数を適用した輸送料金を国内の地域産業政策の1つの手段として利用していた。し

表5-5 各輸送距離に対応する
統一的な逓減係数

250kmまで

財の種類	逓減係数
燃料	料金表 I
鉱石	〃 I
鉄くず	〃 II

200kmまで

粗鉄,粗鋼	料金表 II
半製品と特定の製品	〃 III
完成品	〃 IV

(出所) Klaer, W. (1960), S. 325.

表5-6 逓減係数の上限と下限

財の種類	下限	上限
燃料	料金表 V	0.8247
鉱石	〃 VI	0.8247
鉄くず	〃 VII	料金表 X
粗鉄, 粗鋼	〃 VIII	〃 XI
半製品と特定の製品	〃 〃	〃 XII
完成品	〃 IX	〃 XII

(出所) Klaer, W. (1960), S. 325.

表5-7 各輸送対象に対する
限定的な逓減係数

財の種類	逓減係数
燃料,鉱石	0.70
鉄くず,粗鉄,粗鋼	0.75
半製品と特定製品	0.80
完成品	0.85

(出所) Klaer, W. (1960), S. 326.

たがって,逓減係数の統一に伴う逓減係数の変更は国内の輸送料金を変更せしめ,各輸送モード間の競争関係にも影響を及ぼすことになる。委員会はこれらの問題を解決するために各加盟国政府と交渉を行い,その結果1955年3月21日の協定に至った(表5-5)。問題の協定の第4章第8条によると,燃料,鉱石および鉄くずについては250kmまで,残りの製品について200kmまでの輸送距離について,加盟国において統一された逓減係数が適用される。さらに,問題の協定は燃料,鉱石および鉄くずについては250kmそして残りの製品については200kmをこえる国際輸送に関して,各加盟国政府は部分区間料金(Teilstreckenfracht)を決定するために総距離に対応する国内の逓減係数を適用する。ただし,問題の逓減係数の上限と下限は表5-6のように規定されている[23]。

ところで,国際直通料金の導入に関する協定の第10条は国際輸送における部分区間料金は同一距離の国内輸送の区間料金をこえてはならないと規定している。この条項を遵守するために各輸送対象に対して表5-7が示すような限定的な逓減係数が設定された。かくして,250kmをこえる燃料あるいは鉱石の国際直通料金は図5-4が示す斜線部分の範囲内で設定されることになる。ここに,統一的な逓減係数の考え方に修正が加えられることになった。専門家委員

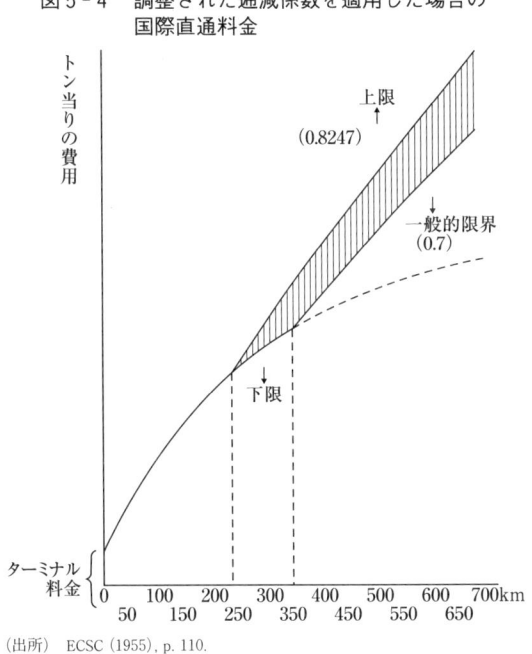

図5-4　調整された逓減係数を適用した場合の
　　　　国際直通料金

(出所)　ECSC (1955), p. 110.

会は，このような逓減係数の調整を背景にした第(2)式を国際直通料金を決定する式と規定した。このように規定された国際直通料金は，燃料および鉱石については1955年5月1日から，そして鉄，鉄鋼製品および鉄くずについては1956年5月1日から適用されることになった。

第3節　国際直通料金と非加盟国との関係

　共同市場における交通政策に重要な意味をもつ1955年3月21日の協定は2カ国間の貨物輸送における国際直通料金だけを規定するのではなく，3カ国間あるいは多国間の貨物輸送にも適用される。
　ところで，共同体を構成する6カ国の地理的配置を見るならば，たとえば西ドイツのある都市からイタリアのある都市へ貨物を輸送する場合，非加盟国で

あるスイスおよび当時非加盟国であったオーストリアという国を経由するルートが最も効率的な輸送ルートといえる。しかし，スイスはいまなお共同体の構成国でないゆえに，共同体は最も効率的な直通輸送を行うためにこのような国と国際協定を締結しなければならない。共同体とスイスとの交渉は1955年11月10日に開始された。1956年7月28日には，スイス領内を通過する石炭および鉄鋼輸送について国際直通料金を適用することについて協定が締結された。協定は官報に公示されたのち，1957年6月1日に施行された。スイス領内を通過する貨物輸送に適用される国際直通料金は加盟国の鉄道料金とスイス鉄道が提示する料金との総和である。加盟国の料金はスイス区間を含めた総輸送距離に基づいて算定される。スイス鉄道は国際直通料金に際して，スイス領内の通過区間の通過輸送の需要および他の輸送モードとの競争を考慮して料金の高さおよび輸送条件を調整した。その結果，スイス鉄道は通過輸送区間について国内よりも低い料金を考えた[24]。通過輸送を考慮に入れた国際直通料金の一般式はつぎのように表わされる。この際，TFはスイス領内を通過する区間の区間料金を表わす。

$$FS = \frac{T_1}{2} + P_1 \cdot f_1(d_1 + d_2 + d_T + \cdots + d_n) \cdot d_1 + P_2 \cdot f_2(d_1 + d_2 + d_T + \cdots + d_n) \cdot d_2 + TF + \cdots + P_n \cdot f_n(d_1 + d_2 + d_T + \cdots + d_n) \cdot d_n + \frac{T_2}{2}$$

$$\cdots\cdots(3)$$

なお，共同体域内の国際貨物輸送に適用される公式をスイスのような非加盟国に適用する際にさまざまな問題が生じる。これらの問題の処理については，スイス領内を通過する貨物輸送における国際直通料金の導入についての協定に規定されている。協定の第8条によると，スイスの通過区間においてスイス鉄道が同一区間の国内運賃率を変更しないで国際直通料金に算入される通過区間の運賃率を変更する場合あるいはその逆に国際直通料金に算入される通過区間の運賃率を変更しないで同一区間の国内運賃率を変更する場合，スイス鉄道は

各加盟国政府および欧州石炭・鉄鋼共同体委員会に運賃率の変更の目的，方法，および適用範囲を明示して，問題の措置を実施する1カ月前に通知しなければならない。なお，緊急の場合には，1カ月前の通知義務は2週間前に短縮される。申請を受けた委員会は運賃率の変更が重要な問題であると判断した場合には，申請受理後2週間以内に運輸委員会（Transport Committee）の臨時会議を召集する[25]。その際，運輸委員会は問題の措置の合目的性についての検討を行う。問題の措置について委員会において意見の一致が得られない場合，スイスについては委員会の報告書が各関係機関に送達されてから3カ月経過後，問題の措置が実施される。なお，共同体とスイスとの協定は6カ月間の拘束性をもつが，それ以後協定を解消することができる[26]。また，協定の第8条に規定されている内容について，委員会内部に重大な意見の不一致がある場合には，協定の拘束期間は2カ月に短縮されうる。

むすび

　1950年代の欧州石炭・鉄鋼共同体における貨物輸送モードは，主として鉄道と内陸水路であった。パリ条約第70条は同等の条件の下におかれる消費者に対して同等の価格条件が提示されねばならないと規定している。1950年代の欧州石炭・鉄鋼共同体における鉄道貨物輸送政策，とりわけその主要課題であった国際直通料金の形成の過程において，既存の差別料金の撤廃，とくに国境に起因する差別料金の解消が重要な課題であった。この問題を解決するために共同体委員会から諮問を受けた専門家委員会は国際直通料金を規定する公式を提示した。

　さらに，共同体はスイスなどの非加盟国との間の国際貨物輸送についての国際協定を締結し，共同体域内の効率的な貨物輸送を促進した。

　このように，1950年代の前期から中期にかけて共同体の交通政策の主たる対象は鉄道貨物輸送にあった。しかし，1950年代中葉以後道路による貨物輸送が増加するにつれて，共同体の交通政策の力点は鉄道政策から道路政策に移行し

つつあった。

注
1) EUROPEAN COMMUNITIES (1987), p. 23.
2) Meade, J. E., H. H. Liesner and S. S. Wells (1962), pp. 341-342.
3) *Ibid.*, p. 342.
4) *Ibid.*, pp. 342-343. なお，原文では，その比率を 1 : 1.23 : 1.68 と示しているが，本文で示すようにこの際訂正しておく。さらに，差別料金廃止後のトンキロ当りの料金はそれぞれ，0.87Bfr., 1.04Bfr., 1.13Bfr. となり，その比率についての数値も同様にこの際訂正しておく。
5) 専門家委員会は各加盟国政府が指名した委員から構成される欧州石炭・鉄鋼共同体委員会の諮問機関である。過度的規定を含む協定セクション10において，専門家委員会の任務が規定されている。(a)パリ条約第70条第2項の規定に反する差別の廃止，(b)国際直通料金の設定の検討，(c)異なる輸送モードの場合において石炭および鉄鋼の輸送に適用されるあらゆる種の輸送料金および輸送条件の検討。(a)の課題については3カ月，(b)と(c)の課題については2年の研究期間にその研究結果を求められた。Hutter, R. (1953), p. 22.
6) 専門家委員会が提示した差別の事例は32事例であり，その内訳はフランス15，西ドイツ10，ベルギー4，ルクセンブルク2そしてイタリア1である。ECSC (1954), p. 110.
7) *Ibid.*, p. 112. 差別料金の廃止に伴う主な料金の変化については，ECSC (1954), 111頁の表を参照。
8) Meade, J. E. et al. (1962), p. 345. 3つの選択肢はそれぞれつぎのようなことを意味するものである。①は低い国内料金が国際輸送に適用される。②は高い国際料金が一般的になる。③は①と②の中間でまったく新しい料金が適用される。
9) 表5-2の第1欄の差別料金廃止前の数値について ECSC (1953) の表では，22.50DM と記載されているが，これは24.50DM の誤りであると思われるので，この際訂正しておく。
10) 表5-3において，サンス～ウグレルートについては1,120トンの積載能力をもつ貨車，サンス～アザンクールルートについては800トンの積載能力をもつ貨車に適用された料金である。
11) $T=30$, $P=1$, $f(a):100 {\rm km}=1, 200 {\rm km}=0.9, 300 {\rm km}=0.8, 500 {\rm km}=0.6$ という数値の場合の貨物輸送料金を示す。
12) Meade, J. E. et al. (1962), p. 355.
13) 詳細は，Scheider, W. (1956), SS. 35-43.

14) Meade, J. E. et al. (1962), p. 370.
15) フランスおよび西ドイツにおいて適用された特別料金の詳細については，*Ibid.,* p. 372.
16) *Ibid.,* p. 373.
17) Scheider, W. (1956), S. 44.
18) ターミナル料金：$(20+30)/2=25$. 基本距離料金：$(300+450)/2=375$. 300 km に対応する逓減係数：$(0.946+0.810)/2=0.878$.
19) ターミナル料金：$(30+20)/2=25$，輸送距離料金：$(150+150×1.5)/2=187.5$，逓減係数：$(0.986+0.949)/2=0.9675$。したがって，総輸送料金は，$187.5×0.9675+25≒206$Bfr.
20) Klaer, W. (1960), SS. 58-59.
21) Locklin, D. P. (1972), pp. 235-236.
22) Meade, J. E. et al. (1962), p. 360.
23) 表5-5および表5-6で示されている料金表の詳細については付表Ⅰ-1およびⅠ-2を参照。
24) Klaer, W. (1960), p. 71.
25) スイス政府，共同体加盟国政府および欧州石炭・鉄鋼共同体委員会の代表から構成される。
26) ECSC料金がほぼ全面的に顧客と輸送業者との間の得意先契約によって取って代られ，さらに輸送モード間の競争が協定の経済的正当性を満たさなくなり，協定を維持する根拠が希薄になりつつあることから，委員会は協定を終決させることを認めた。OJ (1999).

第6章 ローマ条約以後の鉄道政策

はじめに

　1951年4月18日，西ドイツ，ベルギー，フランス，イタリア，ルクセンブルク，オランダの6カ国はパリ条約を締結し，当時の基幹産業であった石炭および鉄鋼について共同市場を確立し，国境のない域内貿易の自由化を実現した。さらに，1957年4月17日には，共同市場を石炭および鉄鋼に限定するのではなく，すべての財およびサービスを対象にした共同市場の確立を定めたローマ条約の締結は西欧諸国の経済共同体の形成を決定づけるものであった。それは財，サービスおよび人の国境をこえた自由な移動と取引を保証するものである。かかる目的を円滑に推進するためには，輸送分野における効率的なネットワークの形成をねらいとする共通政策の展開は不可欠であった。1961年6月に委員会は共通交通政策の目的をつぎのようにかかげた[1]。

① 共同市場の実現を妨げる輸送上の障害の除去。
② 域内輸送サービスの自由な移動の確立。
③ 域内における輸送システムの確立。

　さらに，この目的を実現するための原則としてつぎの5項目をあげている[2]。

① 輸送企業間および輸送モード間の競争条件の均衡。
② 輸送企業の財務上の自立。
③ 料金形成および異なる輸送市場へのアクセスの自由。
④ 利用者の選択の自由。
⑤ 投資の調整。

とりわけ，鉄道については，他の私的経済部門で保証されている効率的な経営管理を確実なものにするために自由を保証しなければならないと記している。この委員会メモランダムを受けて，1962年5月に共通交通政策についてのアクションプログラムが委員会によって理事会に提出された。これらが規定する原則および内容にしたがって共通交通政策の実行に着手されたのが1965年5月13日の理事会であった。この理事会で採択されたのが理事会決定271号であった。

271号決定は鉄道，道路，内陸水路輸送の競争に影響を及ぼす社会的規則，課税，国の介入に関する規定を加盟国間で調和させようとするものである[3]。EUにおける鉄道政策は271号決定を端緒にして展開されることになる。

271号決定は国が鉄道会社に課す義務あるいは制約に伴うコストと国が鉄道会社に与える特典から生じる利益を明確にしたうえで，鉄道会計を標準化させ，イコール・フッティングの下で他の輸送機関と競争させようとするねらいをもっていた。

このように，鉄道政策の中心的なテーマは鉄道の財務の安定をはかるべき諸施策の展開にあった。この議論の延長線上に近年の話題となっている上下分離の議論，鉄道インフラアクセスをめぐる議論および欧州横断鉄道貨物フリーウェイ構想がある。この際，共同体の鉄道政策を跡づけるなかで，今日の鉄道の現状を確認したうえで，共同体が模索する鉄道の再生の処方について検討しておこう。

第1節　鉄道会社の財務問題をめぐる議論

EUにおける鉄道政策の中心的課題は鉄道会社の財務の安定をめぐる一連の議論にあった。かかる課題に対して，1969年6月26日に理事会規則1191号と1192号が採択された。1191号規則はその前文のなかで，共通交通政策の目的の1つは輸送モード間の競争条件の不均衡が引き起こす原因となっている各加盟国が輸送会社に課す公共サービスの概念固有の条件における乖離を解消することにあると位置づけたうえで，1191号規則が定義する公共サービス義務を廃止

することが必要であると規定している⁴⁾。しかし，問題の公共サービス義務の廃止の対象は限定され，かかる公共サービス義務の廃止措置は旅客輸送会社に課せられる輸送料金および輸送条件には適用しない。公共サービス義務の存廃は，①公共の利益，②他の輸送モードへの移転の可能性と問題の輸送ニーズを満たす可能性，③利用者に対して提示される輸送料金と輸送条件を基準にして決定される。もし公共サービス義務が維持されることになった場合，それに伴う財務負担については，各加盟国がこれを補償しなければならない⁵⁾。国による鉄道会社への財務負担の賦課あるいはそれに対する国の補償は各加盟国間における競争条件に歪みをもたらすおそれがある。しかし，鉄道の公共サービス義務を完全に撤廃することができない以上，国と鉄道会社の間の財務関係を支配する規則を漸進的に調和させることが必要となる。理事会規則1192号は鉄道会社が他の輸送モードと同じ条件の下で運行する場合の鉄道会社のありうべき姿と現状の鉄道会社の姿を比較して鉄道会社が課せられる財務負担と鉄道会社が享受する便益を確定し，会計の標準化のための補償額を決定しようとした。1192号規則は第4条において会計の標準化が適用する財務負担あるいは便益をつぎのように分類している⁶⁾。

① 鉄道以外の輸送モードを含む他の経済部門において国が負担する支払いについて，鉄道が負担せざるをえない支出。
② 家族手当について鉄道会社が負担する社会的性質をもつ支出。
③ 他の輸送モードに適用するものと異なる条件で鉄道会社が負担する退職金および他の手当てについての支払い。
④ 鉄道会社による踏切設備の費用負担である。

なお，鉄道会社は会計の標準化のための申請にあたり，つぎのようなデータを国の担当局に提出しなければならない。

① 申請が行われる時点で有効である法律，規則あるいは行政の決定の規定に基づいて算定される次期財務年度のデータ。
② 最終結果が判明している財務年度に関して暫定的に交付される金額の調整に必要とされるデータ。

申請を受けた加盟国は申請日から6カ月以内に決定を下さねばならない。加盟国の決定にしたがって会計の標準化に基づいて支払われる補償額および公共サービス義務に対する補償額は各加盟国の規則にしたがって鉄道会社の営業収支書あるいは損益計算書に計上される。1971年8月に委員会は鉄道会社の会計の標準化に関する1969年の1191号規則および1192号規則の改正案とともに，鉄道会社の財務の再建と国と鉄道会社との間の財務関係を支配する規則の調和に関する理事会決定案を理事会に提出した。問題の理事会決定案は鉄道会社に財務および経営において広範な独立性を与えることを主旨とするものであった。必要と考えられる鉄道の公共サービスの役割を維持し，鉄道の財務再建過程において鉄道員の既得権を保持するという条件の下で，1971年8月18日の委員会提案は1975年5月の理事会決定327号に結実した。

327号決定は前文において，鉄道会社の財務の均衡は鉄道会社を財務面において独立させ，鉄道会社の公共サービスの義務の役割を考慮しつつ，鉄道会社の商業的責任を明確にすることによってはじめて実現されると規定している。327号決定第2条は各加盟国が設定する全体のフレームワークのなかで，そして鉄道会社の公共サービス義務の履行という条件の下で，各鉄道会社は経営，行政および内部管理に関して独立性をもつと規定している。すなわち，鉄道会社の資産，予算および会計を国から分離させることを表わしている。さらに，第9条の下で，価格に関する一般政策のフレームワークのなかで，そして輸送料金および輸送条件に関する共同体規則を考慮して，鉄道会社は最適な財務結果と財務の均衡を実現するために料金を自由に決定することができる。この原則を加盟国間の国際貨物輸送に適用することを規定しているのが，1982年の理事会決定529号である。529号決定によれば，鉄道会社が自己の商業的利益および市場の状況を考慮して，加盟国間の国際貨物輸送料金および輸送条件を設定することができる。327号決定第15条によれば，委員会が理事会に対して1980年1月1日までに各加盟国の鉄道の役割および重要性に影響を及ぼす特殊な条件を考慮しつつ，鉄道会社の財務の均衡を実現するための条件とタイムリミットを決定する提案を行うことになっている。327号第15条の規定を受けて，

1977年3月に委員会は鉄道会社の会計システムと年次会計との一致性を実現するために必要とされる措置に関する理事会規則案を理事会に提出した。さらに，1977年6月には，鉄道会社の均一の原価計算原則の設定に関する理事会規則案が理事会に提出された。前者は理事会規則2830号として採択された。2830号規則は国と鉄道会社との間の財務関係に関する規則の調和は一般の企業に適用する財務および会計原則に基づくものとし，各鉄道会社の年次会計を一致させることによって鉄道会社の財務結果と国の財務に関する介入の透明性を改善しようとするものである。他方，後者は1978年に理事会規則2183号として採択された。2183号規則は鉄道会社の均一な原価計算原則を確立することによって鉄道会社間のより緊密な協調を確実にし，鉄道会社の財務状況を改善しようとするねらいをもっている。共通の原則に基づく原価計算が提供する情報を鉄道会社間で交換することは国際貨物輸送の受入れあるいは拒否あるいは既存の輸送の中止についての営業上の意思決定において重要である。

ところで，1981年12月の共同体の鉄道政策についての理事会決議は，共通交通政策のフレームワークのなかでとくに意を払われるべき領域をつぎのようにあげている。

① 鉄道容量の最適利用。
② 商事における緊密な国際協力。
③ 国際輸送における共通の利益。
④ 鉄道会社に十分な独立性を与えるために鉄道会社と政府との関係の組織化。
⑤ 鉄道に影響を及ぼす競争の歪みの除去。
⑥ 複合輸送の展開。
⑦ 国境横断の簡便性と迅速化。
⑧ 鉄道の構造，インフラ，設備を経済の現行のニーズに適応させること。
⑨ 鉄道の財務状況。

国際貨物輸送の実施にあたっては，各加盟国の鉄道会社は2183号規則で規定されている共通の原則に基づいて算定される原価計算の結果を鉄道会社間で交

換することによって国際貨物輸送の可否の基準とした。さらに，1984年の理事会勧告646号は国際鉄道の展開に対する障害を除去し，サービスの質と鉄道会社の財務結果を改善するために鉄道会社間の積極的な協調政策の遂行を促している。

第2節　助成の問題をめぐる議論

　ローマ条約第77条は交通助成についてつぎのように規定している。すなわち，問題の助成が交通の調整のニーズを満たす場合，あるいは公共サービスの概念固有の義務の履行に対する補償を表わすならば，条約と一致する。ローマ条約の実行法としてはじめて鉄道の分野に導入されたのは1970年の理事会規則1107号であった。1107号規則では，第3条において1191号規則および1192号規則の規定の適用を受けないものに対して行われる助成の内容が規定されている。交通の調整にかかわるものとしてつぎの4項目があげられている。
① 他の輸送会社と比較して問題の鉄道会社が負担する追加的な財務負担に対する補償としての助成。
② インフラコストの配分についての共通規則が実施されるまで，利用するインフラの関連支出を負担しなければならない鉄道会社に交付される助成[7]。
③ 共同体全体にとってより経済的な交通システムおよび技術の研究開発を促進するための助成。
④ 交通市場へのアクセスについての共同体規則が実施されるまで，再編計画の一部として深刻な構造問題を引き起こす過剰容量を除去し，より効率的に市場ニーズを満足させるために暫定的に交付される助成。

　公共サービスの概念固有の義務の履行に対する補償については，関連する共同体規則の実施まで，1191号規則第2条第5項の対象とならない料金義務，あるいは1191号規則が適用しない輸送事業あるいは輸送活動に対して助成が行われる。なお，第4条で規定されているように，1107号規則第3条の規定は鉄道

会社を財務の面において独立させようとする目的をもって行われる助成には適用しない。しかし，1975年に理事会決定327号が採択されたことにより，1107号規則第4条はもはや国内鉄道会社に適用しない。1473号規則によれば，加盟国は327号決定第5条第1項にしたがって問題の鉄道会社の経営計画のフレームワークのなかで財務支援を与えることができ，また327号決定第13条にしたがって，企業の財務均衡を実現することをねらいとする財務プログラムの下で鉄道会社に赤字助成を交付することができる。

　1107号規則は第3条第1項(c)において，共同体全体にとってより経済的な交通システムおよび技術の研究開発に対する助成を規定している。すなわち，道路混雑による道路の飽和状態を改善し，エネルギー効率あるいは環境保全の観点から鉄道容量の効率的な利用を促進し，道路と鉄道あるいはその他の輸送モードを組み合わせた効率的な輸送システムを確立するための研究開発への助成が認められた。この内容をより具体的に規定したのが1982年の理事会規則1658号である。1658号規則は1107号規則第3条で規定されている助成項目につぎの1項目を追記している。すなわち，助成が暫定的な措置として交付され，複合輸送の開発を促進しようとする場合，問題の助成は，①インフラ，②積替に必要な固定および移動設備の投資に関するものでなければならない。

　鉄道輸送に対する助成の対象は公共サービス義務の履行に伴う負担に対する助成あるいはインフラ負担に対する助成から鉄道輸送の新境地を開拓するための研究開発に対する助成へと展開している。鉄道輸送の新境地の1つとして複合輸送があり，もう1つは高速鉄道ネットワークの形成である。1987年9月16日に欧州議会は欧州高速鉄道ネットワークに関する決議を採択した。1986年6月27日に示された中期交通インフラ計画によれば，共同体の経済的および社会的結びつきを強化するためにすべての共同体地域間に高速かつ効率的なリンクを形成することは不可欠であると位置づけ，鉄道の分野においては高速輸送に対応する路線の高規格化が指摘されている[8]。さらに，1986年6月30日に欧州高速鉄道ネットワークの形成を指向する報告書が提出された。この報告書は1992年の共同体の域内市場を完成させるべく域内貿易の改善，共同体の経済活

力の向上，企業の競争力の強化，新しい技術の開発，環境を保全して欧州の生活の質を改善すること，交通部門におけるエネルギーの効率的な利用の視点から陸上輸送による高速リンクの有用性を強調している[9]。このなかにあって，鉄道部門では，すでにフランス国内において1981年に TGV がパリ～リヨン間で開通し，TGV の営業距離は1994年では旅客輸送の営業距離の約25％にあたる5,732kmとなっている[10]。ドイツにおいても高速鉄道システムの技術開発が進展するなかで，ユーロトンネルおよびオランダのランドスタッドをはさんで，ロンドンからケルンにいたる高速鉄道路線計画が俎上にのり，1988年12月に採択された理事会規則4048号において財政支援の対象の１つにあげられた。4048号規則によれば，問題の財政支援はそれぞれの計画の総費用の25％以内であるが，建設工事の前に行われる研究の場合には，問題の財政支援は50％まで増やされうる。1990年の理事会規則3359号では，鉄道部門における財政支援の対象の枠が拡大され，ロンドン～パリ～ブリュッセル～アムステルダム～ケルンルートのほかに，セビリア（Seville）～マドリッド～バルセロナ～リヨン～トリノ（Turin）～ミラノ～ヴェニス～タルヴィジオ（Tarvisio）～トリエステ（Triest）ルートおよびオポルト（Oporto）～リスボン～マドリッドルートが追加された。さらに，3359号規則では，交通インフラ計画が財政支援を受ける適性を評価する基準をつぎのように明確にした。

① 問題の計画が国際共同体輸送にもたらす便益および有用性。
② 問題の計画についての社会経済収益性。
③ 共通交通政策の下で適用される共同体措置および国内交通インフラ計画のなかで優先性を与えられている国内措置との一貫性。
④ 資金調達にあたって特殊な問題があること。
⑤ 国内あるいは地域の担当局が計画を実行することができない。

鉄道助成の問題は1970年の理事会規則1107号にはじまり，主として鉄道の公共サービス義務の履行，インフラ負担に伴う他の輸送モードとの負担の不均衡を是正する目的で助成が規定されたが，エネルギー効率，環境保全あるいは新しい輸送技術の導入の可能性といったさまざまな視点から鉄道が見直され，鉄

道の新しい開拓分野に対する助成が行われることが示された。すなわち，複合輸送の促進と高速鉄道ネットワークに対する財政支援は鉄道が他の輸送モードに対して競争上不利となる条件を補整するといったものから鉄道の新しい事業分野の開拓というより積極的な事業展開に対する助成へと変化していることを示している。

第3節　鉄道政策の新たな展開

　理事会決定327号は環境保全，空間およびエネルギーの効率的な利用そして社会的ニーズの観点から鉄道の重要性を見直し，鉄道の財務の健全化を促す必要性を示した。とくに，財務面における国と鉄道会社との関係について各加盟国が設定する全体の政策のフレームワークを尊重し，公共サービスの義務の履行という条件の下で，鉄道会社は自己の資産，予算，会計を国から分離し，経営管理，行政管理および内部管理についての独立性を認められた。財務均衡を実現するために独自に料金を設定することが確認された。この327号決定の考え方は1991年の理事会指令440号によってさらに展開されることになった。440号指令は鉄道会社の経営の独立性を前提にして，輸送サービスの供給とインフラの運用を明確に分離させることは鉄道システムの将来の発展と効率的な輸送を促すものであると規定している。440号指令の主な柱は，鉄道会社の経営の独立性，インフラ管理と輸送事業の分離，鉄道インフラへのアクセスの問題に集約される。これらの内容について見ておこう。

　鉄道会社は国から独立して，自己の資産，予算および会計について独立した法的地位をもつということが確認されたうえで，自己の財務の均衡およびその他の技術的，商業的および財務的目的を実現するためにつぎのような措置を講じることができる。

　①　1つあるいは複数の鉄道会社と国際グループを形成することができる。
　②　内部組織を形成することができる。
　③　公共サービス義務の履行を前提にして，供給およびサービスのマーケテ

ィングを管理し，料金設定を行うことができる。
④　人員，資産および自己調達に関して決定を下すことができる。
⑤　市場シェアを拡張し，新しい技術およびサービスを開発し，革新的な経営技術を採用することができる。
⑥　鉄道関連事業において新しい活動を行うことができる。

　インフラ管理と輸送事業の分離の問題については，会計処理のうえでインフラ管理会計と輸送事業会計を分離し，組織相互間の内部補助を禁止している。この際注目すべきことはインフラ管理と輸送事業の分離にあたって，同一企業内での独立採算制に基づく事業部制の形態をとるのか，あるいはインフラ管理をまったく異なった事業主体に委ねるのかという選択は各加盟国に委ねられている[11]。いずれにせよ，インフラ管理者は運行距離，列車の編成，速度，軸重，インフラ利用の程度あるいはインフラ利用の期間といった要素を考慮して料金算定を行い，料金を設定する。

　第5条第3項の規定に基づいて形成される国際鉄道グループはグループを構成する鉄道会社が本拠をおく国へのアクセス権あるいは通過権を与えられる。また，複合輸送を促進するために国際複合輸送を行う鉄道会社に他の加盟国の鉄道インフラへのアクセスが与えられる。

　このように，440号指令では，インフラ管理と輸送事業の分離について同一事業体内での独立採算制に基づく事業部制の形態をとるのか，あるいはインフラ管理組織と輸送事業組織をまったく別の事業体にするのかという選択は各加盟国に委ねられるとしても，440号指令は国際複合貨物輸送サービスを供給する鉄道会社および拠点をおく加盟国間の国際サービスを供給する鉄道会社のグループに対して鉄道インフラへのアクセス権を与えた。440号指令が採択されたことによって，自国の鉄道インフラを他の加盟国の鉄道会社に開放せざるをえなくなり，共同体レベルにおいて鉄道市場での運行条件を規定しなければならなくなった。1993年の2つの理事会指令案はかかる課題に対する指針を示している[12]。委員会は既存の交通システムのより効率的な利用と安全基準および満足な労働環境の維持という2つの命題に応えるために共同体免許の導入とイ

ンフラ料金の賦課によるインフラ配分を提案している。この委員会の理事会指令案を受けて採択されたのが1995年の理事会指令18号と19号である。まず，18号指令について見ておこう。

理事会指令18号は鉄道会社の免許制について規定したものであり，その適用の対象を加盟国間の国際輸送サービスを行う国際鉄道グループあるいは国際複合貨物輸送を行う鉄道会社と規定している。その際，問題の活動が都市，郊外あるいは地域に限定される鉄道会社およびその活動がユーロトンネルを通過する道路車両を輸送するシャトルサービスの供給に限定される鉄道会社あるいは国際鉄道グループは適用除外となる。共同体に拠点をもつ鉄道会社は拠点をおく加盟国に免許の申請を行う権利をもつが，免許の交付を受けるために満たさねばならない条件が規定されている。

① 良好な評判[13]。
② 財務適性[14]。
③ 専門能力[15]。

これらの3つの条件が満たされている場合にかぎり，免許が交付される。ところで，財務適性の条件が満たされていない理由で免許が停止あるいは取り消される場合，免許の担当局は安全性が妨げられないという条件で鉄道会社の再編の間，暫定免許を交付する。この暫定免許の有効期間は発行日から6カ月となっている。また，鉄道会社の合併あるいは買収などによる鉄道会社の法的関係が変化する場合，免許の担当局は免許の再申請を求めることができる。また，鉄道会社がその活動を変更したり，拡大しようとする場合には，鉄道会社は免許の再認可を受けねばならない。このようにして，鉄道会社から免許の申請を受けた担当局は利用可能な関連情報の提出を受けてからせいぜい3カ月で決定を下すことになる。440号指令は国際鉄道グループに問題の鉄道会社が拠点をおく加盟国間の貨客輸送サービスを認め，複合輸送会社に国際輸送を行うアクセス権を与えた。これは鉄道インフラがインフラを所有する企業と列車を運行する企業によって利用され，さらに異なった利用者が同じインフラを利用することになる。したがって，道路あるいは空港と同様に，同一鉄道インフラを異

なった鉄道事業者が利用するゆえに，安全性の確保は滞りのない輸送サービスを供給するのに重要である。かかる観点から，インフラ容量を透明性と非差別の原則に基づいて配分する制度を確立することが必要である。この要請に応えて採択されたのが理事会指令19号である。

19号指令では，インフラ容量は原則的には，経済的効率性に基づいて配分されるべきであると規定しながら，交通市場の不完全性ゆえに，社会的ニーズに対応するインフラ容量の配分パターンを確立するのに価格メカニズムにのみ依存することができないことを示している。すなわち，全体の公共の利益において供給されるサービスに対して，優先的にアクセスを認めることを示唆している。19号指令は第1条において適用対象および適用除外項目を示し，第4条はインフラ容量の配分にあたってアクセスの優先権を与えるサービスの対象をつぎのように規定している。

① 理事会規則1191号で規定されるような公共の利益において供給されるサービス。

② ある特定のサービスのために建設され，展開されるインフラで全面的にあるいは部分的に運行されるサービス。

インフラ料金はサービスの質，サービスの時間，市場の状況，インフラの磨耗のタイプとその程度を考慮し，インフラ管理会社の会計収支を均衡させることを前提に設定される。インフラ容量の配分の申請は問題のサービスの出発点がある加盟国の担当局に対して行われ，インフラ容量の配分を担当する部局は関係する他の加盟国の担当局に直ちに通知する。通知を受けた部局は情報を受けてから遅くとも1カ月で決定を下し，容量の配分の申請を受けた担当局は遅くとも2カ月で決定を下さねばならない。インフラ容量の配分を受ける企業はインフラ管理者と必要な行政，技術および財務協定を締結する。さらに，鉄道会社は運行ルートにおいて安全なサービスを保証するために安全証明書を提出しなければならない[16]。

ところで，1990年代における鉄道政策における大きな変化として，インフラと輸送事業の分離，いわゆる上下分離の考え方が共同体規則のなかで明確に示

されたこととならんで，公共サービス義務の考え方に大きな変化が生じた。公共サービス義務の履行にあたり，公共サービス契約という概念が導入された。社会的要素，環境的要素および都市計画を考慮し，あるカテゴリーの旅客に特定の料金を提示するために加盟国の担当部局は輸送会社と公共サービス契約を締結することができると規定されている[17]。この概念を導入することにより，各加盟国は都市，郊外および地域旅客サービスに関する公共サービス義務を維持することができる。加盟国と輸送会社の間で締結される公共サービス契約では，つぎのような内容が対象となる。

① 継続性，規則性および容量の質について一定の水準を満たす輸送サービス。
② 追加的な輸送サービス。
③ あるカテゴリーの旅客あるいはルートにおいて規定される料金および条件にしたがう輸送サービス。
④ 現実のニーズに対する輸送サービスの適応。

なお，公共サービス契約に基づく内容を大幅に修正したり，公共サービス契約に基づく輸送サービスを中断しようとする際には，輸送会社は加盟国の担当局に少なくとも3カ月前にその旨を通知しなければならない。

第4節　鉄道の再生の模索

まず，近年の鉄道の輸送活動の状況を見ておこう。1970年から94年にかけて鉄道の旅客輸送量は2,160億人キロから2,700億人キロとなり25％増加しているが，市場全体では，総旅客輸送量は約2倍増加し，ことに自動車による輸送量は約120倍の増加となっている。他方，鉄道の貨物輸送は2,830億トンキロから2,200億トンキロとなり約22％減少している。貨物市場全体では，総貨物輸送量は約70％増加し，とりわけ道路輸送は約150％増加している。今後10年間この傾向で推移すると仮定するならば，旅客輸送に占める鉄道のシェアは6％から4％に減少し，貨物市場においてもそのシェアは16％から9％へ低下すると

予測されている[18]。この傾向がさらに継続するならば，鉄道は旅客市場のみならず貨物市場においてもやがて限界的な存在になり，他方，道路輸送が市場シェアをさらに拡大することになる。その結果，混雑，公害，事故による社会的コストが一層増幅することが予測され，環境保全を尊重する持続可能なモビリティの実現は今日の喫緊の課題として提議される。

この課題に応える処方の1つとして鉄道の再生は不可欠であろう。鉄道再生の最初のアクションとして理事会指令440号の採択があげられよう。440号指令の政策の柱はつぎの4項目に集約される。

① 鉄道会社の経営の独立の確保。
② インフラ管理と輸送事業を少なくとも会計処理にあたり分離すること。
③ 負債の削減と財務の改善。
④ 鉄道インフラへのアクセスの改善。

440号指令によって鉄道再生の指針が示された。しかし，この指針を現実の政策に反映し，これを実行するには440号指令の内容をより現実に即したものに改正する必要性が明らかになった。この際，その内容を明らかにし，今後の鉄道政策の方向性を確認しておこう。

(1) **鉄道会社の経営の独立の確保**

従来の欧州の鉄道会社と国との関係において，国は道路輸送が引き起こす社会的コストの抑制あるいは社会的弱者の保護を理由に採算ベースにのらない公共サービス義務を鉄道会社に負担させ，その際発生する損失を国が補償してきた。しかし，鉄道会社と国との間のこの関係において，鉄道会社にあっては経営の合理化を誘引するインセンティブがまったく機能しない仕組みになっている。その結果，鉄道会社は経営の合理化を怠り，国からの補助金に依存する傾向を強めた。他方，国にあっては1999年の通貨統合の参加条件を満たすために財政支出の抑制を強いられた。かかる事態を考慮し，鉄道会社と国との財務関係の透明性を改善するために鉄道会社と国との関係の見直しが迫られることになった。その解の1つとして，鉄道会社に経営の独立性を認め[19]，公共サービ

スの供給については鉄道会社と国との交渉に委ね，採算のとれないサービスの供給に対する国からの補償を明示し，これをこえるコストの責任は鉄道会社に移転するという仕組みが検討の俎上にあがっている。すでにある加盟国では，鉄道会社と国との契約に基づく公共サービスが供給されているが，共同体レベルではいまだ契約の内容についての明確な定義がない。それゆえ，この種の契約を一般化するために440号指令の改正を検討する必要がある。

(2) インフラ管理と輸送事業の分離

440号指令第6条において，インフラ管理と輸送事業を会計処理において分離する意味はつぎの3点に求められよう。

① インフラ管理と輸送事業のそれぞれの財務結果を明確にすることによって，2つの異なるが相互にリンクした活動の効率的な事業運営の促進。
② 公的資金の利用の透明性の向上。
③ コストと収入を明確にしてインフラ料金の算定の基礎とする。

この目的を実現するには損益計算書だけでなく貸借対照表の作成が求められる。とりわけ，貸借対照表は財務評価にあたり重要であるが，従来の会計処理上の分離はインフラ管理と輸送事業の損益計算書のみが提示されるにすぎなかった。しかし，鉄道輸送市場は公共サービスが重要な役割を果たし，国からの補償によってサービスの供給が支えられている旅客輸送サービスとその需要が主に民間の事業荷主によるものであり，商業ベースで運営されている貨物輸送サービスから構成されている。このようなまったく異なる市場での経済活動の財務の透明性を高めるために別個の損益計算書と貸借対照表の作成と公表が求められるように440号指令を改正する必要がある。

(3) 負債の削減と財務の改善

鉄道が他の輸送モードと対等に競争するために鉄道を国の規制から解放し，自由に商業活動を行うことを可能にする必要がある。しかし，そのためには現在鉄道が抱える多額の財務負担を軽減させねばならない。1980年代に鉄道の財

務を圧迫した原因として，新規投資の拡大，貨物収益およびイールドの鈍化による収益の低下などが指摘されている。80年代において，高速路線網の建設のためのインフラ投資およびそれに対応する車両への投資が盛んに行われた。その結果，共同体の鉄道が利用した資金は1980年の1,420億ECUから90年には1,890億ECUとなり約33％増加した。この投資資金は借入によって確保され，そのうち政府出資による財政支援は80年から90年の10年間において80％増加し，借入・政府出資比率は2.15から1.34へと低下している。しかし，民間からの借入金の絶対額も約11％増加し，その利払い額の増大が鉄道の財務を圧迫することになっている。営業コストに占める利払いの割合は1980年の7％から90年には11％に拡大している[20]。さらに，1990年から95年までの傾向を見るならば，投資資金は1990年から95年にかけて約5％増加している。政府出資が約20％増加し，民間からの借入金が約7％減少した結果，借入・政府出資比率は1.34から1.04へ低下し，営業コストに占める利払いの割合も11％から10％へ若干低下した。しかし，鉄道収入が低下しつづけるなかで，利払いは鉄道財務を厳しく圧迫し，1994年には利子費用は営業収入の約15％を占めるようになった[21]。このような客観的な事実に鑑み，鉄道財務の再建のために共同体はつぎのような基本原則を示した[22]。

① 加盟国は鉄道を過去の負債から解放する。
② 鉄道の商業ベースでの営業を保証する。
③ 加盟国は公共サービスや例外的な社会的コストを完全に補償する[23]。

この指針は国が鉄道会社の過去の負債を免除し，鉄道会社から公共サービスを買い取る制度を確立し，鉄道の将来の健全な財務構造を保証しようとするものである。他方，鉄道会社はコストの削減と財務管理の改善に努めねばならない。こうして，鉄道会社と国の財務責任を明確にすることによって鉄道財務の再建をはかろうとするねらいがある。

(4) 鉄道インフラへのアクセス権

本来，長距離輸送サービスにおいて比較優位を有する鉄道が国際輸送市場に

おいて道路輸送に市場シェアを奪われる原因として，欧州の鉄道が国内システムで完結し，各加盟国の国内鉄道システムが異なり，その間で連携がはかられていないことから生じる国境での物理的な障壁が国際貨物輸送を阻害していると指摘されている。したがって，免許，インフラ料金，列車通路の配分，輸送サービスに対する安全性の証明あるいは労働条件といった各種規制および物理的，技術的基準を共同体レベルで相互運用を可能にすることを前提にして，440号指令は鉄道インフラへのオープンアクセスの概念を導入した。さらに，インフラへのアクセスを具体化させるために鉄道会社への免許交付条件，アクセス料金，通路の配分を規定する2つの指令が採択され，1997年6月27日までに各加盟国に導入されることになった[24]。しかし，440号指令では，鉄道インフラへのアクセスとオープンアクセス権の交付対象が鉄道会社が拠点をおく加盟国間の国際輸送サービスを供給する鉄道会社グループあるいは国際複合輸送サービスを供給する鉄道会社に限定されている。

このように国際輸送を行うグループに属することが鉄道インフラへのアクセスの条件となっているために，440号指令の実効があまりあがっていないのが現実である。さらに440号指令の実効を妨げる原因として，鉄道が組織形態においてインフラ管理と輸送市場が一体化しているために既存のインフラ管理者である鉄道会社が潜在的な参入業者を不当に扱う懸念があり，新規参入があまり進捗しなかった。そこで，1995年の440号指令の改正案では，オープンアクセス権の交付条件をはずし，すべての国内および国際貨物輸送サービスそして国際旅客輸送サービスにオープンアクセスを認めることを提案している[25]。

この議論を前提にして，欧州横断鉄道貨物フリーウェイの構想が提示されている（図6-1）。域内では総トンキロの50％以上がその輸送距離が150km以上であり，大部分の貨物が高密度回廊に集中しているゆえに，貨物フリーウェイの概念が最もよく適応する市場として注目されている[26]。欧州横断鉄道貨物フリーウェイでは，すべての輸送事業者にとってオープンアクセスであり，免許を受けた鉄道会社は免許を受ける国以外の加盟国で，問題の加盟国の鉄道会社と協定を締結しないで自由に輸送サービスを供給することができる。その際，

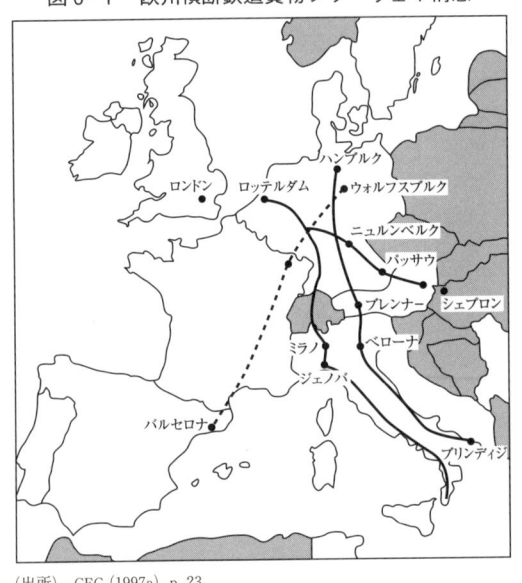

図6-1 欧州横断鉄道貨物フリーウェイ構想

(出所) CEC (1997a), p. 23.

すべての列車, 道路, 内陸水路事業者は公正かつ公平に自由にフリーウェイ上の貨物ターミナルを利用することができる。実際のフリーウェイの運営にあたっては, ワン・ストップ・ショップ (OSS) が重要な機能を果たす。フリーウェイの管理者であるOSSの役割はつぎのように要約される[27]。

① フリーウェイの容量を分析し, そのインフラを市場で取引する。

② インフラ管理者および列車運行事業者に代って, 国際列車通路の調整責任を負うフォーラム鉄道欧州と通路配分についての調整を実施する。

③ フリーウェイのパフォーマンスの監視と制御。

④ インフラ管理者に代って料金設定, 料金請求を行い, 清算所の機能を果たす。

OSSは国際貨物輸送市場において個々の鉄道インフラ管理者に代って, 列車運行会社とフリーウェイのアクセスについて契約を行うために各列車運行会社が個々の鉄道インフラ管理者と契約を結ぶという事務手続きが簡素化され, 取引コストの削減をはかることができるという利点をもっている。さらにOSSは鉄道インフラのパフォーマンスを改善するために, 各鉄道インフラ管理者との契約および列車運行会社との契約のなかで規定される内容に照らして問題のパフォーマンスの実現の程度に応じて, 割戻しあるいは割増の支払いを保証し, パフォーマンスにある種のインセンティブを与えようとしている。今

後の課題としては，相互協力するインフラ管理者が多くの需要の存在とそれを処理するのに十分な容量があるという2つの基本的な基準に基づいてフリーウェイとして実行可能なルートを確認し，分析を行い，提案を行うことが必要となる[28]。こうして確立されたフリーウェイが欧州横断貨物フリーウェイネットワークを形成するには各フリーウェイのOSSの相互協調が重要となろう。

むすび

鉄道政策は主として鉄道会社の財務の安定をめぐる一連の議論を中心にして展開されてきたが，今日欧州横断交通ネットワークの構築あるいは交通における外部コストの再検討が俎上にあがるなかで，鉄道政策の新たな展開が見られる。とりわけ，1991年の理事会指令440号の採択である。21世紀を迎える1990年代に入って，鉄道政策は鉄道会社の公共サービス義務助成あるいはインフラ助成による鉄道の経営維持政策から鉄道を競争力を有する自立した企業として再生させるべき政策に転換された。その具体的な内容が鉄道の上下分離政策による組織の再編に伴う市場原理の導入であり，中・東欧への面的拡大を想定した他の高速輸送機関との補完・代替機能を果たしうる鉄道ネットワークの構築である。国際貨物輸送分野においては欧州横断貨物フリーウェイ構想が示され，すでにいくつかのルートにおいてパイロットプロジェクトが実施されている。われわれは21世紀の鉄道政策の重要なテーマとして注視していく必要があろう。

注
1) Communauté Économique Éuropéenne (1961), p. 5.
2) *Ibid.*, pp. 6-7.
3) Carlo degli Abbati (1987), p. 59.
4) 公共サービス義務とは，運行義務 (obligation to operate)，輸送義務 (obligation to carry)，料金義務 (tariff obligation) をさす。運行義務とは，免許あるいは同等の認可によって事業を行うことを認められるルートあるいは設備に関して継続性，規則性，容量についての一定の水準を満たす輸送サービスの供給を確保する

のに必要な措置をとる輸送会社に課せられる義務である。また，輸送義務は規定された料金で，規定された条件にしたがって旅客あるいは貨物を受け入れ，それらを輸送する輸送会社に課せられる義務と定義される。料金義務はあるカテゴリーの旅客，あるカテゴリーの貨物，あるルートにおいて企業の商業的利益に反して公共当局が決定し，認可した料金を適用するように輸送会社に課せられる義務と定義される。OJ (1969b)，第2条。

5) 運行義務あるいは輸送義務の場合における補償額は問題の義務が全面的にあるいは一部が廃止される場合の財務負担の減少分と事業収入の減少分の差として求めることができる。料金義務の場合における補償額はつぎのように規定される。すなわち，{(予想される輸送単位数) × (問題の料金義務が存在しない場合，利用者が要求する最も望ましい既存の料金) あるいは (利用者が要求する最も望ましい既存の料金が存在しない場合，商業ベースで営業し，問題の営業コストと市場の状況を考慮して企業が適用する料金) － (現実の輸送単位数) × (問題の期間賦課される料金)} － {(最も望ましい既存の料金あるいは商業ベースで営業する場合，企業が料金を適用する際に生じるコスト) － (義務的料金の下での現実に負担するコスト)}。Ibid. 第11条。

6) その他に，1971年1月1日までに廃止される財務負担あるいは便益は，(a)企業の必要性を上回る職員を採用する義務，(b)加盟国政府が課す賃金の遡及的引き上げ（鉄道会社が支払う賃金を他の交通部門で支払われている賃金並みにするために行われる賃金の引き上げのケースは除く），(c)更新および維持に関して，公共当局が課す猶予。さらに，1973年1月1日までに廃止される財務負担として，(d)鉄道会社が負担するが，国が引き受けるべきであった戦争による破壊から生じた再建あるいは取替えに関しての財務負担。1192号規則が規定する会計の標準化の対象となり，1192号規則の実施時に存在した財務負担および便益としてつぎの項目をあげることができる。(e)企業の必要性を上回る職員を維持する義務，(f)他の交通企業に適用する条件と異なる条件で，国の強制を受けて鉄道会社が職員に便益を与える措置，(g)他の交通企業に課せられないが，鉄道会社が職員に支払う手当て，(h)医療に関して鉄道会社が負担する社会性をもつ支出，(i)商業ベースに基づく経営に一致しない条件で，国が鉄道会社に運行事業あるいは運行設備を維持するよう要請する結果として生じる財務負担，(j)運行と供給に関する公共的契約に関して課せられる条件，(k)過去において標準化がなかったために生じた資本および財務負担。OJ (1969c) 第4条。

7) 交付される助成額の決定の際，競争輸送モードが負担する必要のないインフラコストについて考慮される。

8) CEC (1986a), p. 1.

9) CEC (1986b), pp. 1-2.

10) INSEE (1995), p. 58.
11) 各加盟国における440号指令の実施状況については，CEC (1995d), pp. 16-17.
12) CEC (1993c).
13) ①の具体的な条件は，(a)商業性の犯罪を含めて，重大な刑事犯罪で有罪判決を受けていないこと，(b)倒産を宣告されていないこと，(c)交通に適用する法律違反で，重大な犯罪で有罪判決を受けていないこと，(d)業務上の安全性と厚生に関する法律の下での義務を含めて，社会あるいは労働法の義務を繰り返し満たさなかったことで有罪判決を受けていないこと。
14) ②の条件は，申請を行う鉄道会社が現実的な仮定の下で設定される現在の義務を12カ月間満たすことができることを証明できること。
15) ③の条件は，(a)申請を行う鉄道会社が安全かつ信頼できる運行管理および免許で規定される運行タイプの管理を行うのに必要な知識と経験をもつ管理組織をもっていること，(b)安全性に責任のあるもの，とくに運転手は該当する活動分野に関して資格をもつものであること，(c)運転手，車両そして組織は供給されるサービスに関して高いレベルの安全性を保証することができること。
16) 鉄道会社が列車を運行するのに雇用する職員はインフラ管理者が適用する交通規則にしたがい，列車運行のために鉄道会社に課せられる安全性の条件を満たすのに必要な訓練を受けていることを証明しなければならない。
17) OJ (1991b).
18) CEC (1996e), p. 7.
19) 最も高度な経営の独立を形成している加盟国として，フィンランド，スウェーデン，イギリス，それにつづくものとしてオーストリア，ドイツ，オランダがあげられている。その逆に，独立性のレベルが低い加盟国としてデンマーク，ギリシャ，アイルランド，イタリア，ポルトガルが指摘されている。CEC (1998c), p. 5.
20) *Ibid.*, p. 8.
21) CEC (1996e), p. 11.
22) *Ibid.*, p. 11.
23) 例外的な社会的コストとは早期退職手当て，特別厚生手当てなどをさす。*Ibid.*, p. 12.
24) 1998年3月1日時点では，4加盟国だけが440号指令の導入を委員会に通知したにすぎない。それゆえ，委員会は残る11加盟国に対して訴訟手続きを進めている。CEC (1998c), p. 11.
25) 国内旅客サービスについては，公共サービスの供給を考慮して対象から外している。
26) CEC (1997a), p. 3.

27) *Ibid.*, p. 11.
28) フリーウェイの研究については，1997年1月の非公式運輸理事会でオランダがドイツ，オーストリア，イタリアに対して自国の鉄道ネットワークを利用したフリーウェイの形成の可能性を共同で研究することを提案した。研究対象となっているルートは，ジオイア（Gioia）～タウロ（Tauro）～ジェノバ（Genoa）～（ドイツ経由）～ロッテルダム，ブリンディジ（Brindisi）～ベローニャ（Veronia）～ブレンナー（Brenner）～ハンブルク，ウィーン～ニュルンベルク～ルール。フレイトリーダーズ・アンド・ロジスティクスクラブ（Freight Leaders and Logistics Club）が研究対象とするルートは，ロッテルダム～ミラノ～ウォルフスブルク（Wolfsburg）～バルセロナ，ロンドン～ソプロン（Sopron）。*Ibid.*, pp. 18-19. なお，若干のパイロットプロジェクトの事例の紹介については，青木（1999），pp. 45-46.

第7章　欧州高速鉄道ネットワーク

はじめに

　1992年の第25次EC委員会一般活動報告書によると，1991年は共通交通政策にとって前例を見ない変化とダイナミズムの時代であると位置づけている。委員会は交通サービスにおける単一市場の完成を何よりも優先し，国籍にかかわらずすべての輸送業者に市場アクセスを与え，健全な競争が交通事業者間で展開されうる調和規定をもって自由化を促進した。1993年の第26次EC委員会一般活動報告書では，交通における域内市場は制度的にほぼ完成し，共通交通政策は1992年以後，交通が相対する新たな曲面に対処するための新規戦略の立案と実行に備えねばならない段階に立ち至ったと指摘されている。新たな段階に入ろうとしている共通交通政策の展開のなかにあって，鉄道政策の展開において注目すべき事実をあげるならば，1982年5月に委員会が理事会に対して国際鉄道協調のためのアクションプログラムに関するコミュニケーションを送り，さらに1982年12月には国際旅客および手荷物輸送の管理における鉄道の商業的独立に関する決議案を理事会に送付している。また，委員会は国内の鉄道会社に高規格列車の新しい国際旅客ネットワークに関する勧告を送っている。欧州議会は1982年3月に共同体鉄道ネットワークの将来に関する決議を採択している。

　このような委員会の提案に対して，理事会は1983年に鉄道の商業的独立に関する決定を採択し，さらに1984年には鉄道会社間の商業的協力に関する勧告を採択した。1986年6月30日には委員会は理事会に欧州高速鉄道ネットワークに

関する最初の技術報告書を提出している。1988年6月には理事会は鉄道会社に市場条件を考慮して鉄道の利点を有効に利用し，共同体レベルで将来の域内市場で協調するように要請を行った。1989年に委員会は欧州における鉄道についての基本的問題を吟味し，環境，安全性，空間利用およびエネルギー消費の観点から鉄道の利点を生かした政策の展開を展望するなかで，鉄道と道路の複合輸送の展開と高速鉄道ネットワークの確立を提案し，欧州議会は5月26日に鉄道の諸問題に関する決議を採択した。具体的には，鉄道の自立と民営的経営，インフラ所有と鉄道の運行機能の分離，鉄道の財務の再建を柱とするものであった。理事会は12月4日，5日に共同体鉄道政策に関する意見交換を行い，委員会に欧州高速鉄道ネットワークの展開に関する研究会を設置するように求める決議を採択した。委員会は理事会決議にしたがって計画の優先順位を明確にし，異なるネットワーク部門間の技術的一致を確実にするための行動過程を提示しながら，欧州高速鉄道ネットワークのマスタープランを含むコミュニケーションを立案した。

　このような委員会の種々の提案に対して，1990年に理事会規則3359号が採択され，はじめて共同体の利益のための複数年計画に対する財政支援が示された[1]。さらに，1991年に理事会は共同体の鉄道の展開に関する理事会指令440号を採択した。440号指令は鉄道会社の財務の改善とインフラ関連会計と輸送事業に関する会計の分離を明示し，共同体の鉄道会社のコンソーシャムが問題の鉄道会社が拠点をおく加盟国のネットワークへのアクセスおよび通過の権利と国際輸送を行うために他の加盟国を通過する権利を享受し，さらに共同体の鉄道会社が国際複合輸送を行うためにすべての共同体ネットワークへのアクセスと通過の権利をもつことを規定している。以上のように，1980年代以降に鉄道分野において展開された政策を回顧するならば，道路および航空との輸送モード間の競争に遅れをとった鉄道がその財務状況を悪化させ，その窮状を救済するための手段として考案された鉄道の営業上の独立を保証すべき上下分離政策の導入とEUの地理的拡大に伴う地域較差の増幅を抑制し，社会的には欧州の中心へのアクセスを改善することによって欧州市民の団結の高揚と異種輸

送モード間の健全な競争を形成することによって利用者の利便性を高める目的をもって鋭意検討されている欧州高速鉄道ネットワーク計画という2つの大きな流れを見て取ることができる。

この際，欧州高速鉄道ネットワーク計画に注目し，今日までの議論を整理しつつ，今後の展開を展望しよう。

第1節　欧州高速鉄道ネットワーク計画

1980年代にギリシャ，スペインおよびポルトガルの加盟，さらに，1995年1月にはスウェーデン，フィンランドおよびオーストリアが加盟し，EUの領土が拡大するとともに，交通政策の対象も次第に陸上輸送から海上輸送あるいは航空輸送へシフトしはじめたなか，1984年に委員会が理事会に対して示した中期インフラプログラムは共同体の経済および社会的結合の強化のために共同体の地域間の高速かつ効率的なリンクを確立することが急務であることを強調している。中期インフラ政策はその優先的対象をつぎのようにあげている[2]。

① 陸上―海上回廊における交通連絡の改善。
② 複合輸送を支援する研究において，非加盟国との協力で通過輸送固有のコストの削減。
③ 周辺地域を共同体のネットワークに統合すること。
④ 主要都市間に高いレベルのサービスを供給する高速鉄道リンクの建設。

高速鉄道ネットワークを形成する有用性についてつぎのような根拠が示されている[3]。

① 1992年の共同体の域内市場を完成させるための域内貿易の改善。
② 雇用に与えるプラスの効果による共同体の経済活力の活性化。
③ 牽引輸送設備に特化する欧州企業の競争力の向上。
④ 世界市場において高い潜在的な需要がある新しい技術の開発。
⑤ 環境の保護に関連して欧州の生活の質の改善。
⑥ 交通の分野におけるエネルギーの合理的な利用。

さて，欧州高速鉄道ネットワーク計画について，1986年6月30日に委員会が理事会に欧州高速鉄道ネットワークという報告書をはじめて提示した。この報告書は産業界，委員会，国際鉄道連合（Union Internationale des Chemins de Fer）の代表と独立の専門家が参加し，1985年にブリュッセルで数回行った欧州高速鉄道ネットワークについての研究会の研究成果である[4]。この報告書では，2000年を計画目標とした基本的なネットワークの構成と計画立案からサービス供用に至るまでのフレームワークが提示されている。1987年9月の委員会の高速鉄道ネットワークについての決議に刺激され，1988年3月に欧州鉄道共同体（Communauté Européenne des Chemins de Fer）は「高速鉄道網」というレポートを明らかにした。また，1989年1月には国際鉄道連合／欧州鉄道共同体は「欧州高速ネットワークへの提案」を発表している。これらのレポートが委員会を触発し，1989年12月4日，5日に高速鉄道ネットワーク検討のためのハイレベルグループの結成が決議され，1990年12月17日にハイレベルグループの提案が理事会で承認された[5]。ハイレベルグループの提案については，青木(1992)に詳細に紹介されているので，ここでは同グループの提案の基礎となったと考えられる欧州鉄道共同体の研究成果を示し，ハイレベルグループの提案とあわせて欧州高速鉄道ネットワークの理解を深化させよう。

欧州鉄道共同体の研究は2015年を最終的な目標年次とし，1万9,000kmの高速路線を想定している。1万9,000kmのうち8,000kmが新線で，残る1万1,000kmが改修路線となっている。総工費は1985年の通貨単位で880億ECUを見込んでいる。2015年の目標年次に至るまでに，1995年および2005年を中間段階とし，それぞれの目標値をかかげ，段階的に最終目標をめざすものとなっている。この際，1995年を第1段階とする路線ネットワークV1，2005年を第2段階とする路線ネットワークV2そして2015年を最終目標とする路線ネットワークV3について順次紹介しておこう（表7-1）[6]。

(1) 路線ネットワークV1

路線ネットワークV1は現行の路線およびすでに確定された計画を考慮して

計画されているものであり，主としてフランスと旧西ドイツの2つの国内ネットワークを中心に形成されるものである。

表7-1　3つのネットワークの整備計画と整備コスト

ネットワーク	高速路線 (km)			費用・10億 ECU (1985年通貨)
	新　線	改良路線	総　計	
V1 (1995)	3,600	8,400	12,000	39.4
V2 (2005)	5,700	9,800	15,500	54.5
V3 (2015)	8,000	11,000	19,000	88

(出所)　Communauté Européenne des chemins de Fer (1988), p. 2.

(i) フランス

フランスにおいて検討すべき課題はつぎのように要約される。
① TGV 南東線。
② TGV 大西洋線。
③ ユーロトンネルを経てブリュッセル，ロンドンへ向かう TGV 北線。
④ ロワシー空港を経てパリ地方への TGV の相互連絡。
⑤ TGV 南東線を延長して，ヴァランス（Valence）までの TGV 地中海線の第1段階。

路線ネットワーク V1 では，リール～パリ～リヨン～地中海に至る南北軸が明確に示されている。また，パリに向かう軸を拠り所にしながら，地方間あるいは地方と外国との直接的な連絡の可能性を提示している。

(ii) 旧西ドイツ

従来の東西の流れを支配していた路線を新しい輸送の流れに適応させる2つの大きな南北軸の建設が主たる課題となる。第1の軸はハンブルク～ミュンヘン区間はハノーバー（Hanovre）～ブュルツブルク（Würzbourg）区間の新線によって具現化される。第2の軸であるケルン～フランクフルト～マンハイム～ミュンヘン～バール（Bâle）区間は新線であるマンハイム～グラーベン（Graben）～ノイドルフ（Neudorf）～シュツットガルト（Stuttgard）路線とカールスルーエ（Karlsruhe）～オッフェンブルク（Offenburg）路線そして改修路線であるフランクフルト～マンハイム路線とグラーベン～ノイドルフ～

カールスルーエ路線によって強化される。さらに，改修区間であるフルダ（Fulda）〜フランクフルト区間は2つの軸間の連結を強化する。

(iii) イタリア

アルタ・ヴェロシタ（Alta Velocita）ネットワークはミラノ〜ボローニャ〜フィレンツェ〜ローマ〜ナポリ〜バチパグリア（Battipaglia）区間の新線建設による大規模な南北の尾根の実現をもって完成される。

(iv) イベリア半島

スペインの交通計画の最初の実現はマドリッド〜コルドバ（Cordoue）〜セビリアの新線とマドリッド〜バレンシア〜バルセロナの改修路線に関するものである。ポルトガルでは，リスボン・ポルト（Porto）の主要軸がリスボンを中心とした新線と改修路線によって改善される。イベリア半島の路線ネットワークと他の欧州諸国との結合はバルセロナからペルピニャン（Perpignan）までの標準軌での新線によって実現されると考えられている[7]。

(v) デンマーク

グランド・ベルト（Grand Belt）の固定路線を経て，ズンド（Sund）を横断する第2の固定路線によってスウェーデンまで延伸される。また，コペンハーゲン・ジュットランド（Jutland）の改修路線軸のサービスが供用される。

(vi) イギリス

ロンドンとユーロトンネルとの間の改修のほかに，ロンドン〜エジンバラ間の東海岸路線の電化および整備が完了される。速度アップについては，ロンドンからバーミンガム〜リバプール〜マンチェスターに至る西海岸路線の区間で実現される。

なお，これらの各加盟国の国内で展開される高速輸送対応の計画のなかで，フランスおよび旧西ドイツにおける基本路線ネットワークはパリ〜ブリュッセ

ル〜ケルンの計画によって相互連結され,ユーロトンネル計画の実現によってパリ〜ブリュッセル〜ケルン〜アムステルダム〜ロンドンを結ぶ真の北欧州計画となっている[8]。

(2) 路線ネットワーク V2

路線ネットワーク V2は高速輸送設備に関して大部分の国内計画の完了を想定している。さらに,V2計画では,アルプスの北と南にすでに構築されている2つの高速ネットワークを連結する高規格のアルプス横断線がないことに特徴づけられる。

(i) フランス

リール〜マルセイユ区間の南北軸はTGV地中海線の第2段階であるヴァランス〜マルセイユ区間の実現によって完了する。アヴィニョン(Avignon)〜ペルピニャン支線の整備はパリからバルセロナへの高速連絡の連続性を保証するものとなる。また,TGV東線の実現は旧西ドイツへの新しい高速連絡となる。

(ii) 旧西ドイツ

ケルン〜ライン〜マイン(Main)区間の新線とシュツットガルト〜アウグスブルク(Augsbourg)区間の重要な改修路線の開業はケルン〜マンハイム〜ミュンヘン〜バールを結んでY字軸を形成する。また,ハンブルク〜ミュンヘンの東軸の実現はニュルンベルク〜インゴルシュタット(Ingolstadt)区間の新線の実現で完成する。

(iii) イタリア

アルタ・ヴェロシタネットワークはトリノ〜ミラノ〜ヴェニス区間のポー(Pô)平原軸の重要な整備とローマからバリ(Bari)〜レクツェ(Lecce)およびナポリからレジオドゥカラブル(Reggio de Calabre)〜シチリア(Sicile)

に向かう路線の整備によって完成される。

(iv) イベリア半島

　スペインの鉄道計画はマドリッドからヴァリャドリード（Valladolid）までの新線とヴァリャドリードから延びる既存の路線の改良による北線の実現で完成する。これはスペインとフランスとの路線連絡の目的をもつものである。ポルトガルでは，リスボン～ファロ（Faro）区間の整備が行われる。

(v) イギリス

　ロンドン～グラスゴー区間の西海岸路線の整備が完了し，アイルランドでは，コーク（Cork）～ダブリンとダブリン～ベルファースト路線が高速路線の対象となる。

(vi) 欧州南部周辺部

　ギリシャはコリント（Corinthe）～アテネ～サロニク（Salonique）の重要軸の近代化を完了する。

(vii) オーストリア

　ウィーン～ザルツブルクの主要軸がリンツ（Linz）～ザルツブルクの新線区間の開通によって完了する。

(3) 路線ネットワーク V3

　V3に至って，3つのアルプス横断路線が考えられている。すなわち，①ミラノとチューリッヒを結び，バール，シュツットガルトへ延伸されるゴタール（Gothard）横断線，②ザルツブルクおよびミュンヘンへの延伸を含めて，インスブルック（Innsbruck）とヴェローナ（Vérone）を結ぶブレンナー（Brenner）横断線，③フランスとイタリアの高速路線ネットワークの連絡を保証するために整備されるリヨン・トリノ軸である。

(i) イタリア

バリとレクツェに向かう高速路線とレジオドゥカラブルとシチリアのパレルモ（Palermo）に向かう高速路線が完成している。

(ii) オーストリア

グラーツ（Graz）を経てウィーンとヴィラチ（Villach）を結ぶ新線の建設である。

(iii) デンマーク

フェーマルンベルト（Fehmarn Bert）を経てコペンハーゲンとハンブルクを結ぶ直通路線を完成する。

以上3段階の高速鉄道ネットワークの整備は在来線の有効利用と周辺地域の高速路線へのアクセスの改善によって他の競争輸送モードとの健全な競争条件を形成するものである。

第2節　欧州高速鉄道ネットワークの事業見通し

欧州高速鉄道ネットワークの展開にあたり，輸送量の予測とそれに伴う採算の裏づけがなければならない。この際，欧州鉄道共同体が提示する分析を簡単に紹介しておこう。

高速輸送に伴うサービスの供給量と輸送量との関係を推定する。その際，社会・経済的環境の変化が輸送量に与える影響は考慮されない。推定モデルを作成する際に，つぎのような仮定を設けている。高速輸送に伴う運行時間の短縮は運行車両数の増加を誘発し，輸送量を増加させる。高速車両は従来の車両に比べて高価ではあるが，高速ゆえに利用率が高くなり，年間平均運行距離も格段に伸張する。さらに，高速車両は予約の必要性と車両の高い回転率から高速鉄道のロードファクターを65から75％と仮定している。問題のモデルは商用，バカンス，私的な移動のような旅行動機を考慮し，サービス需要の説明変数と

表7-2 高速鉄道ネットワークの各計画段階に
おける推定結果

	V1(1995)	V2(2005)	V3(2015)
年間旅客輸送量 (人)	3億6,000万	3億9,800万	4億1,900万
サービスの供給量 (車キロ)	1,450億	1,630億	1,730億
平均運行距離 (km)	403	410	412
平均営業速度 (km/h)	135	148	154

(出所) Communauté européenne des chemins de fer (1988), 7.4-7.6.

して誘引力（attractivité）と人口の大きさにしたがって加重値を与えられた122のゾーン間の運行時間をとった。そのほかに，都市圏か地方圏かといった国土の構造，空港の存在あるいは駅数といった輸送システムを構成する要素を考慮して，各ゾーンが特徴づけられる。分析の対象は国際輸送および国内輸送に関して80km以上の旅客輸送である。国際輸送に関するモデルは，パリ・ブリュッセル・ケルン・アムステルダムの高速輸送の分析結果をもとにして作成される。国内輸送については，各国固有の特性を考慮して作成されるモデルに基づいて推計が行われる。なお，英仏海峡を利用する輸送連絡については，問題のモデルはユーロトンネル計画のなかで推計されている輸送量予測と一貫するように適用される。この際，サービスの供給の質，すなわち輸送速度が輸送量の大きさに及ぼす影響を把握するために，高速鉄道が存在しなかった1980年の状況と比較することにする。1980年の状況は年間旅客輸送量は2億5,300万人，サービスの供給は年間915億車キロ，平均運行距離は362km，平均営業速度は時速98kmである。推定モデルに基づいて算出される高速鉄道ネットワークの各計画段階における推定結果は表7-2のとおりである。

ところで，輸送量の変化の潜在性を考える場合，輸送量の変化にプラスの影響をもたらす要素とマイナスの影響をもたらす要素を比較検討するなかで，プラスの効果がマイナスの効果を上回り，その結果，旅客は年間1％，人キロで約2％の率で輸送量が増加すると予測している[9]。

つぎに，高速鉄道ネットワークの建設を推進するための裏づけとして採算をいかに評価するかという問題がある。すでにサービスの供給量と輸送量との関係を推定する際に設定された仮定に基づいて，採算率は新規インフラの建設に

表7-3 各計画路線ネットワークについて1985年を基準にしてみた収益率・サービス供用時の収益率・サービス供用10年後の収益率

路線網	経済的収益率（E）と社会・経済的収益率（SE）					
	一時的な輸送量の増加を考慮しないケース		一時的な輸送量の増加を考慮するケース			
			サービス供用時		サービス供用後10年	
	E	SE	E	SE	E	SE
V1(1995)	7.7	14.6	9.4	17.7	13.3	24.1
V2(2005)	6.6	13.0	9.8	19.3	14.1	26.4
V3(2015)	6.0	11.3	10.8	20.1	15.5	28.1

(出所) Communauté Européenne des chemins de Fer (1988), 8. 12.

よって発生する年間のマージンと高速鉄道の建設に対応する投資額の比率によって算定される。ネットワーク建設の各段階における投資額は1985年の貨幣価値で，1995年の路線網V1では286億ECU，V2は437億ECU，V3は546億ECUと推定されている。これに対して，年間のマージンはそれぞれ22億，29億そして33億ECUと推定されている。その結果，採算率はそれぞれ7.7％，6.6％そして6.0％となる。さらに，高速鉄道が潜在的な需要を喚起して自己の収益率に直接影響を及ぼす面だけを見るのではなく，高速鉄道が利用者の時間節約のゲイン，地域開発，環境の保護，鉄道部門のみならず他の輸送分野の需要に及ぼす影響，国の税収益に及ぼす影響など社会・経済的影響をも考慮に入れた分析から導出される社会・経済的収益率は表7-3に示される。表7-3では，高速鉄道の供用に伴う瞬時の輸送量の増加を考慮しない場合と瞬時の輸送量の増加を考慮した場合の収益率を示している。瞬時の輸送量の増加を考慮した収益率について見るならば，サービス供用の時点およびサービスが供用されて10年後の収益率は10から15％の値を示し，社会・経済的要因を考慮した輸送の質と輸送量の関係から鉄道会社が得る利益と高速鉄道の利用者が時間の節約という形で得る利得から算定される収益率は一層高い値を示している[10]。

第3節　高速鉄道ネットワークの形成にあたり考慮すべき問題

欧州では，地理的広がり，人口分布，道路および空港の混雑，環境に対する

配慮などを考えるならば，高速鉄道ネットワークを展開するのに理想的であるといわれている[11]。しかし，こうした一般的認識とは裏腹に高速鉄道ネットワークの形成を阻害する要因が幾つか指摘されている。

EUで推進しようとしている高速鉄道ネットワーク計画はそもそもEU加盟国の国内ニーズに適応した国内ベースでの高速鉄道ネットワークの形成をEUレベルに高めようとするものである。よって，EUレベルで検討されている高速鉄道ネットワーク計画はEU共同市場の交通フローのニーズに対応して構築されたものではないということをまず確認しておく必要がある。鉄道インフラの整備はその財源責任および監督は各加盟国政府に帰するものであり，各加盟国政府は国内の鉄道システムに対する投資権限をもっている。各加盟国政府はEUが掲げる崇高な目標の達成を促進すべき立場にあるということはいうまでもないことであるが，時として国内政策の実現を優先し，EUが推進しようとする共通鉄道政策を阻害する懸念が指摘されている[12]。

高速鉄道ネットワークの構築の目的の1つとして，EUを構成する周辺地域が高速鉄道ネットワークに容易にアクセスすることができることによって，EU域内の地域較差を縮小しようとするねらいがある。しかし，地理的要因あるいは技術的要因によって存在するミッシングリンクの問題を解決しないかぎり，EU共同市場内での財・サービスの高速輸送あるいは異種輸送モード間の健全な競争を望むことはできない。まず，地理的要因に起因するミッシングリンクの問題を解決するには土木工学技術のみならず膨大な財政負担を強いられることになる。

ところで，1990年に理事会は欧州の交通における単一市場を完成しようとするアクションプログラムを確定し，共同体利益の宣言（Declaration of Community Interest）の概念を高速鉄道ネットワークの形成に適用することを明確にすることによってEUレベルでの資金調達の可能性に道を開こうとした。これによって，ミッシングリンクの解消のための資金調達は鉄道会社の自己財源，各加盟国の予算措置，金融市場からの資金調達あるいはEU金融機関からの融資，さらに民間企業との合弁事業による民間からの資金の調達などを組み合わ

せて行われることになった[13]。しかし，高速鉄道輸送に適応する車両の建造，新規軌道の敷設，既存の軌道の高規格化を含む初期開発コスト，通行権を得るための土地の買収，路線の電化，新しい旅客施設の設計と建設，さらには環境保護政策に伴うコストなどを考えるならば，膨大な財政負担を覚悟しなければならない[14]。また，政治統合への試金石として考えられた通貨統合の厳しい条件の1つである財政赤字の削減および今日の景気動向とあわせて考えるならば，高速鉄道ネットワーク計画を推進するための資金調達の環境は厳しいといわざるをえない。

EU において考えられている高速鉄道ネットワークは欧州主要都市間を高速車両によって連絡するものであり，EU を構成する周辺加盟国の主要都市がこれによって EU の中心地と短時間で結ばれ，時間的距離が短縮され，EU 加盟国の地域較差は改善されることになろう[15]。しかし，他方では，各加盟国の主要都市を除く小規模の市町村は高速輸送の恩恵に浴することなく単なる通過ゾーンとなり，従来の既存の鉄道が培養線としての役割を終えることになる。このように，EU 共同市場内では，主要都市間が高速鉄道ネットワークによって短時間で結ばれる一方，各加盟国間の交通市場において高速鉄道の単なる通過ゾーンになる地域では，従来培養線としての使命を担った鉄道がその役割を終え，問題の地域の住民は重要な移動手段を失う可能性が危惧されている。このように地方の鉄道システムを犠牲にする高速鉄道ネットワークの開発を社会的な観点から疑義する意見がある[16]。さらに，鉄道は競争輸送モードである道路あるいは航空に比較して，環境にやさしい輸送モードとして今日見直されているが，比較的直線で水平軌道の建設にあたっては，森林伐採，保護地域の破壊，振動および騒音の水準の問題から高速鉄道に対する地方の強い抵抗があることも指摘しておかねばならない。

最後に，技術的問題については，すでに述べたように高速鉄道の計画および運行は EU レベルではじめられたのではなく，各加盟国の国内ニーズに基づいて検討され，サービス供用されている。したがって，軌間の規格，電力供給システム，信号制御システムあるいは軌道の軸重負荷のちがいなど鉄道設備にお

ける技術上の相違が各加盟国間に存在することはやむをえないことである。また，車両製造産業あるいは鉄道設備産業が国内経済および国内雇用に与える影響を考慮して，国内市場の保護政策を採用している加盟国の存在はインフラおよび車両の調和を妨げる要因になっている。しかし，1991年に理事会指令440号が採択されたことから，今後，各加盟国は車両の安全運行を保証し，車両運行会社に営業の自由を享受させるのに必要な最小限の技術の調和のために協力するよう努力しなければならない。

むすび

　1993年の第26次EC委員会一般活動報告書において，交通における域内市場は制度的にほぼ完成し，今後の共通交通政策は運輸が相対する新たな曲面に対処するための新規戦略の立案と実行に備えねばならないと述べられている。EUはいま政治統合に向け，解決を迫られる課題を抱えながら，EUへの加盟を希望する東欧およびバルカン諸国に対応し，EUの拡大を検討している。このように，EUは統合の深化に不透明なものを残しながらも，EUの面的拡大は21世紀に向けて確実に進展するものと思われる。かかる視点から，人，物，サービスの迅速かつ効率的な移動を保証するためには，各輸送モードの高速化と各輸送モード間の効率的な複合輸送のあり方が検討され，実行に移されつつある。鉄道における高速化，とりわけEUにおける高速鉄道ネットワーク計画の内容を検討し，そこに内在する課題をあげてみた。

　かかる課題は技術にかかわる問題と鉄道に対する各加盟国政府の伝統的な考え方のちがいに起因する問題に二分される。前者の問題は加盟国間の土木あるいは交通工学技術開発の面における相互協力によって解決される問題であろう。しかし，後者の問題は今日鉄道を民営化し，市場アクセスを開放しようとする立場と市場を保護しようとする立場のちがいを鮮明にしつつある。このような鉄道政策に対する伝統的な考え方のちがいは鉄道を支える鉄道関連産業の雇用をはじめとする国内経済に与える影響を考えるならば，鉄道保護政策を実施し

ている加盟国の鉄道政策の急展開を予測することは難しいであろう。しかし，1991年に理事会指令440号が採択されたことにより，鉄道の運行管理とインフラ管理の分離が明確にされ，いわゆる鉄道における上下分離の考え方が１つの大きな潮流になりつつある。440号指令によって規定された上下分離政策の国内への導入については，各加盟国政府に委ねられることになった。

440号指令のねらいは鉄道運行会社とインフラ管理会社を経営上分離し，それぞれに経営上の独立を保証し，従来の経営環境を改善しようとするものである。さらに，国際輸送を行おうとする鉄道コンソーシアムあるいは国際複合輸送を行う鉄道会社には各加盟国のネットワークへのアクセスを保証し，事実上国際輸送における鉄道インフラへのオープンアクセスを認めている。このように，欧州の鉄道がオープンアクセス時代の曲面に入ろうとしているなか，EUの各加盟国の鉄道会社はハブステーションを形成し，欧州内のハブ空港との直通輸送網を確立し，さらにハブステーションをめぐるフィーダー路線を整備し，欧州内の高速輸送ネットワークの形成をはかり，異種輸送モード間の競争のみならず，きたるべき国際輸送における鉄道会社間の競争に備える時期にあろう。

注
1) 計画の優先項目として，(a)高速鉄道ネットワーク：ロンドン～パリ～ブリュッセル・アムステルダム・ケルンと他の加盟国への連絡路線，セビリア・マドリッド・バルセロナおよびリコン・トリノ・ミラノ・ヴェニスとさらにそこからタルヴィジオ（Tarvisio）とトリエステ（Trieste）へ延びる路線，ポルト・リスボン・マドリッド路線，(b)アルプス通過ルート（ブレンナールート），(c)共同体利益の複合輸送ネットワーク，(d)国際ピレネー横断道路リンク，(e)アイルランドの道路のリンクとダブリン・ベルファーストの国境横断鉄道路線の改良，(f)スカンジナビア・リンク，(g)ギリシャの陸上輸送の強化があげられている。それぞれの計画予算は総額3億2,800万ECUで，1990年には6,000万ECU，1991年は1億1,800万ECUそして1992年は1億5,000万ECUとなっている。Bulletin EC (1990b)-11, p. 64.
2) CEC (1986a), p. 4.
3) CEC (1986b), pp. 1-2.
4) *Ibid.*, p. 2.

5) ハイレベルグループの提案によれば，2010年のマスタープランとして9,000kmの新線，1万5,000kmの改修路線，1,200kmの連絡路線の建設を前提に14の主要回廊を確認した。さらに，各加盟国において輸送システムが一致していないゆえに3段階移行仮定を提示している。(a)各加盟国の車両システムがすべての列車に存在する，(b)約3年後，部分的に調和されたシステムが国内システムにおいて共通の，あるいは一致した要素の適用を通して採用される，(c)長期的（7～11年）には，統一された欧州列車制御指令システムが新車両によって規定され，採用される。Blum, U. and J. Viegas (1993), p. 78.
6) Communauté Européenne des Chemins de Fer (1988), 6. 1-6. 3. で紹介されている路線ネットワークの構想図は，付図Ⅰ-1，Ⅰ-2およびⅠ-3を参照。
7) EU各加盟国の標準軌は1,435mmとなっているが，イベリア半島の軌間は1,668mmとなっている。
8) 1998年の開業を目標に重要な都市間連絡だけでなく，現在供用されているフランス，ドイツの路線連絡を想定している。Rühl, A. et P. Vincente Vila (1993), p. 88.
9) マイナスの要素として，(a)ある国における人口の減少，(b)自動車台数の増加，(c)ある特定の地域における経済の難局，(d)航空輸送の自由化の影響などが指摘されている。プラスの要素として，(a)全体的な人口の増加，(b)経済および社会組織の強化に伴う経済効果，(c)家計の実質所得の増加，(d)動的な経済統合に伴う経済効果，(e)道路および航空輸送の飽和状態，(f)道路の安全性および道路が原因となる公害の発生に対する関心の高まりなどが指摘されている。
10) 時間価値評価については，平均時間価値を時間単位当り6 ECUと設定している。これは欧州の3つの研究所が商用，短期の個人旅行，バカンス旅行についてのそれぞれの時間価値の単純平均値に近い値となっている。Communauté Européenne des Chemins de Fer (1988), 8. 10.
11) 1983年のフランスのTGV南東線全通により，1984年には航空は約200万人，道路は100万～150万の利用者を失った。Ibid., 4. 14.
12) 高速鉄道の建設が時として，交通フローによって正当化されるのではなく，国内の政治的理由によって正当化されているものとして，マドリッド～セビリア間の高速鉄道投資が指摘されている。Kiriazidis, T. (1994), p. 42.
13) イギリスでは，インフラおよび車両投資の投資収益率として実質で8％を鉄道計画の評価基準としている。ベンチャー資本について期待される投資収益率は15％以上である。EU機関からの資金調達については，その上限を計画の総コストの25％まで，あるいは実行可能性の研究については50％までとした。ここでいうEU機関とは，欧州投資銀行，欧州石炭・鉄鋼共同体そして欧州構造基金である。Ross, J. F. L. (1994), pp. 201-202.

14) 2010年の完成までにすべての加盟国の GDP の0.1%相当のコスト，すなわち1,800億 ECU が必要とされる。*Ibid.*, p. 199.
15) ポルトガルについては，ポルトガルの中心都市であるリスボンから欧州の中央都市へのアクセスとして，リスボン～ポルト間の中間点にある空港にアクセスし，航空を利用して欧州の中央都市にアクセスする方法が考えられている。さらに，長期的にはリスボン～セビリア間の高速連絡によって北アフリカへのアクセスも検討の対象にすべきと主張されている。さらに，長期展望において，バルカン半島を欧州に統合する際に，イスタンブール，ベオグラード，ブダペストを経てウィーンで欧州中央の高速鉄道に接続する軸を検討しなければならないと述べている。Blum, U., H. Gercek and J. Viegas (1992), pp. 217-220.
16) 地域サービスは鉄道の民営化を前提にするならば，鉄道会社と交渉される特別契約に基づいて，契約価格が確定され，サービスが供給される。その際の契約価格はサービスの供給コストに直接結びつけるのではなく，サービスを供給するその他の可能性を考慮した市場アプローチに基づいて形成される。CEC (1990a), pp. 19-20.

第8章 EU 環境政策と交通

はじめに

　EU 委員会は1995年に市民ネットワークという考え方を提示して，公共交通の利用を促進するための諸方策を提示した。EU 委員会によれば市民ネットワークは一般に交通弱者と称される人々を含め，すべての欧州市民が各種輸送モードや交通インフラに容易にアクセスでき，料金面において支払い可能であり，サービス面において利用可能である輸送ネットワークに基づくドァ・ツ・ドァの移動の機会を享受することによって形成される[1]。市民ネットワークの考え方はすべての輸送モードの比較優位性を考慮したインターモーダルアプローチに基づく効率的な輸送システムの形成を前提とするものである。

　ところで，近年の輸送市場の傾向を見るならば，都市のスプロール化あるいは労働条件の変化などによるモビリティのニーズの増大は都市圏において道路輸送需要，とりわけ私的自動車の利用の増大を誘発し，これが恒常的な道路混雑を招来し，多大なエネルギー消費の原因となっている。このような非効率的な交通資源の配分が１つの原因となって生じる環境汚染は甚大であり，もはや看過できない状況にある。

　資源集約的な生産様式による経済成長の負の副産物として発生する公害に憂慮した EU は1973年に第１次環境アクションプログラムを公表し，以後2000年までを視野に入れた第５次環境アクションプログラムを明らかにしている。われわれは EU における環境保全に対する取組みをこれらのアクションプログラムを跡づけるなかで確認し，そのなかで，とりわけ環境負荷の大きい産業分野

の1つである交通分野が環境に及ぼしている影響を明らかにしたのち，持続可能な環境を保全するために交通分野に求められる措置について考察しよう。

第1節　EU環境政策の概要——第1次アクションプログラムから第4次アクションプログラムまで——

ローマ条約第2条は共同体の任務を共同市場の確立と加盟国の経済政策の漸近をもって域内の調和のとれた経済活動の展開，継続的かつ均衡のとれた発展，経済の安定性の向上，たゆまぬ生活水準の向上と加盟国間の緊密な関係を促進することにあると規定している。この条文を具体化する1つの行動として，1972年10月19日から20日にかけて，加盟国政府首脳がパリで会談し，その際，経済発展はそれ自体目標ではなく，第1の目標は生活水準における地域間不均衡を縮小し，生活水準の改善による生活の質の向上を指向するものでなければならないことを明らかにした[2]。すなわち，われわれ人間の生活の質を向上させるためには，われわれの日常生活を取り巻く自然環境の保全は不可欠な要素である。かかる視点を重視して，加盟国政府首脳は共同体機関に1973年7月31日までに厳密な予定表に基づくアクションプログラムの作成を要請した。この要請を受けて，1972年10月30日ボンにおいて環境閣僚会議が開催され，共同体環境政策の一般原則としてつぎの内容が確認された[3]。

① 最善の環境政策は公害の発生を根本から抑制すること。
② 環境に及ぼす影響をすべての技術計画および意思決定過程のなかで，最も早期の段階で考慮すること。
③ 生態系バランスに多大なマイナスの影響を及ぼす自然資源あるいは自然の過剰利用，乱開発の回避。
④ 共同体における科学的および技術的知識の水準の改善。
⑤ 汚染者負担の原則。
⑥ ある国の活動が他国の環境劣化を引き起こさないように注意すること。
⑦ 環境政策の遂行の際，発展途上国の利益を考慮すること。

⑧　グローバルな環境研究および環境政策を促進する努力の有効性を明確に規定される欧州環境政策という長期的概念によって昇華すること。

　さらに，今日のように経済活動のグローバル化に伴い，経済活動の負の副産物として発生する公害も多種多様であり，しかも地球規模のものとなり，公害対策は国境をこえた有効な国際協力に基づいて行われねばならないものとなっている。公害抑制のための実際的な措置は公害のタイプあるいは保護されるべき地理的ゾーンにしたがって適切なレベルで行われることになる。かくして，共同体の環境政策は国内レベルでの潜在的あるいは現実の進捗を阻害しないで，各加盟国が講じる諸政策の調和のとれた進捗を促進することをねらいとする。したがって，共同体の環境政策は共同市場での調和のとれた経済発展を維持しつつ，域内における環境を浄化するというきわめて難しい二律背反の命題に挑もうとするものである。この命題に応えるための条件として，公害抑制のための措置の採用と環境改善の諸措置が各経済部門に及ぼす影響を事前に考慮し，各経済部門の共通政策のなかに環境改善措置を組み入れ，各経済部門の共通政策のなかにそれを反映させることが必要になる。具体的な環境改善のための措置を構築するにあたり，3つの行動カテゴリーが示されている[4]。

　①　公害を削減し，抑制するための行動。
　②　環境と生活環境を改善するための行動。
　③　共同体の行動，あるいは環境にかかわる国際機関と加盟国による共同の行動。

　この3つの行動カテゴリーを軸にした第1次環境アクションプログラムが1973年12月20日の官報にて公表された。ここで，第1次環境アクションプログラムの骨格となる3つの行動カテゴリーの内容を簡潔に紹介しておこう。

　公害抑制のための措置を策定し，それを実行に移すためには，公害の実態を客観的に把握，分析し，提示されるいくつかの解を選択し，その解が経済社会に及ぼす影響についての研究結果を蓄積し，実効性のある解を措置として適用することになる。その際，各加盟国において，科学的知識，分析手法，経済的経験に較差があり，これが最終的に統計データの較差となってあらわれるとい

う問題が指摘される。この問題を回避するために共同体レベルでの共通の分析手法およびデータの評価方法の確立が求められた。具体的には，つぎのような内容である[5]。

① 公害を測定する方法の標準化とあわせて主な形態の公害の有害度に関する科学的基準の設定。
② 問題の基準を満たすために要求される質の目標と関連して，パラメーターと意思決定過程の定義。
③ 地域と国内の公害監視ネットワーク間の技術的な情報交換の組織化。
④ 反公害措置のコストの共通の評価方法の採用。

そのほかに，公害物質を含む製品の貿易に伴う技術的な貿易障壁を排除するために当該企業と加盟国の当該当局が協力して，研究を重ね，公害を発生させる製品の構成物の変更あるいは公害を発生させない代替製品の導入を含む共通の措置が検討される。第2の行動カテゴリーである環境を改善するための具体的な行動はつぎのように要約される[6]。

① 自然環境の保護。
② 消費の増大に伴う希少資源についての問題の研究。
③ 地域開発政策のなかで，環境ニーズを考慮し，国境ゾーンでの環境の問題に関する協議を促すための共通のアプローチの追求。
④ 労働環境の改善。
⑤ 労働および生活環境の改善のための欧州基金の設立。
⑥ 環境問題についての認識を周知徹底させる活動の促進。

最後に，多種多様な環境問題は共同体の加盟国の各市場，共同体の域内市場の機能，あるいは国際貿易に影響を及ぼすゆえに，共同体は公害が影響を及ぼすレベルの担当局と協力していかねばならない。ローマ条約第2条が規定する人間の生活環境の質的向上をはかるためには，自然環境の保全と安定した，調和のとれた経済成長が相両立しなければならないという前提にたって，第1次環境アクションプログラムは共同体の環境政策の一般原則と具体的な政策推進のための手続きを明確に示した。ここで規定された一般原則と政策策定のため

の手続きを踏襲しつつ，1977年から81年までの期間を対象とする第2次環境アクションプログラムが1977年6月13日の官報にて公表された。

第2次環境アクションプログラムは第1次環境アクションプログラムにて規定された環境政策の目的と原則を再確認しつつ，主として公害，土地利用および廃棄物の発生に関して予防的行動をとるための組織形成の必要性を訴えている。他方，経済計画あるいは土地利用計画の段階で環境保全ファクターを考慮したより包括的な環境政策を展開するために環境影響評価（Environmental Impact Assessment）の研究，共同体生態地図システムの開発，廃棄物の発生を回避する手法の研究が必要であることが示された[7]。なお，第2次環境アクションプログラムが優先的にとりあげた項目はつぎのように要約される。

① 淡水，海水にかかわる水質保全措置。
② 大気汚染の浄化措置。
③ 環境政策の予防措置の徹底。
④ 環境に悪影響を及ぼさない土地利用とその合理的な管理。
⑤ 発展途上国の経済成長を促進する過程のなかに環境保護というファクターを組み入れるために共同体が積極的に発展途上国に協力すること。
⑥ 発展途上国の環境の保全と経済成長の追求を両立させる技術の開発を促す助成を与えていくこと。
⑦ 共同体が蓄積した環境管理に関する技術，法的，行政的経験を発展途上国に伝授する手法についての研究。

第3次環境アクションプログラムは環境政策における共同体の任務として，つぎの5項目を指摘している[8]。

① 生活の質の改善と環境が提供する自然資源の最も経済的な利用の促進。
② 政策が正しい地理的，政治的レベルで実行されることを確実にすること。
③ 共同市場の適当な機能を妨げる問題を回避すること。
④ 国内政策のために準拠枠を準備すること。
⑤ 異なった行動レベルで自然資源を保護したり，生活の質を改善するインセンティブを与えること。

第1次，第2次環境アクションプログラムで規定された計画の完遂と合わせて，1980年代のEUを取り巻く環境の変化，とりわけEUへの加盟交渉が進捗するなかであらゆる資源の完全かつ広範な利用に基づく経済の回復は共同体全体の経済にとってきわめて重要である。それゆえ，環境政策は浪費のないバランスのとれた開発を達成するために要求される限界と行動を規定する。1980年代の景気後退期にあって，環境政策が景気の回復の足枷にならないためにつぎのような問題が検討の対象になった[9]。

① 公害を発生させない，あるいは再生不能な資源をできるかぎり使用しない製品，設備および処理過程に関する産業開発の促進による新規雇用の創出。
② 廃棄物のリサイクルと公害を誘発しない代替原料の研究の促進。
③ 石油以外の石炭，原子力のようなエネルギー資源の利用が環境に与えるマイナスの影響を抑制すること。
④ 域内市場の機能に影響を与え，適当な共同体措置の採用を難しくする国内政策を回避するため1973年3月5日の情報協定の実行を強化すること。
⑤ 共同体にとって浪費あるいは受け入れがたいコストを発生させる公害の削減。

　いずれにせよ，環境政策を経済社会発展のための全体的な戦略を形成する一要素として捉え，環境影響評価に基づく社会的に合理的な意思決定を行わしめるシステムの形成が求められている。

　1987年に採択された単一欧州議定書は共同体の環境政策の新たな法的根拠となり，共同体による行動の目的をつぎのように規定している[10]。

① 環境の質の維持，保護および改善。
② 人的健康の保護。
③ 自然資源の注意深い合理的な利用。

　第4次環境アクションプログラムはすでに従前の3つのプログラムで確認されている予防的行動，汚染者負担の原則，環境ファクターの各諸政策への反映および第3国あるいは国際機関との相互協力の重要性を再確認している。環境

に関する行動を準備するにあたり，単一欧州議定書は共同体が考慮しなければならない事項として，つぎの4項目をあげている[11]。

① 利用可能な科学・技術に関するデータ。
② さまざまな共同体地域における環境条件。
③ 行動を起こした場合と否との場合の潜在的な便益とコスト。
④ 共同体全体の経済社会の発展と共同体地域のバランスのとれた発展。

そして第4次環境アクションプログラムにおいて共同体レベルでの行動が必要とされる優先項目はつぎのように指摘される[12]。

① 公害の防止
  (i) 各種公害の削減。
  (ii) 科学物質および化学調製品の管理。
  (iii) 産業事故の抑制。
  (iv) 騒音公害の排除。
  (v) バイオ技術の評価と最良の利用に関する措置。
  (vi) 人体および環境を各放射能から保護する措置。
② 資源管理の改善
  (i) 欧州の自然遺産を保護する措置。
  (ii) 公衆衛生および環境に影響を及ぼす自然あるいは人的災害に関する措置。
  (iii) 環境に便益をもたらす農耕の促進。
  (iv) 各地域の地形学的特徴を考慮した土壌の保護。
  (v) 水資源および水の管理の改善。
  (vi) 廃棄物管理の改善の展開。
  (vii) 地中海地域の統合的な環境保護。
③ 国際的な活動
  (i) 共同体および加盟国の環境保護に関する国際組織の活動への積極的な参加の支援。
  (ii) 発展途上国との協力。

④ 適当な手段の展開
 (i) 環境政策の科学的な基盤の改善。
 (ii) 環境影響評価に関する1985年の337号指令の有効な実施。
 (iii) 高いレベルでの公衆衛生および環境保護を実現するための適当な基準の設定。
 (iv) 効率的な経済手段の開発。
 (v) 環境保護技術の開発，普及の促進。
 (vi) 環境情報へのアクセスの改善。
 (vii) 環境教育および環境の問題についての周知徹底の強化。

　第4次環境アクションプログラムは改善がみられない環境劣化の現状に鑑み，欧州理事会の2つの決議に基づき厳しい環境基準を設けることを提示している。1992年に導入されたマーストリヒト条約は域内市場の完成と共同体域内での高度な環境水準の達成という2つの目標をかかげている。この目的の実現のために，第4次環境アクションプログラムにおいても環境影響評価に基づく開発計画の推進を再強調するとともに環境影響評価だけを考慮するだけでは不十分であるため，さらに特別な考慮を要する政策分野の1つとして交通分野を指摘している。さらに，欧州理事会は1985年3月29日，30日の会議で，第4次環境アクションプログラムの開始年である1987年を欧州環境年と位置づけ，高次の環境基準の必要性についての認識を周知徹底させる活動の展開をはかった。

第2節　第5次環境アクションプログラムと交通が環境に及ぼす影響

　1972年10月のパリでの欧州理事会において共同体の社会・経済的発展の計画において環境への配慮が必要であることが確認され，1973年から77年までの期間を対象とする第1次環境アクションプログラムが採択され，交通部門について燃料のなかの鉛の最大含有量，車両の騒音および排ガスの技術的改善が示唆された。これにつづく第2次環境アクションプログラムでは，海洋公害，自動

車，自動二輪，航空機騒音の削減措置が提示され，1982年から86年までの期間を対象とする第3次環境アクションプログラムでは，車両排ガス，航空機騒音，インフラ計画の環境影響評価が優先項目として指定された。さらに単一欧州議定書の規定にしたがって，第4次環境アクションプログラムでは，環境保護を共同体の共通政策の重要な要素として考慮した政策の策定を示唆している。

さて，ブラントランド・レポートや環境現状報告書において，今後の環境の質を劣化させると考えられるいくつかの要素についてその指標が示されている。たとえば，現在のエネルギー需要の増加率が維持されるならば，2010年にはエネルギー需要が25％増加し，走行距離が17％伸長すると予測されている。農業については，1970年から88年までの間に化学肥料の使用が63％増加し，廃棄物については，ここ5年間に地方自治体の廃棄物が13％増加し，水については，1970年から85年までの間に共同体の平均廃水率が35％増加している。また，2000年までに地中海ツーリズムが60％増加すると予測されている[13]。このような現状あるいは予測指標は従来の環境措置が必ずしも十分に環境劣化の現状に対処しえなかったことを示すものである。それゆえ，いま新たな環境保全に対する戦略が求められている。1992年から2000年を目標とした第5次環境アクションプログラムはこのような要請に応えるために策定されたものである。共同体の全体的な目的は域内市場の円滑な機能を通して，欧州市民の改善された継続的な厚生を増進することにある。域内市場の長期的な成功は産業，エネルギー，地域開発，農業政策および交通政策などの共通政策の相互依存関係のなかで保証されるものであるが，継続的な効率性とその成長を抑制する要素としての自然環境の許容レベルを考慮しなければならない。第5次環境アクションプログラムの戦略では，従来の成長パターンから持続可能な成長過程への転換をはかることが明示されている[14]。

① 継続的な人間の活動および経済社会の一層の発展は環境の質，自然資源およびそれらの保全に依存していることを十分に認識すること。
② 原料の埋蔵量には限界があるので，処理，消費，利用の各過程での物質のフローが最適な利用，リサイクルを促進するよう管理されること。

③　自然資源は有限であるゆえに，次世代を犠牲にするような資源の利用，消費の自制。

　このような持続可能な発展の戦略の実行は人間の経済活動，消費活動の様式の変更を求めているだけでなく，従来の各分野における共通政策の展開において環境の保護の要求を考慮した共通政策の定義および実行が求められる。その具体的な原則は予防アプローチと汚染者負担の原則を含む共有される責任の原則である[15]。

　第5次環境アクションプログラムでは，共同体の全体の経済活動のなかで大きなウエイトを占める5つの経済分野，すなわち製造業，エネルギー，交通，農業，ツーリズムが考察の対象となっている。ここでは，われわれの関心の対象である交通について若干紹介しておこう（図8-1，図8-2）。

　交通は人・財の輸送を介した貿易および地域開発，財・サービスの生産，分配，あるいは経済成長にとって不可欠な要素であることは自明である。交通がGDPに占める割合は約7％であり，人・財の自家用輸送および交通インフラを含めるならば，約10％となる。また，交通が全雇用に占める割合は約7％であり，自家用輸送および交通インフラ関連を含めるならば，約9％となる[16]。つづいて貨物および旅客の輸送量そして市場シェアを輸送モード別に見てみよう。まず貨物輸送については道路輸送が絶えず市場シェアを拡大し，今日では，約70％を占めるに至っている。他方，旅客輸送では，私的自動車が輸送量の市場シェアの約80％を占めるに至っている。陸上交通の年間平均成長率は旅客については3.1％，貨物については2.3％となっている[17]。輸送モードのなかで，とくに道路輸送部門の成長が著しく，今後もこの傾向がつづくものと予測されている。このような交通輸送需要の増加の傾向にもかかわらず，交通インフラ投資はGDPの約1％程度で推移し，交通容量の不足は深刻な混雑問題を招来し，過剰なエネルギー消費が大気汚染を引き起こし，地球温暖化現象の最大の原因となっている[18]。交通部門のエネルギー消費は1988年の統計によれば，最終総エネルギー消費の約30％を占め，エネルギー消費を輸送モードの内訳で見るならば，道路輸送が84.4％と大宗を占め，つづいて航空が11.1％，鉄道が

第8章 EU環境政策と交通 149

図8-1 EUの貨物輸送の状況

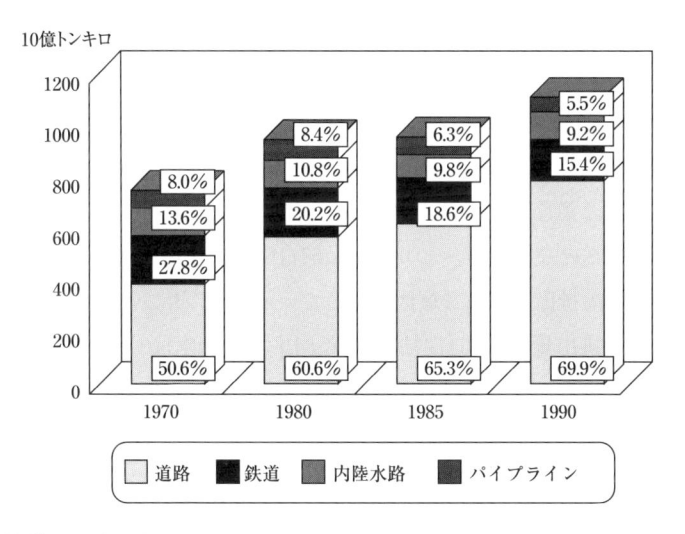

10億トンキロ

年	道路	鉄道	内陸水路	パイプライン
1970	50.6%	27.8%	13.6%	8.0%
1980	60.6%	20.2%	10.8%	8.4%
1985	65.3%	18.6%	9.8%	6.3%
1990	69.9%	15.4%	9.2%	5.5%

(出所) CEC (1992h), p. 9.

図8-2 EUの旅客輸送の状況

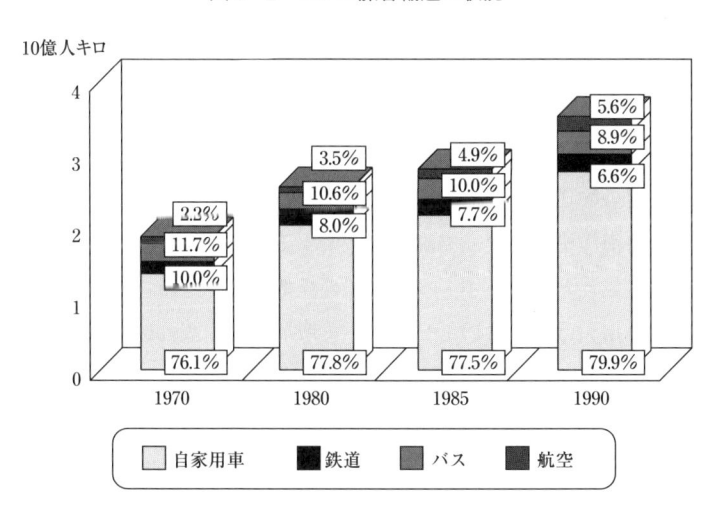

10億人キロ

年	自家用車	鉄道	バス	航空
1970	76.1%	10.0%	11.7%	2.3%
1980	77.8%	8.0%	10.6%	3.5%
1985	77.5%	7.7%	10.0%	4.9%
1990	79.9%	6.6%	8.9%	5.6%

(出所) CEC (1992h), pp. 9-10.

2.5%，内陸水路2.0%となっている[19]。

ところで，交通部門が大気に排出する地球温暖化の原因となっているCO_2総量は共同体のCO_2総排出量の22.5%を占め，このうちの約80%は道路輸送によるものであり，55%以上は私的自動車に帰するものである[20]。ちなみに，CO_2以外の大気汚染物質であるNOx，VOC (volatile organic compound)，SO_2の総排出量に占める道路輸送の割合はそれぞれ53.6%，27.1%，2.9%となっている[21]。道路輸送のなかでも，とりわけ私的自動車および軽便営業車がこれらの大気汚染物質の排出の重大な原因となっている。1971年から89年の間に自動車によるCO_2の排出量は約76%増加し，年間平均増加率は3.2%となっている。その他の汚染物質については，温室効果の間接的な原因となり，また酸性雨の直接的な原因となるNOxは対流圏ゾーンを形成し，68%増加し，浮遊粒子状物質は106%そしてHCは41%増加している[22]。また，都市圏では，CO排出量の100%，HCとNOx排出量の60%，浮遊粒子状物質の排出量の50%，SO_2排出量の約10%は交通によるものと考えられている[23]。今後，予測されている自動車台数の増加および走行距離の伸長を前提に考えるならば，各種排ガスの全体に占める交通部門の割合は，CO_2については22%から24%，SO_2については4%から12%，NOxについては58%から59%へそれぞれ増大すると予測されている[24]。交通は車両の排ガスだけでなく，航空機の離発着時の排ガスあるいは危険物資の輸送時の事故が原因となって地下水を汚染したり，船舶が操業排水あるいは海洋事故によって海水を汚染することがある。また，今後さらに，域内市場の完成とともに，中・東欧諸国の経済発展，欧州経済領域の展開に伴う交通需要の増大は人，財のモビリティを増加させ，それに伴って発生する騒音問題も深刻になる。とりわけ，エンジン，タイヤの軋みによって発生する道路騒音は深刻であり，55 leq dB (A) 以上の道路騒音にさらされている人口の割合はデンマークの34%からスペインの74%までの範囲にわたる。他方，車輪の軋み音，空気圧，架線とパンタグラフの接触によって発生する鉄道騒音については，55 leq dB (A) 以上の鉄道騒音にさらされている人口の割合は道路に比較してきわめて低く，オランダの事例では6%であり，65 leq dB (A) 以上

の鉄道騒音にさらされている人口の割合は英国の0.3%からドイツの1.7%の間にすぎない[25]。もちろん，これらの騒音の程度は道路ネットワークおよび鉄道ネットワークの構造と密度，都市化の程度，人口密度，地形的要素などによって異なる。

　このように，交通が環境に及ぼす負荷は多大であり，これを緩和することは持続可能な環境の追求にとって不可欠である。具体的には，運行上の公害の削減，インフラ開発が土地利用に及ぼす影響の制限，輸送量および混雑の削減，危険物および廃棄物の輸送に伴うリスクの予防が指摘されている。これらに呼応する形で，委員会は持続可能なモビリティを実現するための戦略素案をつぎのように提示している[26]。

① モビリティの必要性を減らし，道路輸送に代替する輸送の開発を考慮して，地方，地域，国内および国境をこえたレベルでの改善された土地利用および経済開発計画。
② インフラと環境の実質コストを投資政策と投資意思決定，および利用者コストと利用者料金に組み入れ，交通インフラネットワークの計画と投資の調整を改善すること。
③ 鉄道，内陸水路，海運，複合輸送のような環境にやさしい輸送モードの競争的地位の改善。
④ 集約輸送および異なった移動手段の適当な連携を優先する都市交通の展開。
⑤ 車両，燃料の継続的な技術の改善。
⑥ 環境に対して私的自動車のより合理的な利用の促進と速度制限を含む走行規制と習慣の変更。

第3節　外部コストの内部化についての考え方

　生産方式，配送システムあるいは社会労働条件の変化はますます輸送ニーズを高め，人的，物的モビリティが抑制措置の適用をうけないでこのまま推移す

るとするならば，大気汚染をはじめとする公害は環境を阻害し，人や生物の営みを危うくすることは周知のことである。他方，交通は経済社会の発展にとって不可欠な要素であることは言うまでもないことである。したがって，われわれは環境保全に配慮した交通システムの形成をねらいとする包括的な政策を構築する必要がある。問題の政策の柱の1つとして，道路輸送に公正かつ効率的なプライシングを適用することが指摘されている。

　道路輸送にかかわるプライシングの問題は1960年代からさまざまな見地から研究されてきた。1968年に，委員会は営業車両に対する課税システムに関する提案を行っている。1978年6月に理事会は問題の指令案に同意したが，公式には採択するに至らなかった。1988年1月に重量貨物車両に対する道路インフラコストの料金賦課に関する新たな提案が示され，1991年2月および1992年9月に修正が加えられ，1993年10月に理事会指令89号として採択された。問題の指令は貨物車両が生み出すコストを車両税，通行料金，インフラ利用料金およびディーゼル油の国内消費税そしてその他既存の料金によって償うことを規定したものである。具体的には，12トン以上の貨物車両を対象として車両税の下限，加盟国が自国の主要道路の利用に対する道路利用者料金の導入の条件，インフラコストを償うための利用者料金の上限と制約された通行料金水準などが規定されている。とりわけ，鉱油については，1992年10月19日に鉱油についての国内消費税構造の調和に関する理事会指令81号および鉱油についての国内消費税の近似に関する理事会指令82号として採択されている。1992年12月に公刊された共通交通政策の将来の展開に関する白書は，ますます悪化する公害および混雑に対して交通の現状がこのまま推移するならば，もはや持続可能でないことを指摘したうえで，規制措置と合わせて経済的手段の適用によって異種輸送モード間の競争条件を調和させ，効率的かつ安全な輸送システムの確立を提唱している。1995年9月には，鉱油に関する国内消費税の近似に関する理事会指令82号において規定される税率についての委員会報告書では，自動車燃料分野のすべての製品は消費税の対象とされ，ガソリンとディーゼルとの関係および加鉛ガソリンと無鉛ガソリンとの財政的な取扱いにおける適当な差別化は将来

のより一貫した全体的な戦略を展開するなかで検討される必要があると示唆したうえで，無鉛ガソリンは標準的な最低消費税率を適用されるべき燃料であり，加鉛ガソリンとの税率の差別化を明確にすべきであるとのべている[27]。1996年3月11日の経済／財政理事会は委員会にエネルギー製品の課税に対するグローバルなアプローチを示す新たな提案を要請した。問題の要請は鉱油に関しての既存の国内消費税システムと合わせて，域内市場と環境政策を両立させるのに必要な最低課税水準を確立させようとするものである。

ところで，交通輸送部門のなかで，環境に最も重大な影響を及ぼしている輸送モードが道路輸送部門であることはすでに議論されたところである。道路輸送部門では，とりわけ都市圏において道路輸送需要の増大に対して道路インフラ容量が恒常的に逼迫した状態にある。このような道路の非効率な利用は交通利用者が社会に負荷するコストと実際に交通利用者が負担しているコストとの間に存在する大きな乖離に起因するものである。交通利用者が直接負担していないコストは年間約2,500億ECUにのぼり，そのうちの90％以上は道路輸送部門に起因するものと推計されている[28]。それゆえ，われわれは効率的な資源配分に基づく効率的な輸送システムの確立のために外部コストの抑制のためのプライシングを考えねばならない。今日，国内および共同体レベルで実行しうるものとしてつぎのような措置が指摘されている[29]。

① 重量貨物車両に対する道路課税についての既存の共同体法の調整。
② インフラの損傷および重量貨物車両などの他のパラメーターを考慮した電子距離料金。
③ 混雑地域および環境に敏感な地域における道路通行料金。
④ 燃料の質の差異を考慮した差別化された燃料税。
⑤ 環境および騒音の特性にしたがって差別化された車両税。
⑥ 差別化される航空着陸料金と鉄道通路料金。
⑦ 車両および輸送モードの安全性パフォーマンスに関する情報の提供。

ところで，大気汚染の問題に限定して若干議論しておこう。OECDの調査によれば，交通に起因する大気汚染の外部コストは温室効果をのぞいてGDP

の0.4%と推定されている[30]。これらの外部コストの抑制については、プライシング措置の導入の前に、燃料の質、排ガス基準、車検とメンテナンスプログラムに関する規制が適用され、排ガスを1970年比で車キロ当り約90%削減するという実績を示した[31]。1970年代初頭に導入されたガソリン、ディーゼル車からの排ガス規制値については、加盟国政府が規制値を遵守した車両に対して与えた財政的インセンティブが功を奏し、すみやかに浸透し、さらに燃料効率のよい車両の製造のための研究開発を刺激することになった。また、燃料の質の基準値の設定はディーゼルの硫黄含有量、燃料のなかの鉛やベンゼンの含有量の最大量を限定し、車検およびメンテナンスは既存の排出基準の遵守を強化するものとなった。このように、規制アプローチは一定の成果をあげたが、EU域内の地域によって大気汚染の内容が異なっていたり、加鉛ガソリンの使用の有無についても加盟国間に差異があり、加盟国あるいは都市間で依然として大気汚染レベルに大きな較差がある。このような従来の規制措置の限界を補完するものとして経済的措置の適用が提唱されている。この際、スウェーデンの事例を紹介しておこう（図8-3、図8-4）。

スウェーデンでは、大気汚染負荷の小さい精製ガソリンの導入を促進するために1994年に精製ガソリンと標準ガソリンとの間に税差別を設け、精製ガソリンに優遇税制を適用した結果、精製ガソリンが標準ガソリンに完全に取って代った。また、ディーゼル燃料については、1991年に税差別が導入された。1995年11月に、比較的クリーンなクラスIIの燃料について標準燃料に比してマイナス4.3%の税控除、非常にクリーンなクラスIの燃料についてはマイナス7.6%の税の割引が導入された。その結果、クラスIとクラスIIの燃料が交通に利用される燃料のほぼ100%を占めることになった。ガソリンについては、1986年以来、加鉛ガソリンと無鉛ガソリンとの間で税差別が導入されているが、さらに1994年から無鉛燃料のなかで非常にクリーンなクラスIIの燃料とクリーンなクラスIIIの燃料に分類され、双方の間で総価格の1%弱の税較差が設けられた。その結果、加鉛ガソリンとクラスIIIの燃料が市場から姿を消すことになった[32]。車両については、低排ガス車の販売を促進するために、3つの環境基準に基づ

いて車両を分類し，最も厳しい環境基準に適合する車両に対して，税制上，最大の優遇措置が適用される差別的な車両税が導入された。その結果，厳しい環境基準を満たす車両が市場を独占するようになった。1995年には，新車販売にあたり250クローネの料金が賦課され，これを原資として政府公認のスクラップ会社からスクラップ証明書を受けた者に対して300クローネのプレミアムが支払われた。これによって，新車に比べてスクラップ車両の割合が高くなり，大気汚染負荷の大きい車両が市場から姿を消すことになった[33]。このように，スウェーデンでは，大気汚染による外部コストを適正に内部化する措置として，大気汚染の原因となる各種自動車燃料が環境に負荷するウエイトに

図8-3 スウェーデンのディーゼル市場の変化（1992〜95年）

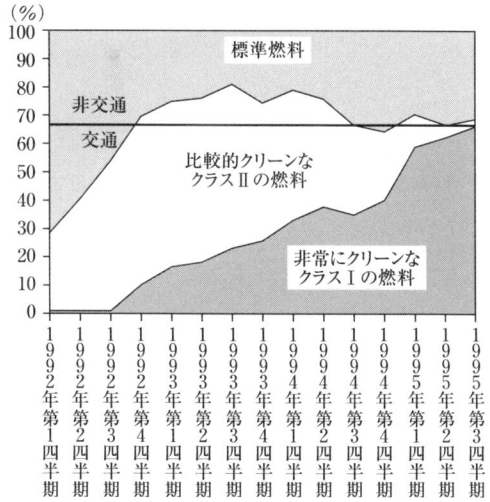

(出所) EUROPEAN COMMISSION (1996), p. 66.

図8-4 スウェーデンのガソリン市場の変化（1986〜95年）

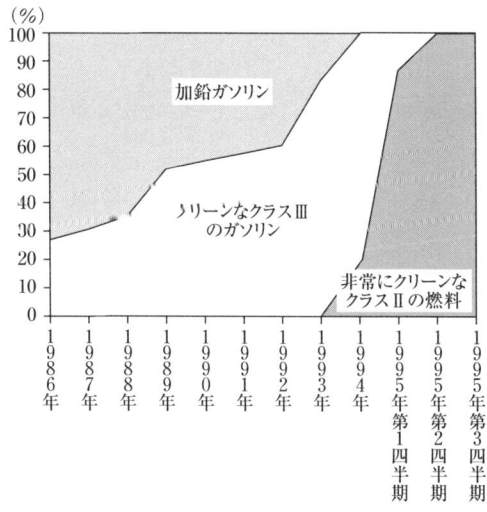

(出所) EUROPEAN COMMISSION (1996), p. 66.

したがって税差別を設け，環境負荷の小さい燃料あるいは車両への転換を促した。

交通の負の外部性として，大気汚染のみならず騒音，事故および混雑が指摘される。これらの負の外部性によって発生する外部コストはOECD等の各種調査によると，GDPの約5％と推定される[34]。われわれはこれらの外部コストを適性に外部コスト発生者に負担させることによって合理的な輸送モード選択のインセンティブをあたえ，効率的な交通インフラ利用を促そうとするものである。なお，われわれはこれらの外部コストの計測およびそれに基づくプライシング政策についての詳細な議論は別の機会にゆずるものとし，外部コストについての各種研究結果から明らかになった事実として，次の項目を再確認しておこう[35]。

① 混雑コストが考慮されなくても，交通の外部コストは大きい。
② 総外部コストに占める道路輸送の割合は90％以上である。
③ 混雑，事故，大気汚染は最も重要な外部性である。
④ 道路の外部コストはインフラコストを償って，さらにそれを超過する交通課税額よりも大きい。
⑤ 旅客輸送において自動車とオートバイが最も高い外部コストをもつ。
⑥ ガソリン燃料に対してディーゼル車両の優遇税制は税と外部コストとのバランスを一層悪くしている。
⑦ 都市と地方との間の外部コストの差は地理的差別の対象となる。
⑧ 車両の種別による環境および騒音特性における差異は料金差別の対象となる。

外部コストについてのこれらの認識に基づいて考えられる公正かつ効率的なプライシングの原則はつぎのように要約される[36]。

① 料金はその基礎となるコストにできるかぎりリンクする。
② 料金は高度に差別化される。
③ 料金構造は交通利用者にとって透明である。
④ 料金賦課は輸送モード間および異なる加盟国の国民の間で非差別的であ

る。
⑤　個人の移動の交通価格はそれらの移動が社会に負荷する総コストに一致する。
⑥　すべてのインフラネットワークの総インフラコストは長期的には交通利用者から回収されるべきである。
⑦　単に収益をあげる目的の追加料金の賦課は経済および交通システムを歪める。

ところで，燃料価格に関する弾力性についてのさまざまな研究結果が示唆するところによると，燃料コストは利用者の総コストの約25％にすぎないため，燃料コストの変更は車両の利用の抑制よりも燃料の利用の削減には有効であると考えられている[37]。したがって，時間帯，トリップの目的，所得レベルなどを考慮した混雑税を合わせて考察しなければならないだろう。

むすび

マーストリヒト条約第2条は共同体の役割は調和した，バランスのとれた経済活動の展開，環境を尊重し持続可能で，インフレーションのない経済成長，高いレベルの経済パフォーマンスの収斂，高いレベルの雇用と社会保護，生活水準と生活の質の向上を促進することと規定している。欧州経済の従来の経済成長は過少労働力と過剰な資源利用によるものであると指摘されている。しかし，今日，資源集約的な生産様式は経済成長の負の副産物である多様な公害を発生させ，人間の日常の営みにも多大な悪影響をもたらし，生活の質の劣化を招いている。また，資源の希少性を考えるならば，将来において持続可能な経済成長を望むことはできない。かかる視点から，EUはこのような歪んだ生産要素の組合せによる生産様式を見直し，環境負荷の小さい新たな成長モデルを模索している。

ところで，第5次環境アクションプログラムはEUの経済を支える重要な経済分野として，製造業，エネルギー，交通，農業，ツーリズムの5つの分野を

指摘し，それぞれの分野において環境要素を折り込んだ共通政策の展開を求めている。

われわれの関心の対象である交通は，大気汚染をはじめ騒音，振動，海洋汚染など環境負荷の大きい分野であることは周知のことである。第5次環境アクションプログラムでは，予防的アプローチと汚染者負担の原則を含む共有された責任の原則に基づいて，伝統的な規制アプローチと外部コストの内部化に基づく経済的措置を組み合わせることによって，異種輸送モード間の競争条件を整備し，欧州横断交通ネットワークの形成に基づく効率的な輸送システムの構築を指向している。しかし，当面2005年までに環境に配慮した欧州横断交通ネットワークインフラを整備するのに必要なコストは約3,000億ECUと推定されている[38]。また，外部コストを内部化することによって交通資源の非効率的な配分を是正するためのプライシングの適用についても，交通利用者の強い抵抗にあい，この面においても顕著な進捗を見ることができない。このような財政的問題あるいは交通利用者の環境保全に対する問題意識に直面してわれわれは研究開発が著しい通信技術の成果を利用し，効率的な物的モビリティの確保と人的モビリティの削減を促進するとともに，日常生活における自動車利用偏重の生活様式を根本的に見直す必要があろう。

注
1) European Commission (1995), p. 14.
2) OJ (1973), p. 5.
3) *Ibid.*, p. 6.
4) *Ibid.*, p. 8.
5) *Ibid.*
6) *Ibid.*, p. 11.
7) 交通の環境影響評価の問題については，イギリスとオランダの比較において詳細に検討されている次の文献を参照されたい。Haq, G (1997)。
8) OJ (1983a), pp. 3-4.
9) *Ibid.*, pp. 4-5.
10) EUROPEAN COMMUNITIES (1987), p. 558.

11) *Ibid.*, p. 558.
12) OJ (1987), pp. 2-4.
13) CEC (1992c), p. 23.
14) *Ibid.*, p. 25.
15) *Ibid.*
16) CEC (1992a), p. 7.
17) CEC (1992h), p. 7.
18) *Ibid.*, p. 11.
19) CEC (1992a), pp. 12-13.
20) *Ibid.*, pp. 15-16.
21) *Ibid.*, p. 16.
22) CEC (1992h), p. 13.
23) CEC (1992c), p. 33.
24) *Ibid.*, p. 34.
25) CEC (1992a), pp. 21-22. 55 leq dB (A) は新興住宅地において望ましい制限値とされ，65 leq dB (A) は一般的な制限値である。
26) CEC (1992c), p. 34.
27) CEC (1995e), p. 29.
28) EUROPEAN COMMISSION (1996), p. 9.
29) *Ibid.*, p. 10.
30) *Ibid.*, p. 14.
31) *Ibid.*, p. 36.
32) *Ibid.*, p. 65.
33) *Ibid.*, p. 42. 1988年には賦課金は250クローネから300クローネに引き上げられ，支払われるプレミアムは300クローネから500クローネとなった。さらに，1992年には賦課金は850クローネまで引き上げられ，それと同時に直近14カ月以内に安全管理に合格した車両に関してより高い差別化されたスクラップ・プレミアムが導入された。
34) *Ibid.*, p. 14. 交通が発生させる外部コストをGDPの割合で表わすならば，概算で大気汚染は0.4%，騒音は0.2%，事故は1.5%，混雑は2.0%となっている。なお，地球温暖化は大気汚染のなかに含まれていない。
35) *Ibid.*, pp. 46-48.
36) *Ibid.*, p. 49.
37) *Ibid.*, p. 66.
38) CEC (1994d), p. 19.

第9章 EUにおける自動車関連税をめぐる議論

はじめに

EUにおける環境政策は1972年にはじまる第1次環境アクションプログラムを端緒にして，今日2000年までを対象にした第5次環境アクションプログラムのなかで展開されている。とりわけ，われわれが研究対象とする交通が今日の地球温暖化問題に対して，多大な影響を及ぼしている経済分野の1つであることはすでに自明の事実である。とりわけ，地球環境の劣化を牽引するものとして自動車交通が指摘されている。自動車利用者は本来負担すべき外部コストを適性に賦課されていないために，自動車利用が過剰となり，効率的な運行が阻害され，その結果混雑が発生し，今日問題となっている地球温暖化を促すことになっている。かかる視点から，自動車利用者が生み出す外部コストを内部化させるためのさまざまな措置が検討されている。EUにおいては，自動車にかかわる各種の技術的あるいは行政的規制のほかに，自動車利用に適当な税制を適用することによって自動車から他の輸送モードへの転換をはかろうとしている。

この際，EUで展開されている自動車関連税の議論を整理し，残された課題を明らかにしよう。

第1節 自動車関連税をめぐる議論の背景

大気汚染は人体の健康，自然環境あるいは地球環境に甚大な影響を及ぼすこ

表9-1　主な大気汚染物質に占める各経済部門の割合

部門	CO_2	SO_2	NOx
エネルギー生産	37.5	71.3	28.1
（電力）	(29.3)	(61.5)	(24.6)
産　業	18.6	15.4	7.9
交　通	22.0	4.0	57.7
その他	21.9	9.3	6.3
総　計	100	100	100
	(27億トン)	(1,400万トン)	(980万トン)

（出所）　CEC (1990b), p. 15.

図9-1　各経済部門における CO_2 排出量の推移（1980〜2010年）

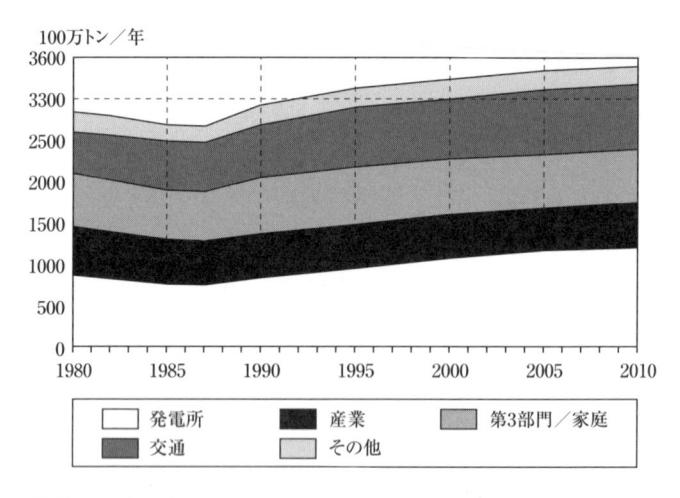

（出所）　CEC (1990b), p. 15.

とは周知のところである。とりわけ，その最大の原因として，工業，自動車そして暖房，発電のための化石燃料の利用が指摘されている。表9-1が示すように，これらの大気汚染誘発物はそれぞれの大気汚染物質の発生の最大の原因となっている。われわれが問題にする交通については，CO_2の発生については22.0％，NOx については57.7％を占めている。CO_2の排出に限定して，各エネルギー需要部門が大気に排出するCO_2の割合の変化を2010年まで推定するならば，図9-1に示されるとおりである。さらに，この内容を交通とCO_2の排出との関係に限定して見るならば，道路輸送が他の輸送モードを圧倒し，CO_2

図9-2 自動車所有の推移（1970～2010年）

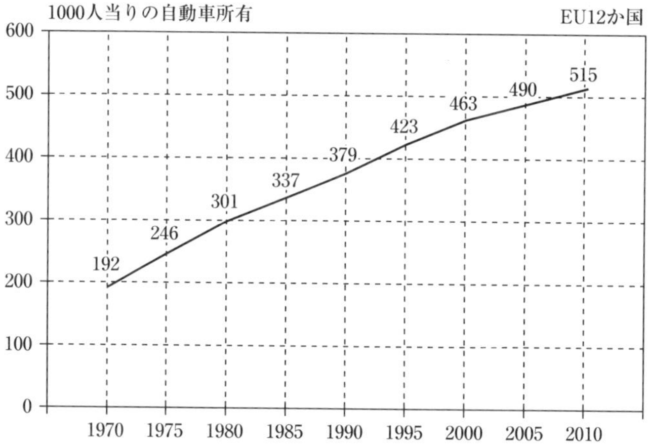

```
1000人当りの自動車所有                                    EU12か国
600
                                                    515
                                              490
500                                     463
                                  423
400                         379
                      337
                301
300       246
    192
200
100
  0
    1970  1975  1980  1985  1990  1995  2000  2005  2010
```

(出所) CEC (1990b), p. 16.

排出について，全体の約80％を占めている。さらに，その内訳は私的自動車が55.4％，貨物車両が22.7％，バスが1.6％となっている。これらの数値から，私的自動車，すなわち自家用車の利用が地球温暖化の原因とされるCO_2排出の最大の元凶となっていることが明らかになってきた。このように自動車交通が自然環境および地球環境に悪影響をもたらしていることが明らかにされているにもかかわらず，図9-2が示すように自動車保有は増加の一途をたどると予測されている。

すでに第8章で示したように，燃料の質の改善，排ガス基準の強化，車両検査およびメンテナンスプログラムに関する規制によって車キロ当りの排ガスが1970年比において約90％削減された。さらに，これらの従来の規制の適用とあわせて，新車に触媒コンバーターを搭載することにより，大気汚染物質の排出を一層削減することが可能となった。こうして，NOxについては38％，VOCsについては54％の削減が期待できると考えられている[1]。しかし，他方では，モータリゼーションの進展と交通需要の増加は従来の規制の効果を相殺し，とりわけCO_2と浮遊粒子状物質の増大を引き起こすことになった。

ところで，都市圏においては，交通混雑が引き起こす大気汚染問題のほかに，私的交通に取って代わるべき公共交通が未整備である場合，増加する自動車交通に対処するために新たな道路建設が行われた結果，他の道路が過剰混雑となり，さらに道路完成後は従来に増して道路需要を喚起し，やがて駐車空間の不足から舗道あるいは広場，公園へ車両があふれるという事態を招くことがある。このような都市交通が抱えるさまざまな深刻な環境問題を解決する手段として多様な手法が提案されている[2]。都市環境白書は交通を私的交通と公共交通に分けて，それぞれの分野で検討すべき課題を整理している。私的交通については，低公害燃料への転換，騒音水準における厳しい基準の設定，触媒コンバーターの利用による騒音および公害の削減を目的とした現行の技術を改善するとともに，温室効果ガスの重大な原因であるCO_2の排出の削減のためには，ドイツで実施されている排出水準に基づく差別的な課税システムの広範な適用が検討の対象になりうると指摘している[3]。

また，騒音およびガソリン，ディーゼルが原因となる大気汚染問題に対処する手段の1つとして電気自動車の開発と利用に強い関心を示しつつも，依然として混雑問題が引き起こす都市空間の圧迫を克服しえないこと，さらに化石燃料利用に伴うCO_2の排出の問題を解消しえないことが指摘されている。それゆえ，都市設計段階において，自動車の効率的な流れを重視した都市交通計画から環境負荷がほぼゼロに等しい自転車および徒歩といった移動モードを都市交通システムに組み入れた都市交通計画への転換を提唱している。また，環境に配慮した都市を創造するためには，私的交通に代替すべき公共交通の整備の必要性は久しく主張されてきたものである。しかし，実態はこの提案から程遠いものである。このような実態を前提にして，モーダルシフトを促すためには，財政的インセンティブと規制を強力に推進することが必要である。その具体的な措置が都市内での駐車規制の強化と都市内における道路利用課税である。そのほかに，モーダルシフトを推進するためにシンガポールやオスロで適用されているエリア免許制やETS (electric toll system) などの措置の適用が考えられる。また，職住近接型の土地利用計画のなかで，モビリティニーズの削減，

モビリティ距離の短縮，人的モビリティについては都市間モビリティと都市内モビリティの有機的なリンクの実現，情報通信の利用を介した都市内の全体のモビリティの削減と明確に環境目標を考慮した長期的な戦略のなかで都市交通計画は策定されるべきである。その際，モーダルシフトの受け皿となるべき公共交通の質の改善は不可欠な条件であることはいうまでもないことである。さらに，高度情報システムを利用した輸送管理システムは混雑を緩和し，輸送フローを改善し，自動車による環境負荷を小さくすることをねらいとして利用されるべきである。これらの施策を実行するために共同体がとるべき行動としてつぎの4項目が指摘されている[4]。

① 都市当局をして公共交通と道路建設の調整のとれた展開についての決定を土地利用および都市計画のなかに組み入れさせること。
② 環境に配慮し，公共交通，環境にやさしい車両および先進の輸送管理システムを優先する研究プログラムの促進。
③ 都市輸送管理における共同体規範での情報交換の促進。
④ 道路プライシングのような経済手段の可能性。

共同体は，とりわけ都市交通問題についてはこの4つの行動計画を尊重し，さらに，共同体の社会経済的結合を強化し，周辺地域の経済発展に配慮しつつ，既存のインフラ容量の効率的な利用を促すことによって混雑を緩和し，過剰な輸送需要を抑制するグローバルなアプローチに基づく措置として標準化，市場組織，コスト料金賦課措置および研究開発プログラムをあげている[5]。このなかで，コスト料金賦課措置については具体的に，①重量貨物車両に関してのインフラ料金賦課，②鉱油についての国内消費税の調和，③車両課税の差別化の可能性，④CO_2排出抑制のための炭素税の導入の可能性についての検討があげられている[6]。

第2節　重量貨物車両の道路インフラ利用にかかわる料金賦課

営業車両の道路インフラ利用に対して適正な料金を負担させるべきであると

いう議論は，EC創設間もない1960年代初頭から議論されている課題である。EUでは共同市場を形成するために加盟国の異なる輸送モード間あるいは各加盟国の輸送モード内の競争条件を調和させることが共通交通政策の重要な課題であった。交通にあっては，財政，国家の介入そして社会制度の分野において競争条件に大きな乖離があることが確認されていた。このような競争条件の乖離を是正するために各分野において検討すべき項目が確認された。とりわけ，財政の面においては，自動車車両への二重課税の廃止，車両燃料の免税制度の統一化，車両税の算定ベースの統一化，貨物車両に適用する税制の整備などが指摘されている[7]。これを受けて，1968年に営業車両に関する税の国内システムの整備に関する第1次理事会指令案が提示された。この指令案は国籍原則に基づく車両税に漸次取って代るべき領土原則に基づく道路インフラの利用にかかわる税の制度化を求めている[8]。営業車両の課税等級は営業車両の総許容積載重量と車軸数，車軸の配列および車両製造の特性から分類される車両カテゴリーに基づいて規定され，インフラ利用料金は各課税等級に属する車両の国内レベルでの平均的な利用条件に基づいて，（インフラ利用の限界コストの総額）－（燃料税の総額）によって決定される[9]。この第1次指令案は1969年に欧州議会および経済・社会評議会の支持を得て，1978年に理事会において原則合意を得られたが，ある加盟国の強い抵抗にあい，全会一致による指令案の採択には至らなかった。1986年に理事会はひきつづき，委員会に車両税，燃料税および道路通行料金が道路貨物輸送の競争条件に及ぼす影響についての研究を継続するように要請を行った。この要請に応えて，委員会は1986年12月に公表したレポートにおいて4つの検討課題を提示した[10]。

① 各加盟国における車両税，燃料税および通行料金の国内システムの差異がどの程度のものなのか。
② 問題の課税システムの差異がどの程度の競争の歪みを引き起こしているのか。
③ 競争条件の歪みは国際輸送市場が免許の割当制から開放され，カボタージュが可能となる1992年以後さらにひどくなるのか。

④ 車両税,燃料税を調和させ,通行料金の問題を解決する過程でどの程度まで競争の歪みが是正されるのか。

分析の結果,輸送業者間の競争条件の不均衡は燃料税よりも車両税による影響が強く,通行料金を税システムの1つとして勘案することによって,競争条件が緩和されることを明らかにした[11]。今日,完全に自由化された域内道路輸送市場において,輸送業者の国籍と輸送業者が主に利用する道路インフラが一致しなくなり,もはや国籍原則に基づく車両税は加盟国間の輸送モード内の競争条件の調和そしてインフラの利用コストを償うというインフラ利用課税制度の目的を果たすことができない。したがって,輸送業者のインフラ利用に応じて,そのコストを適正に負担させることができる領土原則に基づく課税システムへの転換が再度提唱された。しかし,車両税は共同体における交通税収益の約20％を占め,各加盟国の重要な財源であり,国籍原則から領土原則に基づく課税制度への移行の過程において車両税を維持しなければならないことから車両税を加盟国間で近似させるよう勧告を行っている。1987年に,委員会は1986年のレポートを参考にし,1968年に提示された第1次理事会指令案を今日の域内の道路貨物輸送市場の自由化の進展に合致するように修正を加え,新たな指令案を明らかにした。1987年の理事会指令案では,国籍原則に基づく車両税とあわせて,通行料金の概念を明示的に導入し,領土原則に基づく料金制度の定着をはかっている。その際,車両の課税基準を明確に規定し,重量貨物車両は車軸数,車軸の配列あるいは車両の特性によって分類され,分類されたカテゴリーのなかの重量貨物車両の最大許容総積載重量を課税ベースとし,総積載重量が2,000kg増すごとに税あるいは料金の差別化がはかられる仕組みとなっている[12]。

また,指令案の第4条第3項では,重量貨物車両が発生させる大気汚染,騒音などの外部コストに基づいて算定される税あるいは料金の徴収を加盟国に認めている。さらに,1987年の理事会指令案をより現実的なものにするために,1990年に再度,理事会指令案が提示された。域内道路貨物輸送市場のカボタージュが一般化するなかで,国籍原則から領土原則に基づく料金システムへの移

行は必然的である。しかし，領土原則に基づく料金システムへの完全移行にはある程度の時間的猶予が必要であるために，暫定的な移行措置が示された。それによると，従来の一般道路については車両税とディーゼルの国内消費税によってインフラコストを償うこととし，車両税はディーゼルの国内消費税によって償われないインフラ部分の一部を償うように算定され，各車両カテゴリーごとに固定する案が示された[13]。また，有料道路では，有料道路を有する加盟国はインフラコストを償う原資として領土原則に基づく通行料金を充てることを提案している。なお，有料道路において車両税と通行料金の二重課税の問題を回避するために，有料道路での走行距離数に比例して車両税の償還が行われる[14]。また，ディーゼルの国内消費税と通行料金の二重課税の問題についても同様の措置が適用され，有料道路での走行距離に比例してディーゼルの国内消費税の償還が行われる[15]。また1992年の理事会指令案では，競争の歪みは各加盟国における有料道路の有無を含む国内課税システムの差異から生じるものであり，車両税およびディーゼルの国内消費税を調和させるだけでは是正しうるものではないとし，技術的，経済的により適当な課税形態が整備されるまで，インフラコストと環境コストを考慮した高速道路利用料金を導入することによってこの種の競争の歪みは一時的に緩和されると述べ，領土原則に基づく利用者料金の導入が提案されている[16]。利用者料金は当該加盟国の高速道路あるいはそれ相当の道路が利用される期間に比例して設定され，1日，1週，1カ月当りの料金はそれぞれ年間の料金の260分の1，52分の1，12分の1として設定される。

　加盟国の道路輸送業者間の競争条件の歪みを是正するための措置として，1960年代から議論されてきた徴税システムの調和と公正なインフラ料金賦課メカニズムの確立という課題は1987年，1990年そして1992年の理事会指令案を経て1993年の理事会指令89号としてその成果を見ることになった。その内容を簡単に整理し，紹介しておこう。われわれが課税の対象とする道路貨物輸送車両は連結車両を含めて，最大許容総積載重量が12トン以上のものである。車両税の最低税率は車軸数，車軸の配列，車両の特性から分類される車両カテゴリー

に基づいて設定される[17]。第7条，第8条では，領土原則に基づく料金制度である利用者料金および通行料金について規定が行われている。第7条(d)では，利用者料金および通行料金が賦課される対象となるインフラを高速道路あるいは高速道路，橋梁，トンネル山岳道に類する性格をもつ複数車線道路，または高速道路と同様の性格を有する2車線道路をもたない加盟国では，その加盟国のなかで最も高い規格をもつ道路と規定している。そして通行料金はそれらの道路インフラの2地点間の距離を移動する車両に賦課される料金であり，利用者料金は車両が問題のインフラを一定期間利用する権利を与えるものであると定義されている。なお，通行料金と利用者料金は同一の道路区画の利用に際して，同時に賦課することはできない。利用者料金の料率はインフラの利用期間に比例し，年間の利用者料金は行政コストを含めて上限1,250ECUと規定されている。なお，利用者料金に関する共通のシステムを導入する加盟国は相互に協力し，各加盟国の輸送業者に自国の高速道路インフラあるいは相互のインフラへのアクセスを与え，利用者料金収益の公正な配分を受け取ることができることが明記されている。そのほかに，第10条は加盟国が89号指令の影響を受けずに適用することができる料金あるいは税としてつぎの3項目をあげている。

① 車両の登録に基づいて徴税される特別税あるいは通常でない重量あるいは大きさの車両あるいは積荷に課せられる特別税。
② 駐車料金および特別な都市交通料金。
③ とくに時間と場所に関連する交通混雑に対処しようとする規制料金。

ところで，欧州議会は採択された89号指令について疑義を申し立て，理事会を相手に欧州裁判所に告訴を行った。その争点は1992年に委員会が提案し，議会が承認した理事会指令案と採択された理事会指令の内容に齟齬があり，正当な手続きを経て採択されたものではないというものである。欧州裁判所は欧州議会の主張を認める判決を下し，その結果，89号指令は無効となった[18]。なお，理事会が新法を採択するまでは無効とされた指令の有効性は維持される。この判決の結果を受けて，委員会は1996年に新たな指令案を提示した。1996年の指令案のねらいはつぎの4項目に要約される[19]。

表9-2 年間利用者料金の最大額(ECU)

	ダメージⅢ	ダメージⅡ	ダメージⅠ
非ユーロ	2,000	1,500	1,000
ユーロⅠ	1,850	1,350	850
ユーロⅡ	1,750	1,250	750

(出所) CEC (1996c), p. 54.

① 道路輸送の域内市場の一層の展開。

② 外部性を含む道路利用に伴うコストの回収。

③ 発生するコストに対応する料金の差別化。

④ 道路利用に対応した料金賦課システムにおいて領土原則の一層の促進。

1996年の指令案では，外部コストの内部化を意識し，非ユーロ，ユーロⅠ，ユーロⅡと分類される排ガス基準に基づく車両カテゴリー[20]と道路の損耗に与える程度に基づいて分類される車両カテゴリー[21]の組合せのなかで車両税および利用者料金の差別化が提案されている。車両税については，現行の車両税率の引上げ率をユーロⅡの車両については0％とし，ユーロⅠは10％，非ユーロは21％とし，各車両カテゴリーにおいて車両税の引上げ率に較差をもたせて，環境負荷の小さい車両への転換のインセンティブを与える配慮が見られる[22]。さらに，利用者料金については，従来の4車軸を基準にした2等級からなる利用者料金を廃して[23]，インフラコストの合理的な回収と外部コストの要素を勘案し，インフラ要素部分を最大1,600ECUと設定し，道路に損耗を与える程度に基づいて分類される車両カテゴリーごとに差別化され，さらに外部コスト要素部分を400ECUと推定し，排ガス基準に基づく車両カテゴリーにしたがって差別化した料金を設定した。これを示すマトリックスが表9-2である。なお表9-2で示される利用者料金は年間の最大額を示すものであり，1996年の理事会指令案第7条第6項において利用者料金の最低額は各金額の50％であると規定され，車両税の現行の最低料金にほぼ対応する金額となっている。また理事会指令案第6条第1項では，利用者料金システムが導入されるならば，加盟国は最低料金よりも低い車両税を課すことができることを認め，領土原則に基づく道路利用の現実をより反映した料金システムへの移行を促している。なお利用者料金はインフラ部分については車両の利用が多くなれば，それだけ単位当りのコストが低下し，道路インフラの利用削減のインセンティブを与えるこ

とにならないので，加盟国に短期の期間料金を提示するよう求めている。

　他方，通行料金はインフラの建設，運用，展開に伴うコストと一定の投資収益率を満たすように設定されるが，その際，加盟国は外部コスト要素を勘案して単位キロメートル当り最大0.03ECUまで通行料金に上乗せすることができる。とくに，公害に配慮しなければならないルートについては，単位キロメートル当り最大0.05ECUを通行料金に上乗せすることができる[24]。

第3節　鉱油の国内消費税の調和

　1985年の域内市場統合白書につづいて採択された単一欧州議定書において，1992年までに単一市場を形成するために物理的，技術的，財政的な国境障壁を排除することが目標として示された。とりわけ，財政面においては，各加盟国の制度的な乖離が大きく，加盟国の企業間の公正な競争を阻害する大きな原因であった。それゆえ，各加盟国の収益および予算の柔軟性を損なわないで各加盟国の間接税を近似させることは単一市場形成の重要な課題であった。1972年に国内消費税の構造を調和させる最初の案が提示されたが，個別の製品の税率および課税構造において各加盟国の間で大きな乖離があり，調整が困難で，ほとんど進捗が見られなかった。よって，個別部門あるいは個別製品ごとに税率の調整がはかられることになった。

　鉱油については，各加盟国の環境，交通，エネルギー政策を反映し，それに伴う課税政策が多様であり，さらに鉱油の利用の多様性が鉱油の税率の近似を困難にしていた。委員会は各製品カテゴリーを個別に検討し，各加盟国の税収入および予算に与える影響を最小にするように税率の近似をはかることにした。その際，採用されたアプローチは最も単純な既存の税率の算術平均を基本としつつ，各加盟国の税収の増減を考慮し，加重平均も適用された[25]。ガソリンについて単純算術平均を適用するならば，加盟国に若干の税収の増加をもたらすが，許容しうる範囲のものであるとして，単純算術平均の適用を提案している。他方，ディーゼルに単純平均を適用するならば，現行の税収を10％強減少させ

ること，あるいは私的自動車の利用者による小型ディーゼルエンジン車両の利用を促進することになることを考慮して，加重平均を適用することになった[26]。また，私的自動車のモーター燃料として利用される液化石油ガスの税率計算には単純平均が適用された。

ところで，ガソリンの税収入は域内の国内消費税収入の約40％を占め，税率調整の結果，減収となる加盟国があらわれた。これらの加盟国に対して，調整の負担を緩和するために税率に柔軟性をもたせることが重要であった。とりわけ，ディーゼル燃料については，重量貨物輸送分野において国境規制がなくなり，また営業車両の燃料タンクの容量が大きくなるにつれて，安価なディーゼルを求める行動を抑制することが難しくなり，このような道路輸送業者の行動に起因する道路貨物輸送市場の歪みは域内市場の形成を阻害するものとなる。ディーゼルの税率を近似させることは重要であるが，目標税率に収斂させるための最初のステップとして，1989年の理事会指令案では調整負担を緩和するために1,000ℓ当り195ECUから205ECUの幅をもたせることが提案されている[27]。また，ガソリンについては，環境負荷の小さい製品の利用を促すねらいから加鉛ガソリンと無鉛ガソリンの価格差を従来の30ECUから50ECUへ拡大することが提案されている[28]。

加盟国に生じる税収入および納税者にとってのコストは国内消費税率だけではなく課税構造によっても大きな影響を受ける。1990年の理事会指令案は共同体における税率調整と同時に，課税対象事象の定義，課税対象製品の範囲あるいは課税の免除および控除についての取扱いを調整することが重要であることを強調している。これらの一連の委員会の提案を受けて，1992年10月に理事会指令81号と82号が採択された。

理事会指令81号は，主に規定の適用の対象となる製品の範囲，課税条件そして課税免除の条件を規定している。その内容を若干示しておこう。第2条第1項は本規定が適用する製品の対象を示し，第2項では規定の適用条件を明示している。それによると，問題の鉱油が販売のために供給される，あるいは暖房用燃料，自動車燃料として用いられる場合，課税制度が適用される。また，第

3項では，自動車燃料の添加剤あるいは増溶剤として用いられる製品についても自動車燃料として課税の対象となる。なお，鉱油を生産する工場敷地内での鉱油の消費は車両の動力として用いられないかぎり，課税の対象とはならない。そして第8条は課税規定の適用が免除される条件をつぎのように規定している。

① 自動車燃料あるいは暖房燃料としての利用以外の目的で用いられる鉱油。
② 私的な遊覧飛行以外の飛行目的のために燃料として供用される鉱油[29]。
③ 私的な遊覧船以外の目的で域内の水上航行のために燃料として用いられる鉱油。

さらに，第2項は加盟国が鉱油の国内消費税の免除あるいは税率の引き下げを認める条件をつぎのように規定している。

① 電気を生産する過程および火力プラントでの利用。
② 私的遊覧船以外の内陸水路航行のための利用。
③ 鉄道による旅客および貨物輸送のための利用。
④ 環境にやさしい製品，とくに再生資源燃料に関しての技術開発のためのパイロット計画での利用。
⑤ 航空機および船舶の製造，開発，実験，維持のための利用。
⑥ 農業，園芸，林業，内陸漁業での利用。
⑦ 可航水路および港湾での浚渫事業での利用。

さらに，第3項は，軽油，液化石油ガス，メタンおよび灯油の税率の割引が適用される対象をあげている。

① 定置モーター。
② 建設，土木，公共事業に用いられる設備および機械。
③ 公共の道路を離れて利用される，あるいは公共の高速道路での利用認可を与えられなかった車両のための利用。

理事会指令82号は課税対象となる各種の鉱油に関しての最低税率を明確にした。それを一覧表にしたものが表9-3である。このなかで軽油については，それが暖房用に用いられる場合，通常1,000ℓ当り18ECU課税されるが，1991年1月1日時点で，暖房用軽油に国内消費税を適用していなかった加盟国は

表9-3 鉱油製品の国内消費税

自動車燃料	
無鉛ガソリン	1,000ℓ当り287ECU
加鉛ガソリン	1,000ℓ当り337ECU
ディーゼル	1,000ℓ当り245ECU
灯油	1,000ℓ当り245ECU
液化石油ガス＋メタン	1,000kg当り100ECU
暖房用燃料	
軽油	1,000ℓ当り18(5)[(1)]ECU
灯油	1,000ℓ当り0ECU
液化石油ガス＋メタン	1,000kg当り0ECU
重油	1,000kg当り13ECU
第8条第3項の下での利用	
軽油	1,000ℓ当り18ECU
灯油	1,000kg当り18ECU
液化石油ガス＋メタン	1,000kg当り36ECU

(注) (1) ベルギーおよびルクセンブルクに適用する1,000ℓ当り5ECUの監視料金。
(出所) CEC (1995e), p. 33.

1993年1月1日から1,000ℓ当り5ECUの監視料金を徴収する条件で，ゼロの料率を適用しつづけることが認められている。また，81号指令第8条第3項の条件の下で利用される軽油，灯油および液化石油ガスについては，それぞれ1,000ℓ当り18ECU，1,000kg当り18ECU，1,000kg当り36ECUと規定されている。

ところで，82号指令第10条では，遅くとも1994年12月31日を初年度として以後2年ごとに鉱油税率の見直しを行うことを規定している。これは域内市場の機能およびマーストリヒト条約が示す目的を考慮して，鉱油の消費税率を再検討するものである。なかでも，ルクセンブルクは特例税率の適用を受け，他の加盟国よりも低い税率の適用を認められていた。これがルクセンブルクでの鉱油の購買活動を促し，域内市場での競争の歪みを引き起こすことになり，税率較差の是正が求められていた。この要請を受ける形で，ルクセンブルクは1995年の税率の見直しにあたり，税率を約30％引き上げ，EUが規定する最低税率を上回る税率を設定していることは注目される。しかし，これらの鉱油税率の引き上げはエネルギー製品の価格の引き上げを誘発し，製品の国際競争力の低下を懸念させる。また，エネルギー製品間の差別的な税率の適用から生じる正当化しえない経済的歪みが発生するおそれがある。それゆえ，これらの税率の取扱いについては，全体の税システムの視点から検討される必要がある。他方，マーストリヒト条約が規定する環境目的にかなった鉱油税のあり方を交通政策の視点から考えるならば，環境コストを含む外部コストを内部化することによって，道路利用者に適切に課

税し，道路交通から他の輸送モードへのシフトをはかることが考えられている。その際，われわれが検討しなければならない問題は加鉛ガソリンと無鉛ガソリンの差別的な税率の取扱い，あるいはガソリンとディーゼルとの税率の較差の問題である。加鉛ガソリンと無鉛ガリンとの税率差については，EUが規定する最低税率において50ECUの較差が設けられている。しかし，指令はあくまでもその運用を各加盟国に委ねるものであり，強い拘束性をもつ法令でないため，いくつかの加盟国においてこの税率差は遵守されていないことは注目すべき事実である[30]。

ところで，スウェーデンでは，1994年に導入されたガソリンに含まれる有害物質の含有量に基づいて適用された差別税の適用の結果，精製ガソリンが従来の標準的な質のガソリンに取って代ることになった。その際の税率差は1ℓ当り0.06クローネにすぎなかった。さらに，1991年以来，ディーゼル燃料についても，最も環境負荷の小さいディーゼル燃料と標準的なものとの間で0.47クローネの税差を設けた結果，環境負荷の最も小さいディーゼルが車両燃料として100％利用されているという事実がある[31]。また，1987年に採択された76号指令により，1990年10月1日より新車は無鉛ガソリンを供用しなければならなくなり，全体のガソリン購買の50％以上を無鉛ガソリンが占めることになり，大気汚染を抑制する実効のある措置となっている[32]。

ところで，無鉛ガソリンとディーゼルについてEUが規定する最低消費税率の較差は42ECUであり，加鉛ガソリンとディーゼルについては92ECUとなっている。しかし，ガソリンとディーゼルの税差別にどのような意味があるのかという議論がしばしば提示される。なぜならば，ガソリンとディーゼルを比較した場合，燃料効率においてディーゼルはガソリンよりも優れており，すでに車両利用者に対して選好インセンティブを与えているので，あえて税率に大きな較差を設ける必要はないという議論がある[33]。さらに，COおよびHC排出において，ディーゼルはガソリンに比較して環境負荷が小さいとされているが，近年の触媒技術の進展により，ディーゼルがガソリンに対してもつ利点は相殺され，COおよびHC排出に基づく燃料の質には両者の間で差がなくなってい

る。他方，CO_2排出については，ディーゼルはガソリンよりも環境負荷が高く，整備されていないディーゼルエンジンは黒煙の原因にもなり，ディーゼルを優遇する税差別はもはや正当化されないものになっている。無鉛ガソリンの国内消費税率とディーゼルのそれとの差を各加盟国間で比較するならば，フランスにおける218.7ECUから英国のゼロECUまでかなりの分散が見られるが，今後，それぞれの燃料のタイプの環境パフォーマンスの調整をはかるためにガソリンとディーゼルの税率について各加盟国間でさらに検討される必要があろう。

第4節　CO_2／エネルギー税をめぐる議論

　1990年6月にダブリンで開催された欧州理事会は温室効果ガスの排出を制限する目標と戦略の採択を急いだ。1990年10月のエネルギー／環境理事会は2000年までに共同体におけるCO_2排出を1990年のレベルに安定化させることを決定した。そして，1991年10月14日にエネルギー／環境理事会の決議を受けて，委員会は安定化の目標を達成するための共同体の戦略に関する声明を発表した。その内容は次の4つの分野に集約される[34]。

① R&DプログラムおよびCO_2排出を削減するための技術的措置を含む伝統的な措置と手段。
② 加盟国の固有の経済，文化，地理あるいは技術的条件を考慮して，他の措置を補完しようとする国内プログラム。
③ 公害のレベルが加盟国にとって排出削減という点において，あるいは経済的制約の結果として加盟国に対して最大の問題を示す分野で加盟国を支援する措置。
④ CO_2／エネルギー税の可能性を含む税措置。

　1991年12月のエネルギー／環境理事会において，理事会は共同体戦略を実行するための具体的な措置に関する案を上程するように委員会に求めた。さらに，12月16日には，経済／財政理事会は可能な税の中で優先的に行われるべき研究を求めた。この要請を受けて実施された研究がCO_2およびエネルギーに関する

税を導入する理事会指令案である。ここでは，委員会が理事会に提示したCO_2／エネルギー税の内容を見ておこう。

CO_2／エネルギー税を賦課する際に考慮しなければならない3つのファクターが指摘されている[35]。

① エネルギーの最終消費段階での課税。
② 共同体産業の国際競争力に配慮した特例措置。
③ 税の中立性の原則の遵守。

指令案の第1条は問題の税の導入にあたり，共同体の国際競争力の維持および地球規模での温室効果ガスの抑制の視点から，他のOECD加盟国が本指令案で規定する内容と同様の税の導入あるいは同様の財政的影響をもつ措置を導入していることを前提としている[36]。この前提に基づいて，課税対象を暖房用燃料，自動車燃料としての利用を考えられている製品とする。なお，この際，加工工場に供給する原料として用いられるエネルギー資源は課税免除となる。しかし，化石燃料が2次エネルギーの生産に用いられる場合には課税対象となる。さらに，風力，ソーラー，バイオマス，バイオ燃料などのような再生エネルギーおよび10MW以下の水力発電はCO_2排出に関与しないことから課税の対象外となる。課税対象はすでにのべたように，自動車燃料あるいは暖房用燃料として用いられる固形，粘性あるいはガス状の化石燃料すべてを対象とする。課税構造はCO_2排出に基づく要素とエネルギー資源の熱量に基づく要素から構成される[37]。基本税率はすべての加盟国に共通であり，つぎのように設定される[38]。

① 化石燃料から排出されるCO_2について1トン当り2.81ECU。
② エネルギー成分について，1ギガジュール当り0.21ECU。
③ 10MW以上の容量をもつ施設が発電する水力発電については，エネルギー要素部分が課税対象となり，1MW/h当り0.76ECU。
④ 他のインプットを利用して発電される電気のエネルギー要素部分について，1MW/h当り2.1ECU。

なお，鉱油については$CO_2$1トン当りの基本税率は該当しない。この際，各

表9-4　鉱油製品課税の例

(単位：ECU)

製　品	単　位	CO_2税[1][2]	エネルギー税	税の総計[5]
1．ガソリン	1,000ℓ	6.59	6.87	13.46
	(=32.7Gj)	(0.202)		(0.412)
2．灯油／航空燃料	1,000ℓ	7.05	7.35	14.40
	(=35Gj)	(0.201)		(0.411)
3．ディーゼル／燃料油	1,000ℓ	7.66	7.76	15.42
	(=37Gj)	(0.207)		(0.417)
4．重油	1,000kg	8.77	8.44	17.21
	(=40.2Gj)	(0.218)		(0.428)
5．石油コークス	1,000kg	8.74	6.62	15.36
	(=31.5Gj)	(0.277)		(0.488)
6．液化石油ガス	1,000kg	8.66	10.10	18.76
	(=48.1Gj)	(0.18)		(0.390)
7．天然ガス	1,000m³	5.44	7.14	12.58
	(=34.6j)	(0.16)		(0.370)

(注)　(1)　CO_2と熱転換比率
　　　(2)　(　)内の数値は1ギガジュール当りの税。
　　　　　エネルギー税はすべてのケースにおいて1ギガジュール当りECU0.21である。
(出所)　CEC (1992f), ANNEX I.

鉱油について計算されるCO_2／エネルギー税は表9-4が示すとおりである。ところで，CEC (1992f) で規定された各エネルギー製品のCO_2／エネルギー税はCEC (1995b) において，つぎのように修正されている[39]。すなわち，加鉛・無鉛ガソリン，ディーゼル・軽油，灯油・航空機燃料，重油，石油コークスをのぞく製品について，燃焼時に発生する$CO_2$1トン当りの基本税率を9.37ECUとし，エネルギー内容については，1ギガジュール当り0.70ECUと規定している。さらに，第3条第1項および第3条第2項(a)で規定される資源については，その目標税率を1MW/h当り7ECUと規定し，10MW以上の水力発電施設によって発電される電気については，その目標税率は1MW/h当り2.53ECUと修正されている[40]。そして，各種鉱油については，それぞれつぎのように規定されている。加鉛あるいは無鉛ガソリンについては1,000ℓ当り44.87ECU，ディーゼル・軽油については1,000ℓ当り51.40ECU，灯油・航空機燃料については1,000ℓ当り48ECU，重油については，1,000ℓ当り57.37ECU，石油コークスについては1,000kg当り51.20ECU，そして液化石油

ガスについては1ギガジュール当り1.30ECUである[41]。

　炭素税の導入により加盟国の企業の国際競争力の低下が懸念されるなかで，共同体は製品の付加価値に占めるエネルギーコストの割合が8％をこえる場合には，支払い税額の引き下げを提示している[42]。しかし，この措置はエネルギー集約企業に対してエネルギーの効率的な利用を促すインセンティブをまったく与えないことが問題視されている。もう1つの税額控除の手法として，エネルギー節約およびCO_2削減のための新規投資コストだけ税額を控除する方法が指摘されている。もし問題の投資が12カ月にわたって支払い税額を上回るものである場合には，税額控除を導入する可能性を認めている。これらの内容は理事会指令案の第10条および第11条として規定されている。なお，これらの税額免除，控除および償還の規定は3年ごとに見直されることになる。なお，この種の新税の導入にあたっては税の中立性が前提となっている。すなわち，CO_2の削減を目的とする税の導入は企業の競争力を維持するなかで，エネルギーの効率的な利用を促すインセンティブを与えることにねらいがある。よって，この種の税を導入する際には，①直接税あるいは社会保障支出の削減，②間接税の削減，③CO_2の削減のための投資に対する税の控除といった措置を組み合せることが必要である[43]。ところで，税インセンティブの範囲については加盟国が決定することになるが，税インセンティブの適用範囲はエネルギー節約あるいはCO_2排出の削減を促進する活動あるいは措置とリンクするものであると考えられる。税インセンティブの適用を受けるものとして，①とくに公共交通に利用される場合，電気車両およびハイブリッド車両を含む電気動力輸送手段，②より環境にやさしい輸送手段，③植林投資，④家庭および事業所などの第3次部門があげられる[44]。

　ところで，EU委員会の第17総局は1990年の状況を基準年度として，CO_2／エネルギー税を課税しないで推移した場合と課税した場合において，2000年の時点でどのような変化が生じるを明らかにするためにあるシミュレーション分析を行っている（表9-5）。その分析によると，1990年を基準にし，2000年を目標にして課税しないで推移した場合，CO_2の排出量は10.9％増加するのに対

表9-5　各経済部門にみるCO_2排出量
1990年，2000年（課税しないケース）と2000年（課税したケース）の比較（EU12カ国）
(単位：100万トン)

経済部門	1990	2000(非課税)	2000(課税)	20(非課税)/90	20(課税)/90	20(課税)/20(非課税)
最終エネルギー消費	1,962.2	2,133.7	2,039.3	—	—	—
産業	(601.1)	(558.5)	(525.4)			
交通	(707.5)	(881.2)	(858.0)	+24.6%	+21.3%	−2.6%
家庭／第3部門	(653.6)	(693.9)	(655.9)	—	—	—
発電所	950.6	1,108.0	1,087.4			
エネルギー部門	129.5	133.7	130.4			
総消費	3,042.3	3,375.3	3,257.1	+10.9%	+7.1%	−3.5%

(出所)　DIRECTORATE GENERAL FOR ENERGY (DG XV Ⅱ)(1993), A1-A6より作成。

して，課税した場合の増加率は7.1％にとどまる。すなわち，2000年において両者を比較するならば，3.8％の課税効果が得られることになる。これを交通に限定して見るならば，課税しない場合において2000年のCO_2の排出量は24.6％増加すると予測される。それに対して，課税した場合に予測されるCO_2の増加率は21.3％となり，2000年には3.3％の課税効果が期待される。さらに，2000年におけるCO_2の総排出量を課税しない場合と課税した場合を比較するならば，3.5％の課税効果が見込まれる。これを交通についてみるならば，2.6％の課税効果しか期待できない。この結果は一般に交通部門においてすでに高いレベルの課税が行われているうえに，自動車燃料価格の引き上げに対して需要の弾力性が比較的低いことから交通燃料需要に対する税効果が小さいと理解されよう。

むすび

自動車交通が生活環境，自然環境および地球環境に多大な悪影響を及ぼしていることはすでにのべたとおりである。自動車交通にかかわるこれらの問題に対して，低公害燃料への転換あるいは騒音水準における厳しい基準の設定といった各種規制の強化，触媒コンバーターの改良による排ガス排出量の抑制という技術的改良，道路交通管制の改善と強化による効率的な輸送の確保そして環境保全を考慮した土地利用計画あるいは都市計画によるモビリティニーズの削

減あるいはモビリティ距離の短縮といったさまざまな処方が考えられ，実行され，その成果をあげつつある。また，欧州横断交通ネットワーク計画に伴うインフラの整備計画においても，道路以外の輸送モードにかかわる計画が優先され，道路に代替する輸送モードの整備に着手されている。

　他方，私的自動車のストックは2010年には1億6,700万台となり，1,000人当り503台になると予測され，これらの自動車利用の増加が今日適用されている各種措置の効果を相殺し，なお，道路交通事情を劣化させ，地球環境問題を一層深刻なものにさせるのではないかと懸念されている。このような自動車交通の増大の背景には，本来自動車利用者が負担すべき外部コストが十分に内部化されていないからであるという議論がある。これによって輸送モード選択が歪められ，モーダルシフトが円滑に進まないと考えられている。かかる視点から，自動車利用に対して適性に課税することによって不必要な自動車利用を抑制し，他の輸送モードの利用を促す財政インセンティブのあり方が検討されている。その1つとして，重量貨物車両の道路インフラ利用に対する料金賦課があげられる。これは1993年の理事会指令89号であり，1996年の89号指令の修正案である。1996年の修正案では，排ガス基準に基づく車両カテゴリーと道路の損耗に与える程度に基づいて分類される車両カテゴリーの組合せのなかで，車両税および利用者料金の差別化が提案されている。すなわち，最も厳しい排ガス基準を満たし，道路に与える負荷の最も小さい車両に対して最も低い利用者料金が設定される仕組みになっていて，環境の保全と社会的資本の維持・管理に最も適する車両を優遇する措置となっている。さらに，鉱油税の問題が指摘される。鉱油に関する国内消費税の調和については，理事会指令81号，82号として法整備され，各鉱油についての最低税率が規定された。各加盟国は国内の事情を勘案し，指令が規定する最低税率を下回らない税率を規定し，適用している。しかし，同じ鉱油について，各加盟国の間で適用される税率に較差が生じ，鉱油の購買の際に市場に歪みが発生するおそれがある。また，今日，ディーゼルとガソリンとの税較差を問題視する議論がある。すなわち，ディーゼルはガソリンよりも燃費効率に優れているので，自動車利用者にすでにディーゼルに対し

て選好インセンティブがあるにもかかわらず，あえてディーゼルを優遇する税措置を適用する必要はないとする議論である。さらに，触媒コンバーターの改良により，排ガスレベルにおいてディーゼルとガソリンを差別する意味がもはやなくなっているという議論である。これらの税制における加盟国間での調整は，今後加盟国間の税体系全体の調整のなかで再度議論されるべきものであろう。また，CO_2／エネルギー税については，1992年に委員会がその構想をまとめ，理事会に提案し，さらに，1995年にその修正案を示しているが，いまなお理事会にて採択に至っていない。炭素税の導入については，自動車を含む交通のみならず，各加盟国の経済分野全般に及ぶ問題であり，理事会における炭素税の導入については慎重にならざるをえないのもやむをえないところであろう。しかし，EU加盟国のなかで，デンマーク，フィンランド，スウェーデン，オランダがすでに炭素税を導入し，EUレベルにおいても炭素税の議論を煮詰め，導入の機会を模索しているものと考えられる[45]。

注

1) EUROPEAN COMMISSION (1996), p. 36.
2) なお，環境に敏感な地域として指摘されるアルプス横断輸送に伴うスイスおよびオーストリア領内の通過にあたっては，両国とEU加盟国との協定に基づいて環境劣化の防止措置を講じている。スイスは通過輸送に対して限定的な通過免許を発行している。オーストリアは7.5トン以上の貨物車両を対象にエコポイントを発行し，オーストリア領内を通過する際，KW/h当り NOx 1グラムの排出につき，1エコポイントを支払うシステムをつくっている。それぞれの詳細は，CEC (1998a) および CEC (1999a) を参照。
3) CEC (1990b), pp. 42-43.
4) Ibid., p. 46.
5) CEC (1992a), pp. 45-49.
6) Ibid., p. 47.
7) JO (1965b).
8) JO (1968a).
9) Ibid., 第9条。
10) CEC (1986c), p. 3.
11) Ibid., p. 11. 各加盟国における車両税の較差については，ANNEX, pp. 2-3. 通行

料金制度を実施する加盟国で適用されている通行料金については，ANNEX, pp. 5-8.
12) CEC (1988), p. 7. なお，重量貨物車両の最大許容積載重量はそれぞれつぎのように規定される。(a)リジッド・トラックあるいはトレーラーは12トン，(b)連結車両のトレーラーあるいはセミ・トレーラーは4トン，(c)トラック列車あるいは連結車両は16トンである。CEC (1988), p. 4.
13) CEC (1991), p. 8. 最低車両税はつぎのように定義される。(総道路インフラコストーディーゼルの国内消費税) ×K。この際，ディーゼルの国内消費税は，つぎの算定式で求められる。年間走行距離×消費量／km×消費税／ℓ。なお，輸送業者の年間平均走行距離は10万キロ，平均総道路インフラコストは1万610ECU (可変費用は1万230ECU，固定費用は5,380ECU) と仮定される。また，最低車両税の算定式におけるKの乗数係数はディーゼルの国内消費税によって償われない総道路インフラコストの部分のなかの割合を示している。Kの値は総道路インフラコストを完全に償うか，あるいはそれに伴って必要となる車両税の急激な引き上げを回避するかというトレードオフの関係のなかで決定される政策乗数である。ちなみに，1992年は0.15，93年は0.20そして94年は0.25である。CEC (1991), pp. 32-33.
14) 車両税と通行料金の二重課税の問題を回避する際の車両税の償還の算定式はつぎのように定義される。有料道路の車両走行距離km×名目の年間車両税／100,000。Ibid., p. 21. また，複合輸送システムの一部として鉄道，内陸水路，海上輸送がカバーする輸送距離も車両税の償還の対象となる。さらに道路インフラの利用者料金が支払われる区間についても車両税が償還される。その算定式はつぎのとおりである。利用者料金が支払われた期間 (日数) ×年間車両税／365。CEC (1992g), p. 36.
15) CEC (1991), p. 12.
16) CEC (1992g), p. 13.
17) 車両カテゴリーに基づく車両税の最低税率は付表Ⅱ-1およびⅡ-2を参照。
18) 89号指令がCEC (1992g) の内容と乖離している点については，つぎの5項目に要約される。(a)89号指令は最低税率の引き下げおよび免除について十分な機会を与えている。(b)通行料金および利用者料金を償還する可能性を完全に排除している。(c)通行料金および利用者料金が高速道路以外の道路で徴収されることを可能にしている。(d)利用者料金の上限を設定している。(e)加盟国が第7条(e)によって自国に登録されている車両について利用者料金を徴収することができる。Judgement of the Court (1995), p. 1837.
19) CEC (1996c), p. 13.
20) 各車両カテゴリーの大気汚染物質の排出基準の差異はつぎのように規定される。

ユーロIの公害レベルを100とするならば，プレ・ユーロは約180，ユーロIIは約70，ユーロIIIは約50である。*Ibid.,* p. 12.
21) 道路の損耗に基づいて分類される車両カテゴリーの詳細については，付表III-1およびIII-2を参照。
22) *Ibid.,* p. 16.
23) 2，3車軸車両については750ECU，4，5，6車軸車両については1,250ECUとなっている。
24) 公害に対してとくに配慮しなければならないルートで，通行料金が徴収されない場合には，加盟国は外部コストに対する特別1日料金（specific daily charge）として最大15ECUまで徴収することができる。CEC（1996c），p. 46.
25) CEC（1987），p. 3.
26) *Ibid.,* p. 4.
27) CEC（1989b），p. 5.
28) *Ibid.,* p. 6.
29) 加盟国は免除の範囲をジェット燃料の供給に限定できる。OJ（1992b），第8条第1項(b)。
30) 1995年の税率改訂時にギリシャ，スペイン，フランス，アイルランド，ポルトガルにおいて，加鉛ガソリンと無鉛ガソリンとの税率差は50ECU以下であった。
31) EUROPEAN COMMISSION（1996），p. 42.
32) CEC（1995e），p. 29.
33) EUROPEAN COMMISSION（1996），pp. 40-41.
34) CEC（1992f），p. 2.
35) *Ibid.,* pp. 5-7.
36) なお，のちのCEC（1995b）では，この条件は削除されている。p. 9.
37) CEC（1992f），p. 10.
38) *Ibid.,* p. 11.
39) CEC（1995b），pp. 21-22.
40) 第3条第1項および第3条第2項(a)で規定される資源については，CEC（1992f）の指令案のpp. 8-9.
41) CEC（1995b），p. 22.
42) CEC（1995b）では，8％の数字が削除され，付加価値税を除くすべての税を含む総エネルギーコストに基づいて割引の範囲を加盟国が計算することができると修正されている。Ibid., p. 25.
43) CEC（1992f），pp. 18-19.
44) *Ibid.,* pp. 20-21.
45) EU加盟国以外では，ノルウェーが炭素税を導入している。また，イタリアにお

いても炭素税の導入が検討され，フランスも炭素税の導入については前向きな姿勢を示している。日本経済新聞（1998a, b）。

第10章　EUの複合輸送をめぐる議論

はじめに

　近年のEUの貨物輸送市場におけるモーダルスプリットをトンキロベースで見るならば，1996年の数値では，道路輸送が実に73.6％を占め，他の輸送モードを圧倒し，いまなお市場シェアを拡大する傾向にある。他方，鉄道は1970年の数値では31.8％であったが，1996年にはその市場シェアは13.9％まで低下し，両輸送モードはきわめて対照的な変化を示している[1]。

　ところで，EUでは，効率的なエネルギー消費に基づく地球環境の保全は各経済政策の展開にあたって重要な条件となっている。この際，交通部門がエネルギー消費および環境に及ぼす影響を数値を示して，確認しておこう。1995年の数値によると，交通部門がエネルギー消費に占める割合は30.7％であり，1990年比で11.8％の増加となっている。とりわけ，道路輸送部門は交通部門のエネルギー消費の約83％を占めている[2]。さらに，エネルギー消費の結果発生する地球温暖化の原因となるCO_2の排出量について見るならば，交通部門はEUにおける総CO_2排出量の約26％を占め，交通部門内での内訳を見るならば，道路交通部門が約84％を占めている[3]。貨物輸送部門のトンキロ当りのCO_2排出量を見るならば，道路貨物輸送が190gを排出し，鉄道あるいは内陸水路の6倍となっている[4]。これらの数値から，交通部門のなかでも道路輸送が自然環境を圧迫する重要な因子となっていることは明らかである。EUでは，環境政策を組織的に策定し，それを実行に移しているが，交通部門，とりわけ貨物輸送部門においては，環境保全を前提にした道路輸送に偏重しない効率的な輸

送システムの構築が求められている。

　かかる視点から，EUで現在検討されている複合輸送の制度的展開のプロセスを明らかにし，今日までの複合輸送システム構築の取組みについての若干の評価を示し，今後に残された課題を提示しておこう。

第1節　複合輸送の基本規則

　EU市場の自由化政策の進展によって引き起こされた社会，経済の構造変化は域内貿易の拡大，人的モビリティの増大をもたらすことになった。その結果，国際道路輸送量および航空輸送量が急増することになったが，他面，とりわけ陸上輸送においては環境問題，利用者の安全性の問題，混雑問題といった社会・経済的問題を招来することになった。これらの社会的問題が発生させる社会的コストを抑制しつつ，持続可能なモビリティの実現のために，各輸送モードの競争優位に基づく異種輸送モードの最適な組合せに基づく複合輸送システムの構築が求められている[5]。

　EUでは，1970年代初頭より，環境問題に組織的に取り組み，交通部門においても道路輸送に偏重しない輸送システムの構築を模索する動きのなかから，1975年に理事会指令130号が採択された。この指令は環境保護の視点から道路貨物輸送を抑制し，道路の安全性を向上させるねらいをもって国際複合道路／鉄道輸送を推進するためのフレームワークを規定したものである。以後，この指令は5回にわたって修正が加えられ，最終的に理事会指令106号としてまとめられることになった[6]。

(1)　複合輸送の定義

　130号指令によると，複合道路／鉄道輸送はトラクターユニット，トラック，トレーラー，セミトレーラーあるいはそれらのスワップボディが荷積地点の最寄りの適当な鉄道荷積駅と荷降地点に最も近い適当な鉄道荷降駅との間で鉄道輸送される加盟国間の道路貨物輸送と定義される。複合道路／鉄道輸送の定義

については，1978年の理事会指令5号において，複合道路／鉄道輸送の鉄道輸送の対象としてトラクターユニット，トラック，トレーラー，セミ・トレーラーのほかに，20フィート以上のコンテナが追加された。1982年の理事会指令603号では，道路／内陸水路による複合輸送が新たに追加された。それによると，内陸水路による複合輸送は加盟国間の内陸水路による20フィート以上のコンテナの輸送であり，その際，荷積あるいは荷降の内陸水路港から直線で半径50キロの範囲内で道路がフィーダーあるいは末端輸送を行う。内陸水路による複合輸送の定義はさらに，1986年の理事会指令544号において，20フィート以上のコンテナに加えて，トラック，トレーラー，セミ・トレーラー，スワップボディの輸送をその対象にすることが規定された。また，1991年の理事会指令224号では，複合道路／内陸水路輸送において，道路輸送区間の距離が半径50キロから150キロに拡大された。このように，従来の複合輸送は鉄道あるいは内陸水路と道路との組合せによるものであったが，106号指令では，さらに道路輸送と海上輸送との組合せによる複合輸送が規定され，複合輸送の最初と最後の道路輸送区間の輸送距離は150キロと規定されている[7]。

(2) 複合輸送を促進するための税インセンティブ

1975年の130号指令ではとくに明示されていなかったが，1982年の603号指令において，複合輸送の利用を促進するねらいから税制面からの支援措置が規定された[8]。すなわち，道路輸送が複合輸送の一部として利用される際，トラック，トラクター，トレーラー，セミ・トレーラーなどの道路車両に適用される税が標準的な額あるいは鉄道が代替する輸送距離に比例して控除あるいは償還される。なお，税の控除あるいは償還ついては，車両が登録されている加盟国で行われる鉄道の輸送距離に基づいて，問題の加盟国が行うことになっている。また，加盟国は車両が登録されている加盟国以外で行われる鉄道輸送に基づいて税の控除あるいは償還を行うことができる。その際，複合輸送のなかでもっぱらフィーダー輸送あるいは最終輸送に用いられる車両が対象となる。

(3) 自家用複合輸送事業の基準の緩和

　1975年の130号指令によれば，有償複合輸送の場合，1960年の理事会規則11号第6条で規定される条件を少なくとも満たす輸送文書は鉄道の荷積駅と荷降駅を明記し，輸送が行われる前にその詳細が記録される[9]。そして鉄道輸送が完了する際，当該駅の鉄道局が刻印し，輸送文書を確認することになっている[10]。ところで，1982年の603号指令によれば，有償輸送を行う企業のトラクターが自家用複合輸送を行う企業に帰属するトレーラー，セミ・トレーラーをターミナル配送の際に牽引する場合，有償輸送を行う企業は輸送文書の提出を免除される。ただし，複合輸送区間において鉄道輸送が行われたことを証明する別の文書の提出が求められる。さらに，1991年の224号指令はこの内容をさらに詳細に規定している。すなわち，貨物の発送企業が最初の道路輸送区間について自家用輸送を行う場合，貨物の受取企業が輸送を行う最終の道路輸送区間について，トレーラー，セミ・トレーラーが貨物の発送企業に帰属するものであっても貨物の受取企業が調達したトラクターで輸送を行う場合は自家用輸送とみなされる。また，トレーラー，セミ・トレーラーが貨物の受取企業に帰属するものであっても，貨物の発送企業が自社で調達したトラクターで輸送を行う最初の道路輸送区間は最終の輸送区間が自家用輸送で行われるならば，それは自家用輸送とみなされ，輸送文書の提出が免除される。

　これらの規定のほかに，1975年の130号指令は複合道路／鉄道輸送をすべての割り当てシステムおよび認可システムから解放することを規定している。また，1991年の224号指令第1条第3項によれば，末端の最初と最後の道路輸送区間は強制料金を免除される。

　このように，複合輸送の対象と複合輸送を促進するためのフレームワークは幾度かの条項の修正と追加を経て形成された。なお，1992年の106号指令は1995年7月1日までに，複合輸送のフレームワークを規定した共同体法の各加盟国での適用の状況，複合輸送の展開の状況そして複合輸送を一層促進するための措置の実施状況などをまとめた報告書の作成と公表を2年に1回行うこと

を義務づけている。この規定にしたがって，委員会は各加盟国に質問書を送付し，1995年5月23日から1996年1月11日までの期間に回収された調査結果に基づいて，1997年に報告書を公表している。

106号指令によれば，各加盟国は1993年7月1日までに指令の規定を実施するのに必要な国内法の整備を行い，これを実施しなければならない。なかでも，第6条の税規定をめぐる各加盟国の対応が異なっていることが明らかになった。たとえば，ドイツでは，1979年以来，ターミナル間の輸送に用いられる道路輸送を対象にして，道路輸送に代替する鉄道輸送の回数に基づいて道路車両にかかわる税を控除し，その控除額は年間1,250万ECUになっている。フランスは1979年以来，複合道路／鉄道輸送を利用する道路輸送業者に対して車軸税を控除し，その額は問題の輸送ゾーンに関して規定される税の75％になる。イタリアは鉄道を利用する車両に対して，道路税および地域付加価値税を償還している。オーストリアでは，もっぱらターミナル間輸送にかかわる車両が道路車両税の免除を受け，それに加えて道路車両が鉄道輸送を利用するたびに月当りの税の15％が割り戻しされ，その額は年間約500万ECUになっている。他方，税措置がまったく効果をもたない加盟国がある。英国では，複合輸送に用いられるローリングロードと呼ばれるタイプの車両に対して税の割り戻しが行われる制度があるが，積荷ゲージ規制によって鉄道によるローリングロード輸送が現実には実施されえないために，税控除は実際には実施されていない。ベルギーおよびオランダでは，複合輸送の対象となる距離が短距離であるため，税控除が複合輸送に与える影響がほとんどないため，実施されていない。スウェーデンでは，60日以上鉄道を利用する車両だけが税の割り戻しを受ける資格があるが，実際には税控除の申し出がなかった。そのほかに，デンマーク，ギリシャ，スペイン，アイルランド，ルクセンブルクは税の償還を行っていない[11]。

第2節　複合輸送のシステム設計の問題

複合輸送のシステム設計の目的は輸送事業者間の競争を維持しながら，継ぎ

目のない，顧客志向のドア・ツ・ドアサービスによって効率的かつコスト効果的な輸送システムの利用を可能にするための異なる輸送モードの最適な統合フレームワークを展開することにある。この目的を実現するためには，地域レベルから国内レベル，さらに欧州レベルで交通政策を調整し，それに基づいて輸送ネットワークを構築しなければならない。

　単一欧州市場では，グローバルな競争が展開されるなかで，市場では製品のライフサイクルが短くなり，生産過程において生産のリードタイムを短縮し，生産コストを削減する圧力が高まっている。これに対応して，輸送面においては輸送コストの低廉化という経済的要請と同時に，貨物を正確な時間に，所定の場所に輸送するために輸送の柔軟性，迅速性，信頼性という質的要請に応えていかねばならない。ロジスティクスは一般に原材料の調達から完成品の消費，さらには廃棄からリサイクルに至るプロセスのなかのフローとストックの効率的な管理システムであるが，そのプロセスにおいて発生するロジスティクスコストは最終市場価格の約33％を占めるといわれている。そのうち輸送関連コストは約25％といわれている[12]。今日，われわれは市場が求める低コストであり，かつ質の高い輸送システムと社会が求める環境保全に配慮した輸送システムの実現という2つの命題に応えるべく輸送システムの構築を検討しなければならない。この命題に応えるべく1つの解がインターモーダル輸送システムである[13]。

　ところで，共同体における財の約90％の平均輸送距離は200キロ以下であり，積替コストなどを考慮するならば，複合輸送は道路輸送に代替しえない[14]。インターモーダルシステムが克服しなければならない最も大きな課題はノードでの輸送モードの変更に伴って発生する摩擦コストを小さくすることである。ノードで輸送モードを変更するときに貨物の積替が行われるが，その際，貨物の損傷のリスクが高くなると同時に，輸送文書の処理に伴って時間を浪費し，時間に対する信頼性が低下し，輸送サービス全体の質の低下を招くことになる。この原因は輸送モード間の相互接続（interconnection）と相互運用（interoperability）の欠如によるものである。われわれは1997年にEUが公表した白書を

手掛りにして、これらの問題を3つのレベルで検討し、EUの対応を示しておこう。以下では、統合されたインフラと輸送モード、インフラの運用と利用、輸送モードから独立したサービスという3つのレベルに分けて議論を進めよう。

(1) 統合されたインフラと輸送モード

(i) 欧州レベルでの一貫したインフラネットワーク

地方および地域のインフラプログラムを欧州レベルの議論の対象とし、欧州レベルのフレームワークのなかに統合し、ミッシングリンクの解消をはかる。これを受けて、委員会は欧州横断交通ネットワークのガイドラインを規定する1996年の理事会決定1692号をインターモーダルシステムの設計を強化する視点から見直すためにワーキンググループを設置した。ワーキンググループの主な研究対象はすべての輸送モードについてのインターモーダルの概観図を示し、相互接続とターミナルの立地基準を示すことにある。

(ii) ノードの設計と機能[15]

インターモーダルネットワークのノードを単なる貨物の積替地点としての機能にとどめるのではなく、ノードにインターモーダルシステムにおけるハブ機能をもたせ、生産・配送施設の集積、地方の供給チェーンのネットワークおよび輸配送システムの核となるべく機能整備を行う研究に対して資金援助が行われる。また、ノードの機能を損なう規制的な開業時間あるいは煩雑な行政手続きといったボトルネックを解消するために適当な提案が行われる。

(iii) 積荷単位の標準化

輸送モード間でコンテナやスワップボディの積荷単位を標準化することはノードでの積替時間および労働力を節約し、インターモーダル輸送を促進するための重要な条件となる。

(2) インフラの運用と利用

(i) インターモーダル貨物事業者

インターモーダル輸送のためのインフラが整備されるにつれて，インターモーダルシステムを利用して，エンドユーザーの多様なニーズに合わせてドア・ツ・ドアの効率的なインターモーダルサービスを供給する，いわゆるサードパーティ事業者が出現している。委員会はこの種のさまざまなタイプの事業者を分析し，そのなかからサードパーティ事業者がロジスティクスの要件を満たす際に直面する種々の問題を確認し，その問題を解決するための可能性を探る。また，このような市場志向的な斬新なプロジェクトに対して，EU は PACT (Pilot Action for Combined Transport) プログラムの下で，資金支援を行っている。

(ii) インフラのオープンアクセス

グローバルなインターモーダル輸送を促進するためには，とりわけ，鉄道輸送においてインフラ管理と輸送サービスの分離，いわゆる鉄道の上下分離は不可欠になる。この概念をさらに推し進めて，委員会は欧州横断鉄道貨物フリーウェイ構想を提示し，すでにそのパイロットプロジェクトが始まっている[16]。

(iii) 共通料金原則の設定

税あるいは料金が輸送モードごとに異なる基準に基づいて設定されているために，輸送モードの選択が歪められ，非効率なインターモーダル輸送チェーンが形成されている。委員会は各輸送モードの特性を考慮しつつ，各輸送モードに共通する料金原則の法制化を検討している。

(iv) 国家助成および競争規則のインターモーダル輸送への適用

インターモーダル輸送チェーンは純粋な各輸送モードの機能の比較優位に基づく効率的な輸送サービスの提供を目的とする。それゆえ，ある特定の輸送

モードが国家助成を受けることになればインターモーダルの目的を歪めることになる。また，インターモーダル事業者間の競争を考える場合，あるインターモーダル事業者が支配的地位を濫用するならば，エンドユーザーに対して効率的な輸送サービスは保証されない。それゆえ，委員会は各輸送モードに対する国家助成を決定した1970年の理事会規則1107号の見直しに着手しなければならない。この際，複合輸送の競争力を高めることを考慮して，1107号規則の対象となっていないインターモーダル輸送事業者に対する国家助成についてのガイドラインを規定する可能性を検討する。また，異なる輸送モードの事業者間の制限的な協定が排他的なものであれば，市場を歪めることになるので，監視および規制を強化する必要がある。委員会は多くの事例研究に基づいて，競争規則の適用を明確にするために，インターモーダルの協力協定を対象とするガイドラインの必要性を強く感じている。

(v) インターモーダルの時刻表の調整

国際インターモーダル輸送において，とりわけ高密度で，輸送フローの速い輸送回廊では，時刻表の調整は効率的なインターモーダル輸送を実現するのに重要である。委員会はこれに対応するためにインターモーダル輸送に携わる輸送事業者が時刻表の調整を行う場として電子会議を設置するために情報ネットワークの利用を促進する。実際の時刻表の調整はサードパーティ事業者がこれにあたることになる。

(3) 輸送モードから独立したサービス

(i) 情報管理システムの統一

情報・通信技術の進歩により，商品の発注，輸送管理，輸送文書の処理，代金の決済というプロセスのインターフェイスが自動化されるようになった。さらに，今日の情報管理システムはサービス供給者にとって利用しやすいものになり，またエンドユーザーにとってはインターモーダル輸送の可能性についてのさまざまな情報をリアルタイムで入手でき，貨物の位置情報なども同時に手

に入れることができるようになっている。このように情報管理システムの普及により，輸送サービスの供給者にとって事前のきめ細かい配車・配送計画が可能になり，輸送をサプライチェーン・マネージメントに統合することが可能になった。この情報管理システムに基づくEコマースをEU全域に普及させるためには，通信技術のハードおよびソフトの仕様の標準化が不可欠となる。委員会はインターモーダルのリアルタイムの電子情報システムの共通仕様を作成し，そのようなシステムを構築する際の問題を確認するために専門家によるワーキンググループを設置している。さらに，貨物の位置情報を伝える貨物追跡システムについて，現段階では，個別輸送モードに限定されているので，このシステムをインターモーダルに対応するものにする研究に対して支援を行っている。

(ii) インターモーダル輸送の責任

インターモーダル輸送では，しばしば貨物の損傷あるいは紛失に対して，だれが責任を負うのかということが問題になる。インターモーダル輸送では，輸送過程の貨物のリスクだけが問題になるのではなく，ノードで行われる保管あるいは流通加工といった付加価値ロジスティクス活動から生じるリスクも対象となる。委員会は賠償責任規則を確立するために専門家によるワーキンググループを設置するとともに，1980年に国際貿易開発会議（UNCTAD）のなかで採択されたマルチモーダル輸送に関する国際協定（International Convention on Multimodal Transport）の議論の再開を検討している。

第3節　複合輸送に対する財政支援

1970年の理事会規則1107号第3条(c)によれば，共同体にとってより経済的である輸送システムおよび輸送技術の進歩を促進するために加盟国は助成を行うことができる。しかし，1107号規則の規定は問題の助成を研究開発段階に限定している。しかし，複合輸送の展開に関しては，複合輸送が輸送市場のなかでよりよい条件の下で事業展開できるようになるにはかなり長い初期の事業期間

を考慮しなければならない。したがって，1982年の理事会規則1658号は1107号規則第3条に新たな項目を設けて，次のように規定している。すなわち，複合輸送を促進するねらいをもって，助成はインフラと積替に必要な固定および可動施設に対して暫定的措置として行われる。さらに，1989年の理事会規則1100号では，共同体全体として複合輸送技術の実用化の段階に未だ至っていないこと，また新規加盟国のなかで複合輸送インフラが発展途上にある加盟国がより先進の地域に追いつくのに十分な時間を要することを考慮して，引き続き助成制度が継続されるべきであることを示している。そこで，1100号規則は助成交付の期間を1992年12月31日まで延長し，さらに従来のインフラあるいは積替に必要な固定および可動施設への投資に加え，第3国のルートを通過する域内通過輸送に関して複合輸送の運行費用をも助成の対象にすることを規定している。

ところで，モビリティ需要の高まりは環境に対する圧力を一層強めることになり，環境にやさしい輸送モードに対する支援が求められている。このようなモビリティ需要はなお輸送モード間において健全な競争条件が形成されていないことから道路に偏重し，これが環境を圧迫し，鉄道の財政の改善を進捗させない原因となっている。道路偏重を排し，環境保全の視点から効率的な輸送チェーンの構築は今日の焦眉の課題となっているが，求められる複合輸送技術の展開は共同体全域に未だ浸透していない。このような状況を考慮して，1107号規則の最新の改定規則である1997年の理事会規則543号は現行の助成制度を1997年12月31日まで継続することが適当であることを示した。このように，複合輸送を展開するために加盟国レベルで助成を行うことを認める一方，共同体レベルで複合輸送を財政的に支援するフレームワークも形成されている。

1990年に理事会は環境保護の視点から共同体の交通資源を最適に管理することが必要であるという認識の下で，欧州複合輸送ネットワークの確立を決議した。これを受けて，複合輸送ネットワークを確立するためのさまざまな措置が検討されたが，問題の措置の実効可能性についての情報を収集するためにパイロットプロジェクトが立ち上げられた。その際，このパイロットプロジェクトを財政面から支援するフレームワークが必要となった。1992年に輸送サービス

の改善をねらいとする措置の実行可能性についての研究あるいはサービスの質を改善する斬新なスキームに対して財政支援を行うフレームワークを規定する理事会決定45号，いわゆる PACT プログラムが採択された。45号決定は PACT プログラムの趣旨に基づき，物理的インフラあるいは技術開発研究を財政支援の対象から除外している。この際，その内容を若干紹介しておこう。45号決定の財政支援の対象となるパイロット複合輸送スキームはつぎの3つである。

① 複合輸送サービスの組織と運営を改善するための措置を試行するスキーム。

② すべての輸送事業者を完全にロジスティクスチェーンに統合する措置の試行スキーム。

③ 上記2つの措置が最終的に有効な複合輸送サービスの実現を可能にするかどうかを評価するスキーム。

なお，パイロットプロジェクトの対象となる複合輸送のなかで，海上横断が共同体への唯一の可能なアクセス手段である場合，海上ルートもパイロットスキームの対象となる。財政支援の対象となる研究はつぎのように要約される。

① すべてのプロジェクトに共通の予備的研究。

② ある特定のパイロットルートに関しての実効可能性研究。

③ サービスの質の改善をねらいとする斬新な研究。

これら3つの研究に対して，それぞれつぎのような財政支援が行われた。すなわち，①の研究に対しては，100％，②の研究には50％，③の研究には30％の財政支援が行われた。なお，これらの財政支援の期間は1992年から96年までの5年間に限定されている。ところで，パイロットスキームは加盟国，民間企業，公企業によって個別に提案されたり，加盟国と企業が合同で提案を行うことになるが，これらの提案に対してつぎのような基準に基づいて財政支援スキームの選定が行われた。まず，パイロットスキームについては，パイロットスキームの対象となる複合輸送ルートが敷設されている加盟国の認可を得て，そのうえで委員会は6つの基準に基づいて提案されたパイロットスキームを検

討し，助成の交付を決定した。問題の基準はつぎの6つである。
① 欧州レベルでのルートの重要性。
② 複合輸送が貨物輸送に与える影響と道路輸送が複合輸送に転換される可能性。
③ 提案される措置のコスト。
④ パイロットスキームを提案する組織間の協力のレベルとタイプ。
⑤ パイロットスキームを他の複合輸送サービスに拡大する可能性とその当否。
⑥ 競争と助成に関する規則の遵守。

PACTの下で充当された財政支援の総額は，1,835万8,000ECUであった[17]。1992年から95年の間にPACTの財政支援の対象となったのは22ルート，65プロジェクトであった[18]。1995年には，委員会は総額2,000万ECUにのぼる資金を必要とする57件のプロジェクトの申請を受けたが，PACT予算の下で410万ECUを交付したにすぎなかった。PACTは1992年から96年までの5年間を対象とする財政支援プログラムであったが，予算規模が小さく，実験的なものであったといえる。PACTプログラムの期限をむかえ，インターモーダル施設および研究の実用化に対して一層公的な財政支援が必要であるということが明らかになった。これを受けて，1997年から2001年を対象とする第2次PACTが適用されることになった。第2次PACTの下で，①価格およびサービスの質において複合輸送の競争力の向上をはかること，②複合輸送における先進技術の利用の促進，③企業の複合輸送へのアクセスの改善という具体的な目標が掲げられ，3,500万ECUの予算が充当されることになった[19]。なお，第2次PACTでは，旧PACTの対象であったすべてのプロジェクトに共通の予備的研究に対する財政支援はEU第7総局（運輸）の予算のなかで処理されることになった。第2次PACTの財政支援の対象は1996年の理事会決定1692号で規定された国際複合輸送回廊であり，財政支援の具体的な対象は主につぎの5項目である[20]。

① インターモーダル施設における投資[21]。

② すべてのモードにかかわる積替施設における投資。
③ 鉄道,内陸水路インフラへのアクセスコストにおける投資[22]。
④ 欧州研究プロジェクトの下で以前吟味され,認可を受けた技術あるいは施設の商業的運用における投資。
⑤ ロジスティクス,人材教育および財政支援の対象となるプログラムの公報における投資。

このほかに,実行可能性研究に対しても投資が行われた。これらの項目に対して,予算がそれぞれ25％,20％,15％,15％,15％充当され,さらに実行可能性研究には9％割り当てられた[23]。

むすびにかえて——若干の評価と課題——

EUでは,1970年代初頭から環境保全の視点から道路貨物輸送に代替する輸送形態として複合輸送に注目し,その研究が本格化することになった。制度面から複合輸送を規定し,とりわけ道路貨物輸送事業者が複合輸送に参加するインセンティブを与える措置が規定された。さらに,今日ロジスティクスあるいはサプライチェーンと称される質の高い物流サービスが求められるなかで,複合輸送を単なる貨物輸送の一手段として捉えるのではなく,輸送過程のなかで付加価値をつけ,複合輸送を経済的効率性の視点から捉え直し,インターモーダルシステムを構築することが今日の喫緊の課題として指摘されている。これを受けて,EUでは,インターモーダルシステムの適用が有望であるルートをパイロットルートとして選定し,その実行可能性と斬新な研究を推進するために財政支援を行っているところである。

1996年に,パイロットルートに対して行われた財政支援プログラムについての若干の評価が公表された。PACT実施期間中に財政支援を受けた77のプロジェクトのうち22のプロジェクトを対象にして検討が行われた。これによると,つぎのような成果が指摘されている[24]。

① 輸送チェーンを組織する措置の実行可能性および特定の複合輸送事業の

構造を改善する措置を提案する際に有用となる情報が収集できた。
② プロモーション活動あるいはプロジェクトに関連する公報によって輸送モードの選択の際，複合輸送を選択する意識を高めた。
③ 複合輸送を促進する活動および研究を一層活性化させた。

しかし，第1次PACTプログラムの評価にあたって，問題のプログラムが小規模かつ実験的なものであり，特定の目的が明確にされていなかったことから，PACTプログラムが複合輸送の進捗に与える効果を測ることができるデータが得られなかった。それゆえ，PACTプログラムの効果を明確に示すことは難しいが，一応の成果があったと考えられよう。今日適用されている第2次PACTプログラムでは，第1次PACTプログラムの反省をふまえアクションプログラムは特定の目的を明示しているゆえに，それに対して明確な評価が行われることが期待できよう。その際，評価分析に必要なデータを入手するためにPACTの実施状況を監視するシステムを強化する必要があろう。さらに，PACTプログラムに基づくプロジェクトは実行可能性研究に基づくものであるか，あるいは斬新なスキームに基づくものであるかということでその性格を異にするゆえに，異なる選択基準と評価基準を適用しなければならない。

ところで，EUの財政支援プログラムに基づく複合輸送プロジェクトの推進と進捗状況の評価の問題のほかに，道路貨物輸送業者を複合輸送に積極的に参加させる環境をいかにつくるかという根本的問題がある。この問題に対して2つの重要な提案が行われている。その1つが税インセンティブ規定の拡充であり，もう1つが道路輸送規制の緩和と強化である。

道路輸送が外部コストを完全に内部化していない現状から生じる道路輸送のコスト競争力によって引き起こされる市場の歪みを緩和するために，道路輸送以外の輸送モードに対して助成が行われると同時に，道路輸送業者に対しては複合輸送への参加を促す措置が適用された。その1つが複合輸送のなかで道路以外の輸送モードの輸送距離に応じて道路関連の税が控除あるいは償還されるという税インセンティブ規定の適用である。しかし，ほとんどの加盟国で適用されていないのが実態である。その原因の1つとして，税の控除あるいは償還

の対象となる道路車両がローリング・ロード車両に限定されているためであると考えられている。ライン航行中央委員会（Central Commission for the Navigation on the Rhine）は税インセンティブの対象を内陸水路，近距離海運を含むすべての複合輸送に拡大するよう要請を行っている[25]。委員会はこの要請に応え，同じ趣旨の提案を行っている。さらに，インターコンテナ／インターフリゴ（Intercontainer/Interfrigo）は1989年の理事会指令89号で規定される利用者料金をも免除の対象にするよう要請を行っている[26]。もう一方の提案である道路輸送規制の緩和の問題については，インターコンテナ／インターフリゴが1996年の理事会指令53号を改正し，複合輸送の両端の道路輸送区間についてすべての加盟国において44トン車両の導入を認めるよう要請を行うと同時に，週末，夜間，休日の走行禁止の解除を求めている[27]。これを受け，委員会は国際複合輸送を行う車両について走行規制の適用を免除する提案を行っている。同時に，従来44トン車両の利用は複合輸送において40フィートISOコンテナを輸送する2あるいは3車軸セミ・トレーラーを牽引する3車軸車両に限定されていたが，40フィートISOコンテナの輸送に限定することなく複合輸送の両端の道路輸送区間に普遍的に利用できるように提案を行っている[28]。このほかに，道路輸送に対する社会的規則の適用を強化して，複合輸送の相対的競争力を高めようとする措置が検討され，実施に移されつつある。その1つとして，デジタルタコグラフの導入があげられる。また，過積載に伴う社会的規則違反の責任が荷主にも及ぶことを明確にした。これらにより，荷主が道路輸送業者に求める過積載の圧力が弱くなり，複合輸送の相対的競争力が若干なりとも改善することが期待されよう。

　複合輸送を支援する措置が提案され，実行されつつある。そのなかで複合輸送の実態を確認しておこう。複合輸送は1990年から94年までの4年間で約56％増加している。しかし，他の輸送モードとの比較において見るならば，1994年の数値では，複合輸送は道路輸送の4.9％，鉄道輸送の23.6％にすぎない[29]。複合輸送は持続可能な貨物輸送モビリティを実現するための重要な手段と考えられているが，複合輸送の普及にはいましばらく時間が必要であるようだ。

第10章　EUの複合輸送をめぐる議論　203

注
1)　Eurostat (1998), p. 39.
2)　*Ibid.*, p. 75.
3)　*Ibid.*, p. 76.
4)　*Ibid.*, p. 77.
5)　高速道路，都市地域，国道および鉄道での貨物輸送において発生する1,000トンキロ当りの外部コストの下限値と上限値については，CEC (1992d), p. 8.
6)　106号指令修正案では，加盟国内の複合輸送および共同体と第3国をめぐる複合輸送も規定の対象となることが示されている。CEC (1998d), p. 16.
7)　106号指令修正案では，複合輸送の両端の道路輸送区間の輸送距離を複合輸送を構成する道路以外の輸送モードが行う輸送距離の20％とする。*Ibid.*, p. 15.
8)　控除あるいは償還の対象となる税は，OJ (1992e) の第6条第3項に規定されている。
9)　輸送文書に記載される内容は，①発送人の住所と氏名，②貨物の内容と重量，③輸送貨物の受領場所と受領日，④輸送貨物の配送のために予定されている場所，⑤適用する通常の輸送料金と異なる料金が正当化される場合，輸送行程と輸送距離，⑥国境通加点である。JO (1960) 第6条第1項。
10)　1975年以後の規定改正により，内陸水路あるいは海上輸送が複合輸送の対象となり，それぞれの港で同様の輸送文書の確認が行われることになった。
11)　CEC (1997d), pp. 5-6.
12)　CEC (1997b), p. 3.
13)　複合輸送は両端末の道路輸送区間ができるかぎり短距離である複数の輸送モードを利用した輸送であり，インターモーダル輸送は複数の輸送モードを利用した一元化された輸送システムと定義される。CEC (1997e), p. 4. の脚注。
14)　CEC (1992d), p. 11.
15)　欧州横断交通ネットワークの結節を強化するねらいから，港湾，内陸水路港，インターモーダルターミナルを欧州横断交通ネットワークのなかで明確に規定し，300の港湾，210のインターモーダルターミナル，35の内陸水路港を確認した。CEC (1997e), p. 4.
16)　本書第6章第4節および青木 (1999), pp. 44-45.
17)　内訳は，1992年は196万3,000ECU，93年は290万ECU，94年は439万5,000ECU，95年は410万ECU，96年は500万ECUであった。CEC (1996d), p. 3.
18)　22プロジェクトのうち，11件は道路／鉄道にかかわるもの，5件は内陸水路区間そして6件は海上横断にかかわるものである。また，22プロジェクトのうち，17件は共同体域内のものであり，5件は共同体と第3国をめぐるプロジェクトで

ある。*Ibid.,* p. 24.
19) *Ibid.,* p. 3. なお，申請されたプロジェクトが財政支援の対象になるかどうかの評価，財政支援の優先順位を決定する指標そして問題のプロジェクトが共同体の交通政策を満たすかどうかを判断する指標については，*Ibid.,* p. 20.
20) *Ibid.,* p. 19.
21) 投資を受ける受益者は問題のルートにおいて最低5年間設備を維持する必要がある。*Ibid.,* p. 19.
22) 1997年6月27日より第2次PACTの下で財政支援を受けるには，鉄道は1995年の18号指令第2条で規定される免許を保有していなければならない。*Ibid.,* p.18.
23) *Ibid.,* p. 34.
24) *Ibid.,* p. 29.
25) CEC (1997d), p. 14.
26) ターミナルでの積替コストが一般に18〜40ECUと推定されていることから車両税の控除あるいは償還額を単位当り少なくとも18ECUとする。CEC (1998d), p. 10およびp. 17.
27) CEC (1997d), p. 14. 週末，夜間および休日の走行規制の解除の要請に対して，委員会は理事会指令案のなかで走行規則の適用除外項目として，複合輸送に利用される車両をあげている。CEC (1998b), p. 27.
28) 5ないし6車軸のトラック列車の場合に，3車軸トレーラーを牽引する3車軸車両については，その際，走行車軸はツインタイヤとエアサスペンションを装着しているか，あるいは走行車軸がツインタイヤを装着し，各最大軸重が9.5トンをこえないことが条件になっている。また，5ないし6車軸の連結車両の場合には，2ないし3車軸のセミトレーラーを牽引する3車軸車両はコンテナあるいはスワップ・ボディの2トンの追加重量を考慮して，42トンを認められる。その際，走行車軸についての条件は3車軸トレーラーを牽引する3車軸車両の場合と同様である。CEC (1998d), p. 11およびpp. 21-22.
29) 数値の詳細は，CEC (1997d), p. 7.

第11章 欧州横断交通ネットワークと将来の展開

はじめに

　EU委員会は1993年の「成長・競争・雇用」と題する白書のなかで欧州の企業の競争力を向上させるための条件として，域内市場の円滑な機能を保証すべき法規則の整備，大企業の競争力を支える中小企業そして欧州インフラネットワークの形成であると指摘している[1]。すなわち，マーストリヒト条約の発効を受けて機能する域内市場では，企業の競争力，ビジネスコストあるいはモビリティコストの最小化，既存容量の最適利用を実現するために物理的なインフラの欧州レベルでの整備は喫緊の課題となっている。

　マーストリヒト条約第129条(b)および(c)は開放的，競争的な市場システムのフレームワークのなかで，共同体の役割をネットワークアクセスだけでなくネットワークの相互接続と相互運用を促進することを規定し，具体的にはネットワーク形成の目的，共同体利益に基づく計画の優先項目およびネットワーク計画のマスタープランに関するガイドラインを確立し，加盟国が行う財政努力を支援し，加盟国が遂行しようとする政策を調整し，さらに第3国との協力をはかることであると明示している[2]。

　域内市場が円滑に機能する条件を人体の生命機能にたとえて，神経システムは情報インフラ，筋肉システムはエネルギーインフラ，頭脳システムは職業訓練インフラとするならば，血液循環システムは交通インフラであると指摘される[3]。このように，域内市場の機能を保証し，市場統合の目的を達成するには共同体レベルでの交通インフラの整備が不可欠であることは自明である。1989

年12月9日の欧州理事会議長の結論を受けて，委員会は1990年1月22日の理事会決議のなかで，1990年末までに事業計画と実施措置に関しての案を作成するように要請を受けた[4]。このような要請を受けた委員会は1990年7月に欧州横断ネットワークに関する進捗レポートを示し，さらに1990年12月に欧州横断ネットワークの形成に向けてのアクションプログラムを理事会に提示した。1992年4月に欧州議会は決議でもってそれを支援した。その成果は1993年11月1日に発効したマーストリヒト条約の規定にもりこまれることになった。

このような法的な裏づけに基づいて，欧州共通交通政策は欧州横断交通ネットワークの形成というより大きな枠組みのなかで展開されることになった。かかる問題に対して，マーストリヒト条約が規定する内容に照らして，共同体が提示するガイドラインを明らかにしたのち，欧州域内の円滑な人，物の流れを阻害するミッシングの問題およびミッシングを改善する際の財政の問題に焦点を絞り議論を進めよう。

第1節　共同体が提示するガイドライン

1993年11月1日に発効したマーストリヒト条約は第129条において欧州横断ネットワークの形成を規定し，そのなかでネットワークアクセス，ネットワークの相互接続と相互運用の促進を強調している。そのためには，ネットワーク形成の計画のマスタープランのガイドラインを確立しなければならない。ガイドラインを設定する目的はつぎのように要約されよう[5]。
① 最善可能な環境および社会的条件の下で，効率的かつ安全な輸送サービスを促進する適当なインフラを形成するための方法を確認することによって単一の欧州横断交通市場を完成すること。
② 欧州を横断する人，物の持続可能なモビリティを可能にすること。
③ アクセシビリティを改善し，経済および社会的結合を強化すること。
そして，ガイドラインはつぎの3項目から構成される[6]。
① 各輸送モードのネットワークが2010年までにいかに展開すべきかを示す

ネットワーク計画。
② 向こう10年のニーズに応えることができる交通ネットワークの展開過程を形成する措置。
③ 検討されている措置を実施するために共通の利益の確認のための基準と手続き。

この際,これらの内容をより詳細に検討しておこう。

マーストリヒト条約第129条(b)は交通,情報通信,エネルギーインフラ分野における欧州横断ネットワークの確立と展開を定め,その目的を達成するために各分野における目的,計画の優先順位,採用すべき措置を対象とする一連のガイドラインの確立を求めている。これは共同体の共通の利益に資するものに限定される[7]。ガイドラインは将来のネットワークの概念を展開することを可能ならしめる指針を規定し,その中心となる考え方は環境問題に配慮した各輸送モードの比較優位を効率的に活かしたマルチモーダルシステムの構築にある[8]。

最善可能な環境および社会条件の下で,効率的かつ安全な輸送サービスの供給を可能にする欧州横断交通インフラの形成のために共同体と加盟国の役割分担を明確にする必要がある。マーストリヒト条約は共同体の役割を欧州横断ネットワークの分野で検討されている目的,計画の優先順位,採用されるべき措置を対象とする一連のガイドラインの確立,技術の標準化の分野においてネットワークの相互運用を保証するのに必要とされる措置の実行,共通の利益の計画に対して各加盟国が行う財政努力を支援することを明示している。他方,各加盟国は国内レベルで追求される政策を委員会と協力して相互に調整しつつ,共同体レベルで設定されたガイドラインにしたがって,自国の行動計画,財政計画のなかでインフラの整備を行う。このように,補完性原理(Principle of Subsidiarity)に基づいて欧州横断インフラの整備が行われる[9]。

ネットワーク計画としてハードウェア面では,鉄道については共同体の主要経済活動地域間を時速200kmで結ぶ7万kmの鉄道ネットワークが考えられている。そのうち2万3,000kmは高速鉄道ネットワークとされている。道路につい

ては，5万8,000kmの道路ネットワークが想定され，そのうち1万5,000kmについてはEUの結合基金の適用を受けて高規格化される道路である。また，内陸水路では，1万2,000kmのネットワークが検討されている[10]。さらに，ネットワークを構成するソフトウェアの面においては，質の高い標準無線航行システムおよび輸送管理制御システムの整備が指摘されている。これらのハードあるいはソフト面での整備を進める際に適用される措置は以下の項目に配慮しなければならない[11]。

① ネットワークの構造計画の準備と最新化。
② 共通の利益の計画の確認。
③ ネットワークの相互運用の促進。
④ 大都市地域近くの転送地点の設置を含む輸送モードの最適な組合せ。
⑤ 財政支援の一貫性と補完性原理の追求。
⑥ 研究開発。
⑦ ネットワークの展開と関連して第3国との永続的な協力と適当な協定の締結。
⑧ 加盟国および国際機関がEUが追求する目的を促進するインセンティブ。
⑨ 関係者の継続的な協力の促進。
⑩ 欧州横断交通ネットワークの形成に必要と考えられるその他の措置。

そして，これらの措置の適用を受けて展開される計画の優先項目はつぎのとおりである[12]。

① 既存のインフラの容量の最適化と効率性。
② 接続の完了，基本的なリンクおよびボトルネックを除去するのに必要とされる相互接続により，ミッシングリンクを解消し，主要ルートを完成すること。
③ 島，周辺地域，陸封された地域を共同体の中央とリンクさせる必要性を考慮したネットワークへのアクセスの展開。
④ 各輸送モードの組合せと最適な統合。
⑤ 域内の経済・社会的結合に関して，問題の計画が環境に与える影響を考

慮した費用便益分析に基づいて評価された共同体利益の計画の完了。
⑥　ネットワークの構成要素の相互運用の実現。
⑦　既存のノードの相互接続と輸送モード間のインターチェンジの建設と改善。
⑧　安全性の改善とネットワークの信頼性。
⑨　ネットワーク輸送の管理，制御システムの開発と実施およびインフラの最適化と利用のための利用者情報。
⑩　欧州横断交通ネットワークの改善された計画と実施に資する研究。

このようなインフラ計画が実施された結果実現するであろう欧州横断交通ネットワークはつぎのような成果を想定している[13]。
①　共同体の環境目的の実現に資する一方，可能な社会的条件の下で，域内国境のない地域間での人，物の持続可能かつ安全なモビリティの保証。
②　経済・社会的結合の促進。
③　容認しうる経済的条件に基づいて，インフラ利用者に質の高いインフラとそれに伴うサービスの供給。
④　各輸送モードの比較優位を考慮したすべての輸送モードの最適な組合せ。
⑤　既存の容量の最適な利用。
⑥　すべての輸送モードの相互運用。
⑦　共同体の大都市圏と地域を相互接続し，共同体全域にわたるアクセスの改善。
⑧　EFTA諸国および中・東欧諸国のネットワークへの拡大とそれらのネットワークの相互運用とアクセスの促進。

これら欧州横断交通インフラを構成する要素はインフラ，サービス，管理システムというハードおよびソフトの両面から構成される。インフラについては，道路，鉄道，内陸水路，港湾，空港，航行支援施設，インターモーダル貨物ターミナル，パイプラインから構成される。そして，これらのインフラの運用に必要なサービスとともに，円滑な輸送を実現するための輸送管理制御システムがインフラネットワークの構成要素の1つとして含まれる。

第2節　欧州横断交通インフラネットワークにおけるミッシングリンク

　1993年11月1日に発効したマーストリヒト条約で規定された欧州横断交通ネットワークの形成はEU加盟国を中心にEFTA諸国および中・東欧諸国をも視野に入れた壮大な計画である。1989年のベルリンの壁の崩壊後，欧州は東西間の政治的，経済的あるいは文化的交流が盛んになり，相互依存関係がますます強くなるであろう。このような相互交流を促進するために交通インフラネットワークの整備は喫緊の課題となっている[14]。

　欧州における従来の交通インフラ政策は需要指向的かつ国内指向的なものであった[15]。すなわち，交通需要の増加に対して物理的インフラの拡張によって対応するが，モビリティの増加に交通インフラ投資が追いつかず，交通インフラは慢性的に飽和状態にあり，周辺の生活環境の悪化を招来することになった。また，インフラの整備は国内産業の競争優位を維持するために各国独自の計画，設計に基づいて行われていた。そのため，先進技術を駆使したインフラについても，欧州レベルでの効率的な規模の経済は期待されず，多額の公共投資が浪費されることになった。

　このような欧州交通インフラの効率性や機能の低下をもたらすものとしてつぎの要因があげられる[16]。

①　交通および情報通信政策における国内アプローチ。
②　単一輸送モード別の解決。
③　ノードにおける容量問題[17]。
④　ネットワークのなかのインフラの面に集中しすぎたこと。

　これらの要因はミッシングネットワークの原因となり，域内における調和のとれた地域の発展を損なうものとなっている。開放的な欧州における経済統合の一層の促進をはかるためには，物理的インフラと財源の問題のみから分析するのではなく，ネットワークの形成をより包括的な視点から検討することが求

められる。この際，ナイカンプ（Nijkamp, P.）を中心とする研究グループが提示するペンタゴンプリズムの内容を考察することから交通インフラネットワークの形成に求められる条件を確認しておこう[18]。

(1) ハードウェア

ハードウェアは交通インフラの物理的な面にかかわるものであり，消費者あるいは企業が生み出す交通サービスあるいは交通フローを物理的に促進するのに有用となる。欧州において見られる交通システムのハードウェアにおける問題はつぎのように要約される。

① 欧州諸国間の標準的な質の国際輸送ネットワークの欠如。
② 南北連絡，海上横断，アルプス横断に見られるような主要欧州ネットワークにおける多くのミッシングリンクの存在。
③ 短・長距離におけるインターモーダルの輸送機会の欠如。
④ 先進のインフラシステムを促進するメカニズムの欠如。

(2) ソフトウェア

洗練されたハードウェア設備を制御するのに用いられるコンピューターのソフトウェアおよびインフラ利用者に提供される道路誘導システムに代表される情報通信サービスにかかわるものである。この分野で見られる問題はつぎのように指摘される。

① 欧州諸国における新しいロジスティクスシステムの導入の早さの違い。
② 交通インフラの事業者とその利用者にとって電子データの相互交換システムのような調整され，かつ標準化された情報システムの欠如。
③ 地理情報システムのような新しい交通計画手段が十分に利用されてないこと。

(3) オルグウェア

交通システムの私的，公的な制度的フレームワークを形成する交通の需給双

方にかかわるすべての規制，行政，管理的，調整的活動に関連するものである。オルグウェアにかかわる問題はつぎのように要約される。

① 政治的意思の欠如と意思決定に参加しないこと。
② すべての輸送モードにおいて地域，国内，国際インフラ計画の間で調整がないこと。
③ 各インフラにおける飽和の傾向に対して，交通インフラの設計，利用，運営，管理に関して制度的なフレームワークがないこと。
④ 市場参入および輸送活動における欧州的視点の欠如。
⑤ 重量および大きさの制限の標準化と調和の規則を含めて，複合輸送を支援するのに適当な国際組織がないこと。
⑥ 提供されるサービスを犠牲にして，先進の交通システムの技術的な特性を強調しすぎること。

(4) フィンウェア

フィンウェアは新規投資の社会経済的な費用便益の面だけでなく，新しいインフラの資金調達および維持の仕方，料金構造，公共交通の赤字に対して国が補償する資金調達についての契約などにかかわるものである。これらに関連する問題はつぎのように指摘されている。

① 主要交通インフラの資金調達の際の民間部門の積極的な行動の欠如。
② 利用者料金に関する統一的な欧州システムの欠如。
③ 市場のコンテスタビリティが提供する潜在性が十分に利用されていないこと。
④ 欧州の視点から見られるインフラ評価に関しての評価フレームワークの欠如。

(5) エコウェア

環境悪化に対する緩和措置だけでなく，交通システムにおける環境および生態学的関心にかかわるものである。また，エコウェアはインフラ所有者とイン

フラ利用者にかかわるものである。エコウェアが提示する問題はつぎのように要約される。
① 交通がもたらす環境悪化に関して欧州的視点および欧州的な計画の欠如。
② 危険物の輸送に関して標準的な規則と規制の欠如。
③ より環境にやさしい交通システムの開発と利用に対しての欧州規模での積極的な行動がないこと。
④ 物理的計画，土地利用計画および環境政策との間の調整の欠如。
⑤ 欧州交通システムにおいて汚染者負担の原則が十分に適用されていないこと。
⑥ 現在の車両技術を改善する市場の動きが十分に利用されていないこと。

さらに，統合された域内市場の成熟に伴う輸送ニーズの増大に対処するために新規インフラの建設のための投資を検討しなければならない。その際，われわれは交通が環境に及ぼすマイナスの影響を社会的コストとして捉え，この問題を持続可能な輸送の展開を保証するなかで考察しなければならないだろう。このように，ナイカンプを中心とする研究グループはミッシングネットワークを解消し，欧州交通システムの効率性を改善し，欧州横断交通ネットワークの形成のための交通計画の評価手段としてペンタゴンプリズムの利用を提唱している。そして，ペンタゴンプリズムを実際の交通計画に適用することによって交通ネットワークの計画をインフラ容量の拡大よりも輸送の質を尊重する供給指向型のインフラ政策への転換を示唆している。

第3節　欧州横断交通インフラ投資

EUはマーストリヒト条約の発効に伴い，従来展開してきた各輸送部門における共通交通政策をすべての輸送部門の交通インフラの相互接続，相互運用を前提とした欧州横断交通ネットワークの形成へと展開させようとしている。域内市場の統合により，モビリティは1970年から1989年の間に旅客および貨物についてそれぞれ年間3.1％，2.3％の増大となっている。そして，これを2000年

までについて単純に予測するならば，1988年から2000年までについては30％の増加，1975年から2000年までについて見るならば，2倍の増加となる。他方，交通インフラ投資のGNPシェアは1975年の1.5％から1990年には1.0％へ低下している[19]。このように，交通量の増大に対して交通インフラ投資の相対的低下は共同体の交通インフラの慢性的な飽和状態を招き，市場統合の目的である人，物，サービスの効率的かつ自由な移動を妨げることになる。かくして，共同体は従来の各加盟国が個別に追求してきた需要指向的なインフラ整備を廃して，欧州レベルで交通ノードを有機的に結合する欧州交通ネットワークの形成をマーストリヒト条約で規定することになった。マーストリヒト条約によれば，欧州横断交通ネットワークを構成する欧州利益のインフラ計画の実行は各加盟国政府あるいは各加盟国の地域あるいは地方に委ねられた。EUは1982年に加盟国のインフラ投資を促進するためにインフラ整備のための財源を予算に組み入れることにした。EUによる財政支援は助成の形態をとり，その対象は，①インフラ計画の実行可能性研究，②融資保証，③利子率保証に限定される[20]。1990年に理事会規則3359号が採択され，複数年計画のフレームワークのなかで財政支援が行われることが確認された[21]。マーストリヒト条約で規定される通貨統合のために設定されている諸条件が制約となって加盟国の投資インセンティブが低下するなかで，EUの金融機関による財政支援は加盟国によるインフラ整備を促すものとなっている。1990年から2010年にわたる交通インフラ整備に必要とされる投資額は1兆ECUから1兆5,000億ECUと推定されている[22]。とりわけ，加盟国は通貨統合に伴う制約から自ずと交通インフラ投資の規模については限界がある。したがって，共同体からの財政支援だけでなく，民間部門からの資金調達が重要な問題となる。

　交通インフラは長期の計画と建設期間を要し，完成したインフラのライフサイクルは長く，比較的運用コストが低いことを特徴としている。したがって，インフラ運用前の長期の計画および建設期間については収益がなく，多額の投資を必要とするために交通インフラ形成の初期段階において高いリスクが発生することになる。インフラ建設の計画段階では，インフラが環境に与える影響

などを詳細に検討したうえで,政治的,法的整備が必要とされる。さらに,欧州横断交通インフラの建設にあたっては,補完性原理を適用するために地方,地域そして国家レベルでの意思決定が必要であるために計画の実施が遅滞するおそれがある。また,インフラの建設段階では,建設期間が長期であるためにインフラ建設の発起人と施工業者との間に対立が生じたり,建設コストが過剰に膨張することがある。インフラの運営段階に至っては,需要のゆっくりとした成長に対して借入金に対する過重な利払いを迫られ,資金を再調達しなければならない。利子率,インフレ率あるいは外貨交換比率の変化も財政リスクを高める要因となっている。しかし,インフラのライフサイクルは長期にわたるため,減価償却後の利益率は高くなる。したがって,インフラの計画,建設および減価償却が終わるまでの期間における財政リスクの管理が厳密に行われるならば,投資利益を期待する民間投資家の投資の対象となりうる。しかし,期待される投資収益が得られるには,長期の時間を要するうえに,インフラの本格的な供用に至るまでの過大な財政リスクを伴うために民間投資家の投資の誘引に成功したとしても,投資収益を追求するあまり,堅固な経済的,社会的構造をもつ地域に投資が集中するおそれがある。このような資金調達の問題を解決する1つの方法として,公的部門と私的部門がインフラの財源および運営にあたり責任とリスクを共有するシステムを考えねばならない。ジェラルダン(Gerardin, B.)は民間部門の資本を交通インフラに誘引する条件をつぎのように示している[23]。

① 保証の形態を通して長期リスクを軽減すること。
② 責任とリスクの分担についての明確なルールと意思決定過程の透明性をもって安定した契約関係を構築すること。
③ 種々の手段を用いて財政コストを低くすること。

加盟国および民間部門のインフラ投資を支援すべきEUの財政支援は主として,EUの金融機関を通して行われる。

(1) 欧州地域開発基金 (European Regional Development Fund)

欧州地域開発基金は共同体の各地域間の経済発展の較差を縮小する目的をもって1975年3月に設立された。1975年から90年にかけて発展途上地域を中心に88億ECUが交通分野に助成金として投資された[24]。EU全域の55％が資金支援の対象となり，投資の対象地域は主として，ギリシャ，ポルトガル，スペイン，イタリア，アイルランドとなっている[25]。

(2) 欧州投資銀行 (European Investment Bank)

欧州投資銀行は1958年のEC条約の下で設置され，異なる国内交通ネットワークを円滑に相互接続する汎欧州交通システムへの転換を支援するために融資を行う。欧州投資銀行の融資対象となる主な計画はつぎのとおりである[26]。

① 問題を抱える地域の発展の促進。
② エネルギー節約あるいは他のエネルギー関連投資の実現。
③ 欧州経済統合あるいは環境の保護といった共同体の目的の実現。
④ 高度な技術を含む高い潜在的イノヴェーションをもつ部門の近代化。

欧州投資銀行は1986年から90年にかけて交通，情報通信インフラおよび設備に対して，約150億ECUの融資を行っている。欧州投資銀行の融資については，資本資産コストの50％，貸付満期20年という制限が設けられている[27]。なお，交通部門の貸付総額は1991年において10億8,000万ECUとなっている。

そのほかに，EU内で生産される鉄および鉄鋼製品の消費を促進する措置の1つとして欧州石炭・鉄鋼共同体から1988年から91年にかけてインフラ計画に対して10億1,000万ECUの融資があった[28]。

さらに，1992年12月11日，12日のエジンバラでの理事会において欧州インフラのミッシングリンクの解消のために欧州結合基金 (European Cohesion Fund) を設立することが決定された。欧州結合基金は1人当りGNPが共同体平均の90％以下である加盟国（ギリシャ，スペイン，アイルランド，ポルトガル）の共通の利益である環境の保護および交通インフラを対象に交付される[29]。

さらに，欧州投資銀行の貸出能力を拡充することを決定した。これを受けて欧州投資銀行は20億 ECU の基金資本のうち40％を出資し，残る60％を EU と公・私的部門がそれぞれ30％ずつ負担することになった[30]。

このような加盟国，EU そして EU の金融機関からの資金調達による交通インフラ投資は GNP の約1％であり，1990年から2010年までに要求される投資は GDP の1.5％と推定されている[31]。交通インフラにおける過少投資と持続可能なモビリティそして環境の保護という難しい問題に対処しなければならない。かかる困難な課題を解決する手段の1つとして，インフラ供給コストと利用者負担との間の透明性を確保しつつ，EU の金融機関からの助成，融資および民間資本のほかにエネルギー消費税の徴収あるいは交通インフラ利用者が負担すべき外部コストの内部化を考慮したプライシングの適用が考えられる。

しかし，いずれにしても従来の共通政策のなかで交通需要の継続的な成長に対して，欧州横断的な視点からの交通投資のあり方の検討が欠如していたことは21世紀を展望して提唱されている欧州横断交通ネットワークの形成という壮大な計画の実現を遅滞させる大きな要因となっている。

第4節　各輸送モードのネットワークのマスタープラン

マーストリヒト条約は21世紀初頭に予定されている中・東欧諸国の EU への加盟を視野に入れて，交通，情報通信，エネルギーの各分野における欧州横断ネットワークの形成と展開の重要性を強調している。この目的を実現するには，各分野の国内ネットワークの相互接続および相互運用が不可欠な条件となる。

欧州横断交通ネットワークについては，1993年に一連の理事会決定が採択され，各陸上輸送モードのネットワーク形成のマスタープランが明らかにされた[32]。この際，1993年に採択された一連の理事会決定にしたがって，その内容を明らかにしておこう[33]。

(1) 道　　路

　1992年2月のワーキンググループの勧告の内容によれば，人，物のモビリティを改善することによって域内市場の効率化を確保し，同時に経済・社会的結合を強化するために域内に高質の道路ネットワークを展開することが必要であることが示された[34]。それは各加盟国の国内の既存の道路の高規格化とミッシング区間における高質の新規道路の建設により，標準化された各加盟国の国内の道路ネットワークを相互接続し，欧州横断道路ネットワークを構築しようとするものである。

　欧州横断道路ネットワークの構築にあたっては，マーストリヒト条約第3条(b)で規定されている補完性原理が適用され，EUの介入はその指針を示すことに限定され，計画の策定，実行についての詳細は各加盟国に委ねられることになった。EUは共同体の利益に資するものとして，つぎの6項目を指摘している[35]。

①　欧州横断軸の形成。
②　ボトルネックの解消。
③　陸閉された周辺地域の統合。
④　第3国との協定による通過輸送を含む国際貿易の促進。
⑤　陸上ルートと海上ルートのリンクの改善。
⑥　主要大都市圏を結ぶ高質のリンク。

　これらの欧州横断道路ネットワークの指針を受けて，各加盟国は具体的に国内計画を実施に移していかねばならない。

　ところで，ワーキング・グループによる勧告に至るまでにすでに委員会は増大する貨物輸送量に対して，道路インフラの整備のたち遅れによる主要ルートでの混雑解消のために欧州レベルでの道路ネットワークの再設計を迫られていた[36]。

　委員会はとくに解決を迫られている問題をつぎのように指摘している[37]

①　主要国際ルートにおけるミッシングリンク。

② ボトルネックの急増。
③ 時間浪費の誘因となり，大気汚染の元凶となっている大都市地域における混雑。
④ 周辺国における基礎インフラの不十分と不適性。
⑤ 道路および高速道路ネットワークの運用にあたり道路設計に向けられる注意の欠如と全体のネットワーク容量の過少利用。

これらの課題に対して求められる解として，相互に補完し，コスト効率を高めるように調整された道路インフラ計画を展開することとしたうえで，つぎの具体的な内容を示している[38]。
① 陸上と海上とのアクセス制約を改善すること。
② 周辺地域を共同体ネットワークに統合すること。
③ アルプスとピレネーの横断。
④ 道路輸送を鉄道および内陸水路と結合すること。
⑤ 輸送管理を改善し，道路の安全性を向上させるために電子データ送信技術の適用。

これらの指摘を受けて，EUのインフラ委員会は2010年までの高速道路ネットワークのあり方についての研究を行い，EUの財政支援の対象となる計画を公表している。すなわち，既存のネットワークの相互接続を軸としたものとして，ピレネー横断の道路リンクとブレナー軸の形成である[39]。周辺地域の開発とその実現にかかわる計画としてつぎのものをあげることができる。
① アイルランドへの道路リンク[40]。
② ブリンディジ～パトラス（Patras）～アテネルート。
③ リスボン～マドリッドルート。

さらに，EUと隣接する諸国との連絡を考慮した計画として，スカンジナビアでの道路リンクとアテネ～エブゾニ（Evzoni）～ユーゴスラビアルートが指摘されている[41]。ネットワーク計画によると，約3万7,000 kmの高速道路および準高速道路規格のリンクを想定している。そのうちの1万2,000 kmについては，向こう10年で建設されるべき高速道路あるいは高質の道路と規定され，約

40%はEUの周辺諸国にかかわるものである。とりわけ，スペイン，ポルトガル，ギリシャ，アイルランドという高速道路の低密度国が対象となり，道路の路線長は7,000kmから1万2,000km，約70%拡大されることになる[42]。

このような欧州横断道路ネットワーク計画の実施は国際貿易，人的モビリティ，主要国際ルートへのアクセスを促進し，域内の地域の構造を体系化することを可能にする。さらに，混雑の激しい欧州大都市圏のバイパスをはかり，マルチモーダルターミナルを利用した他の輸送モードとの相互接続を改善し，貨物の通過輸送を可能にする大陸横断ネットワークの展開およびスカンジナビア，中・東欧諸国とのリンクの展開に資するものである。

これらの委員会提案を受けて採択されたのが，1993年10月の欧州横断道路ネットワーク形成に関する理事会決定629号である。第1条において，道路ネットワークはミッシングリンクの解消と既存のリンクの高規格化によって構成され，コンピューターを利用した先進の道路情報システムと交通管理の技術システムによって運用されることが規定されている。第2条では，各加盟国の財政的制約を考慮して，向こう10年以内に着手されるべき共同体利益の計画が示されている。

① 国境を横断する域内軸にあるミッシングリンクおよび周辺あるいは陸閉された地域のミッシングリンクの解消。
② 国境横断軸にある既存の主要リンクの高規格化と周辺あるいは陸閉された地域と共同体の中央地域とのリンク。
③ 第三国と共同体のリンク。
④ 複合輸送軸のためのインターモーダル接続。
⑤ 欧州横断ネットワークの中央地域をめぐるバイパス。
⑥ 輸送管理計画。

なお，このような欧州横断道路ネットワーク構想を実際に運用可能なものにするためには，今後解決しなければならない課題が残されている。たとえば，ネットワークの相互運用を標準化するために道路設計の規格化と道路輸送管理政策の採用が指摘される。道路輸送管理政策は最適なモビリティの実現をねら

いとして，欧州横断道路ネットワークと他の補完的な輸送モードのネットワークとの相互接続を強化し，マルチモーダル輸送ネットワークを形成することによって輸送対象の輸送の分散化をはかる。あわせて，道路輸送量管理のための道路情報管理技術の一層の研究開発が求められている。さらに，交通の成長と環境との調和という観点から大気汚染の元凶となっている道路混雑の解消のために外部コストの内部化によるインフラ利用料金システムの展開が提唱されている。

ところで，これらのマスタープランの実現にとって最も重要な問題は資金調達の問題である。欧州横断道路ネットワークの実現には，約1,200億ECUの投資が必要であると推定されている[43]。外部コストの内部化に伴うインフラ利用料金の徴収は予算措置から独立した交通インフラの資金調達の一手段としても検討されている。

(2) 内陸水路

内陸水路は人類の歴史のなかで最古の輸送モードの1つである[44]。しかし，近年内陸水路はその市場シェアを縮小させている。その原因は，①水路の物理的，環境的条件，②競争輸送モードの出現，③利用船舶の大型化と物理的あるいは財政的に対応できないこと，④近代都市が水路の遠隔地に立地したことなどが指摘されている[45]（図11-1）。

ところで，EU域内での貨物輸送量を各輸送モード別にトンベースで見るならば，内陸水路はいまなお高い比率を維持し，バルク貨物輸送において重要な役割を果たしている。とりわけ，インターモーダル輸送の重要性が指摘されるなかで，容量制限がなく，東欧との輸送連絡手段としてまた環境コストの低い輸送モードとしてその潜在性が見直されている。しかし，内陸水路においてさまざまな視点からボトルネックが見いだされる。ナイカンプの説明によれば，ハードウェアレベルでは，標準化とネットワーク統合の欠如および輸送ネットワークに接続されるノードにおけるインフラの欠如が指摘されている。ソフトウェアレベルでは，ハンドリングおよび保管業務にかかわる障壁あるいは水門

図11-1　EU 域内貿易における各輸送機関の輸送量
（単位：100万トン）

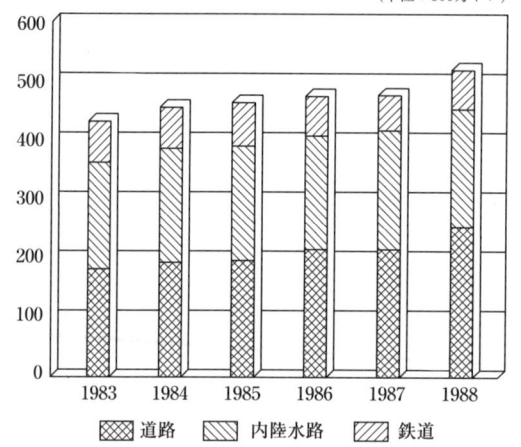

（出所）　Nijkamp, P. et al. (1994), p. 110.

および水路の効率的かつ安全な利用に関する障壁があげられている。オルグウェアレベルでは，各ネットワーク部分が輸送モード，貨物のタイプ，投資のタイプに関して異なったルールと基準をもつ国家規制あるいは国家独占の対象となっていることが示されている。フィンレベルでは，インフラ展開に関して，個別区間別の投資が問題となる。エコウェアレベルでは，河水を船舶の清掃に利用したり，水，油，洗浄剤を河水に廃棄する問題が指摘されている。また，環境に有害な船体塗装なども問題視されている[46]。これらの諸問題を克服して，欧州横断内陸水路ネットワークの形成のマスタープランが緊急に求められた。欧州横断内陸水路ネットワークの形成にあたって，1990年7月の委員会報告は内陸水路インフラの再構築の視点から，1,350トンから1万トンの積載容量をもつ船隊のための一貫した可航水路ネットワークの形成を提案している[47]。その対象となる加盟国はドイツ，オランダ，ベルギー，ルクセンブルクおよび南フランスの国境地域である。このネットワークは北欧州の主要港に接続し，さらに1991年にはドナウ川に接続するものである。

1991年7月5，6日にロッテルダムで開催された理事会の非公式会議において，高速鉄道，複合輸送および道路インフラネットワークにつづくものとして，内陸水路ネットワークの規定案の作成が提案された[48]。1991年9月，委員会は各加盟国の政府代表，内陸水路事業者および利用者を代表する団体からなるグループ会議を召集し，①各加盟国における内陸水路インフラ案，②優先的計画の確認，③共同体利益のための内陸水路のマスタープランの確立について諮問

した[49]。1992年2月の会合において，グループは委員会への答申案を採択した。その主な結論は，内陸水路を道路および鉄道の代替輸送モードとして位置づけ，さらに，他の輸送モードとの統合によって形成される複合輸送の視点から内陸水路港をインターモーダル・ロジスティクスセンターとして展開することを示している[50]。このような見通しのなかで，内陸水路のマスタープランが提示される。この答申を受けて，1993年10月の理事会決定630号が採択された。630号決定はその第1条において，ネットワークを形成する水路の最小限の技術仕様をクラスIVと規定し，さらに複合輸送に利用される船体を考慮して，クラスVa/Vbへの移行を可能にするものと規定している[51]。つづいて第2条では，加盟国の財政的制約を考慮しつつ，向こう10年以内に着手されるべき共同体利益の優先計画が列挙されている[52]。

① ミッテルランド（Mittelland）運河の改善とマグデブルク（Magdeburg）にあるエルベ（Elbe）川の水路の建設。
② マグデブルクとチェコ国境との間のエルベ川の航行可能性の改善。
③ エルベ川とオーデル（Oder）川とのリンクの改善。
④ トゥウェンテ（Twente）運河とミッテルランド運河のリンク。
⑤ ライン川とローヌ（Rhône）川のリンク。
⑥ フランスのセーヌ（Seine）川およびフランス側のスケルト（Scheldt）川とベルギー側のスケルト（Scheldt）川とのリンク。
⑦ スケルト川とライン川とのリンクによる南北軸[53]。
⑧ マイン（Main）川とドナウ川とのリンクとシュトラウビィング（Straubing）とヴィルショフェン（Vilshofen）との間のマイン川とドナウ川の改善。
⑨ ウィーンと黒海との間のドナウ川の航行可能性の改善[54]。

(3) 複合輸送

EUの市場の拡大に伴う中央地域と周辺地域との社会・経済的統合の強化と域内における均等のとれた経済成長にとって交通インフラの整備は不可欠な要

素であることは自明である。

　ところで，EUを構成する主要加盟国の国内の陸上貨物輸送量に占める道路輸送の割合を見るならば，きわめて高い数値を示している。このような貨物輸送の道路への集中は域内レベルにおいて大気汚染あるいは交通混雑の元凶として問題視されている。かかる視点から，理事会は1990年10月に欧州複合輸送ネットワークの形成に関する理事会決議を採択した[55]。問題の理事会決議は道路が社会に負荷する外部コストの内部化によって道路利用の歪みの是正を考慮しつつ，貨物輸送を道路から鉄道へシフトさせ，道路輸送と鉄道輸送を有機的に組み合わせた輸送システムによって排気ガスの排出量を抑制し，エネルギーの利用効率を向上させ，さらに道路の利用効率の改善によって道路混雑の解消をねらったものである。荷主側の視点から複合輸送を捉えるならば，生産コストに占めるロジスティクス部門に関連するコストの割合が約30%であるという点に注目して，コスト効率性を追求する輸送システムの形成は荷主にとってきわめて重要な課題となる[56]。理事会決議では，鉄道と道路を対象とした複合輸送の追求が提唱されたが，委員会はこのフレームワークをさらに拡大し，内陸水路および海上輸送を包括するインターモーダルアプローチを提案している。この際，問題のシステムは標準化された欧州ローディングユニット輸送が可能となるように設計される必要がある[57]。さらに，各輸送モードのシステムを相互接続，相互運用するためには種々の制度的，技術的問題を解決していかねばならない。たとえば，複合輸送を展開するための公的投資にかかわる規則の整備，異なるゲージの大きさの解消，アイルランドやギリシャのような加盟国を考慮して海上輸送をインターモーダルシステムに組み入れる際には，海上輸送と鉄道輸送との間の相互接続の問題を検討しなければならない。なお，複合輸送システムを確立するための財政支援となる公的投資は輸送モード間あるいは輸送事業者間の自由な競争の原則を遵守するために時限的なものとなっている[58]。

　これらの委員会提案を受けて，1993年10月に理事会決定628号が採択された。628号決定は複合輸送の目的を異なる輸送モードネットワークの相互接続と相互運用によって域内市場の成功と共同体の結合に必要となる財取引の急速な展

開に寄与し，さらに環境の改善に資することであると規定したうえで，2005年までに標準的なローディングユニットの通過を可能にする鉄道，内陸水路および道路を有機的に組み合わせた欧州横断複合輸送ネットワークの形成を提唱している。

基本的な欧州横断複合輸送ネットワークは鉄道と内陸水路ルートの主要構成要素に端末輸送としての道路を組み合わせたものが想定されている[59]。第2条では，複合輸送に用いられるコンテナ輸送あるいはスワップボディ輸送に適応させるべき鉄道軸の内訳をあげ，第3条では，2005年までにネットワークを完成させるのに必要と考えられている鉄道軸を規定している[60]。さらに，複合輸送ネットワークの展開にあたり，このようなインフラ計画のみならずインフラ利用に適する車両についても注意が払われる必要があることを強調している。

道路と鉄道を組み合わせた複合輸送は欧州における総国際道路フローの4％弱と推定されているが，高い道路コストと比較して，複合輸送が効率的であるということがより広く認識されるようになれば，複合輸送はますます魅力的な輸送形態となり，その発展の潜在性から5年以内に今日の輸送量の2倍，そして10年後には3倍になるだろうといわれている[61]。

ところで，通常600kmから700kmの複合輸送において，道路輸送とターミナルでの貨物処理が総輸送コストの40％強を占める。このように，複合輸送の場合，ターミナルでの貨物の積替に要するコストを考慮するならば，600km以上の輸送距離が最適となるが，EU域内での平均輸送距離は200km弱であり，必ずしも複合輸送に適さないという現状がある[62]。この現状を認識したうえで，複合輸送の展開に対処しなければならない。また，マーストリヒト条約で規定される欧州横断交通ネットワークの形成に補完性原理が適用され，具体的なネットワーク形成の計画の実施の詳細については各加盟国に委ねられることになる。よって，EU全体の利益を優先するのではなく，国内のニーズを優先した計画に偏重し，インフラについての共同計画の遂行にあたり各加盟国の協力の欠如から欧州レベルでの一貫した交通システムの展開が阻害される懸念が指摘されよう。

第5節　むすびにかえて
――欧州横断交通ネットワークの展開と今後の課題――

　マーストリヒト条約において確認された欧州横断交通ネットワークの構築にあたり，国内ネットワークの整備は各加盟国に委ねられている。しかし，この国内ネットワークを国境をこえて有機的に接続させ，欧州レベルのネットワークを構築するには共同体の支援措置が必要となる。

　1994年のケルキラ（Corfu）での理事会において事業規模，欧州の共通の利益，経済的採算性，民間資本の導入の可能性などの視点から11の優先的なプロジェクトが確認され，さらにエッセン（Essen）の理事会において3つのプロジェクトが追加され，つぎの14の優先プロジェクトが選定され，承認された[63]。

　① 欧州南北（ベルリン・ニュルンベルクおよびミュンヘン～ヴェローナ）を結ぶ高速鉄道／旅客・貨物用，総延長956km。

　② パリ～ブリュッセル～ケルン～アムステルダム～ロンドンを結ぶ高速鉄道，総延長1,176km。

　③ マドリッドから東へバルセロナ経由フランスのモンペリエ（Monpelier）までと，北へビトーリア（Vitoria）経由フランスのダクス（Dax）までを結ぶ高速鉄道，総延長1,601km。

　④ パリ～東部フランス（メッス，ナンシー）～南部ドイツを結ぶ高速鉄道，総延長，551km。

　⑤ ロッテルダムからオランダ東部経由ドイツ国境をこえるベトゥーウェ（Betuwe）線（鉄道／旅客・貨物用），総延長160km。

　⑥ フランス（リヨン）～イタリア（トリノ，ミラノ，ヴェニス，ヴェローナ，トリエステ）間の高速鉄道／旅客・貨物用，総延長734km。

　⑦ ギリシャ自動車道（ギリシャ南部および西部からブルガリアとトルコの国境まで），総延長1,580km。

　⑧ ポルトガル～スペイン～中部欧州を結ぶマルチモーダル・リンク，総延

長2,279km。
⑨ コーク（Cork）～ダブリン～ベルファースト～ラーン（Larne）～ストランラー（Stranraer）を結ぶ鉄道，総延長502km。
⑩ イタリア北部マルペンサ空港拡張。
⑪ デンマークとスウェーデン間のエーレスンド（Oresund）海峡を結ぶ鉄道／道路，総延長52.5km。
⑫ 北欧マルチモーダル三角交通路（鉄道，道路，海路，空路），1,800km。
⑬ アイルランド，イギリス，ベネルックス3国を結ぶ道路，総延長1,530km。
⑭ グラスゴー～リバプール～バーミンガム～ロンドン～ユーロトンネルを結ぶ高速鉄道／旅客・貨物用，総延長850km。

さらに，1995年には欧州横断交通ネットワークに対するEUの財政支援を規定した理事会規則2236号が採択され，EUにおける欧州横断交通ネットワークの構築の制度的体制が整備された。

欧州横断交通ネットワークの構築のためのEUの財政支援は2236号規則の規定にしたがって行われることになる。財政支援の対象は，当然欧州横断交通ネットワークの対象となる共通の利益のプロジェクトに限定される。財政支援を行うプロジェクトの選定は，①プロジェクトの成熟性，②EUの介入が公・私融資に与える刺激的効果，③融資パッケージの健全性，④雇用などに与える直接的あるいは間接的な社会・経済的効果，⑤環境に与える影響という5つの基準に照らして行われた。このような基準に基づいて選定されたプロジェクトに対して，つぎの形態で実際の財政支援が行われる。

① 準備，実行可能性，評価研究およびそれらの研究のその他の技術的支援措置を含むプロジェクト関連研究の共同融資。
② 欧州投資銀行あるいはその他の公的あるいは民間金融機関が交付する融資利子の助成。
③ 欧州投資銀行あるいはその他の金融機関の融資保証手数料に対する出資。
④ 正当化されるケースにおいて投資される直接助成。

表11-1 交通プロジェクトのタイプ別の投資

	1995		1996	
	100万 ECU	%	100万 ECU	%
14の特別プロジェクト（欧州鉄道輸送管理システムを含む）	181.05	75.44	211.23	75.44
輸送管理	45.42	18.92	49.65	17.73
その他	13.53	5.64	19.12	6.83
総計	240	100	280	100

(出所) CEC (1996g), p. 13.

⑤ ①から④までのEU支援の組合せ。

なお、これらの融資が行われる条件がつぎのように規定されている。

① プロジェクトの実現にあたって財政的障害に直面する。

② EU支援はプロジェクトの実施に必要と考えられる最低額をこえない。

③ EU支援の総額は総融資コストの10％をこえない。

最後に、1995年から99年までを対象とするエネルギー、情報通信および交通についての欧州横断ネットワークに対する融資総額は23億4,500万 ECU と規定されている。

欧州横断交通ネットワークの構築にあたって、各輸送モードのインフラ整備のマスタープランが提示されている。そのマスタープランに基づくインフラ整備のための資金として、ネットワークの完成をめざす2010年までに総額4,000億 ECU が必要であり、そのうち14プロジェクトについて990億 ECU が必要であると見積もられている[64]。これらの巨額の資金を必要とすることから、加盟国あるいは EU の欧州横断ネットワーク予算からの拠出だけでは限界があり、EU の金融機関のみならず公・私パートナーシップに基づく民間資本の導入が重要となる。EU の欧州横断ネットワーク予算からの融資は全体の約5％にすぎず、大宗はその他の EU 金融機関からの融資に依存している。この際、EU の欧州横断ネットワーク予算に限定して、その使途の内訳を確認しておこう。表11-1は計画カテゴリー別に見る予算の内訳である。エッセンで選定された14プロジェクトへ予算配分が集中している。また、表11-2が示すように、輸送モードについては鉄道への投資比率が高く、つづいて輸送管理に投資が集中している。環境の保護、効率的な輸送フローの実現をめざす EU の交通政策の方向性を示す結果となっている。なお、欧州横断交通ネットワークの構築は各

加盟国の国内ネットワークのインフラ整備を基盤とするものであり，財政の大宗は各加盟国政府が負担することになっている。委員会が示すところによれば，1996年から97年の2年間で各加盟国政府の投資額は200億ECUをこえる額となっている[65]。

表11-2　各輸送モードへの投資

	1995		1996	
	100万 ECU	%	100万 ECU	%
鉄道	165.16	68.82	173.62	62.01
道路	18.81	7.83	35.37	12.63
内陸水路	0	0	1.50	0.54
海運／港湾	0.52	0.22	3.66	1.30
航空	2.59	1.08	3.77	1.35
輸送管理	52.92	22.05	62.08	22.17
総　計	240	100	280	100

(出所)　CEC (1996g), p. 14.

今日EUでは，環境に配慮した継ぎ目のない，効率的な輸送フローに基づく持続可能なモビリティの実現をめざして，欧州横断交通ネットワークの構築が進められている。

他方，1998年3月よりEUはキプロスおよびハンガリー，ポーランド，エストニア，チェコ，スロベニアの中・東欧の5カ国と正式に加盟交渉を開始した。その後，加盟交渉準備が整備されしだい，加盟申請しているルーマニア，スロバキア，ラトビア，リトアニア，ブルガリアの各国と交渉に入ることになっている。より強く，より広いEUの展開とそれに伴う政策の改革そしてそれを支援する財政フレームワークを明らかにしたアジェンダ2000のなかで，加盟申請国とEU諸国との間にある交通部門におけるレベルの差が明示され，今後各申請国が対処しなければならない課題が示されている[66]。そのなかでも，今日の共通交通政策の主要テーマの1つである持続可能なモビリティの実現のために欧州横断交通ネットワークの形成に資する交通インフラの整備と展開は重要な課題となる。

1995年9月，委員会は中・東欧諸国の運輸大臣との組織化された対話のなかで加盟申請国の既存の交通インフラについて包括的な評価，交通ニーズの分析を行い，それに基づいて優先的な事業項目と共通の利益のプロジェクトを確認した。戦略的な環境評価を考慮した一連の交通インフラ評価の下で確認された持続可能なモビリティを促進する交通プロジェクト[67]および加盟申請国の環境基準をEU基準に一致させるプロジェクトを支援し，EU加盟に向けたインフ

ラの整備を進めるためのEUの財政支援措置としてISPA (Instrument for Structural Policies for Pre-accession) が提案されている[68]。さらに，加盟申請を行っている中・東欧諸国に加え，地中海沿岸諸国をも巻き込んだ汎欧州交通ネットワークの形成は21世紀初頭のEUの交通政策の主要テーマの1つとなっている。

1994年の第2回クレタ汎欧州交通会議では，EUと中・東欧諸国を結ぶ主要交通リンクとして9つの優先的な交通回廊が確認された。その際，黒海および黒海に接続するエーゲ海地域，欧州北極地域，地中海沿岸地域およびアドリア海地域が輸送リンク，ノード，船舶施設，航空施設の最適ミックスを決定するのにきわめて重要な地域であることが確認され，これらの地域を汎欧州地域と定義し，この地域の安全性と環境の保護を尊重した効率的な輸送フローに基づく汎欧州の持続可能な貨客モビリティを追求するプログラムに対する財政支援が行われることになった。EUは汎欧州交通地域において確認された交通回廊にある国境横断の通過施設を中心に財政支援を行うためにPHARE (Poland and Hungary Assistance for Restructuring Economy) プログラムが策定され，1989年より多様な形態で資金援助を行ってきた。とりわけ，1993年6月のコペンハーゲンの欧州理事会においてPHAREプログラムは欧州横断ネットワークの投資を一層促すように機能し，国際金融機関の融資活動のパートナーでなければならないことが確認された[69]。とくに交通分野については，1994年3月のクレタ島での欧州運輸大臣会議の結論を受けて，PHARE共同融資プログラムの適用対象が明らかにされた[70]。1992年から94年にわたる交通分野のインフラに対するPHAREプログラムに基づく助成総額は約2億8,000万ECUであり，PHARE総予算の8％から9％であった。これを受けて，1994年12月のエッセンでの理事会では，インフラへのPHARE共同融資行動の一層の展開を促し，コペンハーゲンの共同融資プログラムの上限をPHAREプログラムの総予算の25％まで引き上げることを決定した。これに基づき，1995年から99年までを対象とする複数年プログラムアプローチが展開されることになった。その主な対象プロジェクトとして，ハンガリーのブタペスト周辺の高速道路システムの展

開,ブタペストとスロベニア国境を結ぶ2つの回廊の鉄道の再整備と開発および2つの回廊のうちの一方の回廊の一区間であるデシン(Decin)～プラハ～ブレスラブ(Breslav)を結ぶチェコ領内の鉄道と道路の改善である[71]。1995年から99年までの交通インフラに充当されるPHAREプログラムに基づく融資は約18億ECUであり,PHARE予算総額の約27％となっている。

ところで,欧州横断ネットワークに対する財政支援のフレームワークを規定した2236号規則は1995年から99年までの期間を対象にしたものであり,プロジェクトの2010年までの完成をめざして後継の財政支援規定が必要となった。また,欧州横断交通ネットワークの構築を財政面から支えるその他のEU金融機関の見直しおよびISPAの創設とあわせて,この際,EU財政支援規定を改正し,新しい時代のニーズにあった財政支援規定が求められることになった。2236号規定の改正案のポイントはつぎの5項目に要約される[72]。

① 全体的に戦略的な性質をもつ研究に対して委員会の提案で100％の財政支援を行うことを可能にする。
② インフラ建設に伴うプロジェクトのキャッシュフローの問題に対処するために利子率助成に関する5年期限規定を撤廃する。
③ 官・民パートナーシップに基づく出資を促すために危険資本(risk-capital)の出資形態でのEUの支援を認める。
④ 官・民パートナーシップに基づく融資プロジェクトを確立することによってEUの財政措置の効果を高める。
⑤ EUの支援を総予算コストの10％から20％へ引き上げる。

しかし,1999年に採択された2236号規則の後継法である理事会規則1655号では,改正案の③と⑤の項目だけが採用され,2000年から2006年を対象とする欧州横断ネットワークの財政フレームワークの予算は46億ユーロと規定された。危険資本の投入は欧州横断ネットワークの財政フレームワークに基づく予算である46億ユーロの1％までとされ,2003年から2％まで引き上げることができる。また,第1条第3項において,交通インフラプロジェクト資金は複合輸送を含む鉄道に少なくとも55％,道路には最大25％充当されると規定されている。

今後，1655号規則が規定するフレームワークに基づいて予算執行が行われ，欧州横断交通ネットワークの完成をめざすことになる。

ところで，今日までに，欧州横断交通ネットワークのなかでも，エッセンの理事会で確認された14の優先プロジェクトについては，3つのプロジェクトがほぼ完了し，残る11プロジェクトについても建設段階あるいは高度に進んだ準備段階にあり，2005年にはほとんどの事業が完了すると見られている。このような状況において，欧州横断プロジェクトを進めるにあたって，今後の課題としてつぎの5項目が指摘されている[73]。

① 優先プロジェクトの選定。
② サービス水準の向上，システムの統合そしてITS[74]。
③ EUの拡大の準備。
④ 戦略的環境評価の適用。
⑤ 欧州横断ネットワークを進めるガイドラインを政策の変化に適応させる手続き。

EUは欧州における恒久平和の実現を希求し，戦後発足し，今日域内市場を統合する諸条件が制度的にほぼ整備された。21世紀はアジェンダ2000に示される指針に基づいて新たな課題に対処することになる。21世紀初頭の重要な課題の1つにEUの中・東欧への拡大およびそれを支える欧州横断ネットワークの構築がある。欧州横断交通ネットワークについては，エッセンの理事会で確認された14の優先プロジェクトについて一定の目処がついた。しかし，これにつづく諸課題が具体的に提示され，EUの地域統合の壮大な実験はなおその途上にあり，今日その評価を下すのは早計であろう。われわれは今後もEUの動向を注視していかねばならない。

注
1) EUROPEAN COMMISSION (1993), p. 14.
2) 共同体の利益に基づく計画の優先項目については，*Ibid.*, pp. 82-83. なお，その際必要となる投資額は819億ECUと示されている。

3) CEC (1990c), p. 1.
4) CEC (1990d).
5) CEC (1994b), p. 2.
6) *Ibid.*
7) 共同体の利益の計画は，新しい輸送リンクの形成，ボトルネックの除去，既存の輸送リンクの拡張を企図とするプロジェクトおよび国境ルートに関するプロジェクトと加盟国の輸送あるいは第3国との輸送に多大な影響を及ぼす加盟国のプロジェクトである。OJ (1978a) 第1条。
8) 環境の保護を考慮する際に共同体および加盟国レベルで求められる行動については，CEC (1995c), p. 5. と p. 17.
9) 補完性原理については，マーストリヒト条約第3条(b)を参照。
10) CEC (1994b), p. 11.
11) CEC (1995c), pp. 14-15.
12) *Ibid.*, pp. 15-16.
13) *Ibid.*, p. 13.
14) インフラネットワークは人口集中地あるいは経済活動の中心地間の一貫したリンクと定義される。Nijkamp, P., J. M. Vleugel, R. Maggi and I. Masser (1994), p. 28.
15) *Ibid.*, p. 25.
16) Maggi, R., I. Masser and p. Nijkamp (1992), pp. 316-317.
17) ノードをマルチモーダルターミナルと考えるのではなく，単に列車の駅あるいは港などと捉えられていた。*Ibid.*, p. 317.
18) Nijkamp, P. et al. (1994), pp. 30-32.
19) CEC (1992e), pp. 4-5.
20) *Ibid.*, p. 23. Banister, D. (1993), p. 361. なお，EU予算からの償還を要しない財政支援は計画の総費用の25％をこえない。建設工事以前の研究の場合は最大50％まで増やされる。OJ (1990), p. 2. 第5条を参照。さらに，ある所与の計画に関しての予備的研究および技術支援措置について，必要な場合には，助成が総費用の100％まで拡大されることが提案されている。利子率助成については投資総費用の10％をこえないことが示されている。CEC (1994a), p. 6.
21) OJ (1990) 第11条で規定された1982年から92年までに行われた交通インフラ政策の実行に対するEUの投資の結果についての報告によれば，7億270万 ECU が充当されている。これは総投資額の約6.5％にあたる。その内訳は，計画に対する助成は5億5,505万 ECU，利子率助成は7,965万 ECU，研究助成は6,800万 ECU となっている。CEC (1992e), p. 29. 加盟国別の内訳については，CEC (1992e), p. 35.
22) *Ibid.*, p. 11.

23) ここでいう種々の手段として，税制上の優遇措置，金融措置，融資保証，長期資金調達のための規制フレームワークの改善などがあげられている。Gerardin, B. (1993), p. 339.
24) *Ibid.*, p. 341.
25) 各加盟国の交通インフラに対する欧州地域開発基金による投資はつぎのような割合である。ギリシャ24％，ポルトガル18％，スペイン46.9％，イタリア9.6％，アイルランド39.1％，その他北アイルランド40.8％，コルシカ25％となっている。EUROPEAN PARLIAMENT (1991a), p. 9.
26) Carlo degli Abbati (1986), p. 50.
27) Gerardin, B. (1993), p. 341.
28) *Ibid.*
29) 受益加盟国間の財源の配分については，スペインは52〜58％，ギリシャは16〜20％，ポルトガルは16〜20％，アイルランドは7〜10％となっている。OJ (1993g), ANNEX I を参照。
30) Banister, D. (1993), p. 359.
31) *Ibid.*, p. 361. ちなみに，欧州横断交通ネットワークの形成にあたり，1994年から99年の間に必要とされる直接投資額は4,000億 ECU と推定されている。そのうち，交通インフラについては2,200億 ECU と推定されている。EUROPEAN COMMISSION (1993), p. 75. なお，欧州横断ネットワークについての EU 予算からの出資は年間約4億 ECU に限定される。CEC (1994a), p. 24.
32) 各輸送モードのマスタープランに基づくネットワーク構想図については，付図 II-1，II-2，II-3 および II-4 を参照。
33) 欧州高速鉄道ネットワークについての研究は，青木 (1991)，(1992) および本書第7章を参照。
34) CEC (1992e), pp. 42-43.
35) *Ibid.*, p. 43.
36) 陸上輸送について，道路は旅客輸送の90％以上（人キロ），貨物輸送の70％以上（トンキロ）を輸送している。*Ibid.*, p. 39. 年間2％以上の輸送の増加に対して，年間1％弱の交通投資にとどまっている。CEC (1990c), p. 13.
37) CEC (1990c), p. 13.
38) *Ibid.*, p. 14.
39) ピレネー横断の道路リンクについては，具体的には，(a)トゥールーズ (Toulouse) 〜マドリッドとボルドー〜ヴァレンシァのリンク，ソンポルト (Somport) でのトンネル建設，(b)ピュイモレンス (Puymorens) トンネルを経由してトゥールーズ〜バルセロナのリンクである。CEC (1990d), p. 18.
40) アイルランドへのリンクについては，イギリスのクルー (Crewe) とホリヘッド

第11章　欧州横断交通ネットワークと将来の展開　235

(Holyhead) との間の A5/A55 リンクである。Ibid., p. 19.
41) スカンジナビアルートについては、アールボルグ (Aalborg) ～フレデリクスハーヴェン (Frederikshaven) 高速道路とフェーマルン (Fehmarn) リンクが指摘されている。Ibid., p. 19.
42) CEC (1992e), p. 40. なお、1993年の理事会決定628号の採択後、各種検討が加えられ、いくつかの計画されている国際リンクが追加され、きわめて地域的な便益に資する計画が除外された結果、欧州横断道路ネットワークは約5万8,000kmであり、そのうち4万3,000kmはすでに存在し、1万5,000kmについては2004年までに建設される。これはEFTA諸国および中・東欧諸国との接続を保証するものである。CEC (1994b), p. 19.
43) CEC (1992e), p. 42.
44) 内陸水路と沿岸海運との区別については、中浜 (1994), p. 126.
45) Nijkamp, P. et al. (1994), p. 109.
46) Ibid., pp. 115-117.
47) CEC (1990c), p. 16.
48) CEC (1992e), p. 64.
49) Ibid., p. 65.
50) Ibid.
51) クラスIVは船長80mから85m、船幅9.50mの船舶の通過を可能にする水路、クラスVaは船長110m、船幅11.40mの船舶の通過を可能にする水路、クラスVbは船長172mから185m、船幅11.40mの船舶の通過を可能にする水路である。
52) 委員会が提案した内容の詳細については、CEC (1992e), pp. 73-79.
53) 具体的には、アントワープ (Antwerp) ～ブリュッセル～シャルルロワ (Charleroi) 軸の改善とベルギーにあるセントラル (Central) 運河、ムーズ (Meuse) 川、ラナイェ (Lanaye) 運河そしてオランダにあるジュリアナ (Juliana) 運河を経由してライン川に向う東部区間の改善である。
54) この計画は非共同体計画である。
55) 理事会決議を受けて設置されたハイレベル研究グループは各加盟国政府、欧州鉄道、貿易機関の各代表から構成され、欧州複合輸送ネットワークを形成するために採用されるべき措置とその条件を1991年6月1日までに決定し、報告するよう要請された。その主な検討課題は、(a)利用者の自由な輸送モード選択、(b)複合輸送の経済的、商業的側面、(c)ルートおよびターミナルの合理的な計画の策定、(d)複合輸送の技術、管理、財政的な側面、(e)サービスの質と責任、(f)国内ルートと共同体ルートの一貫性、(g)EUの周辺地域の複合輸送へのアクセス、(h)非EU諸国を通過する際の問題を緩和する効果である。Bulletin EC (1990a), p. 69.
56) CEC (1992d), p. 7.

57) 複合輸送システムの分類と特徴については，林（1994），pp. 144-146.
58) 各加盟国の複合輸送に対する助成の状況についての調査結果の詳細については，CEC（1992d），pp. 40-44.
59) 端末輸送は理事会指令130号修正案においてつぎのように定義されている。すなわち，(a)発地となる区間について，財が荷積される地点と最寄りの適当な鉄道の荷降駅との間，そして着地となる区間については，財が荷積される地点と最寄りの適当な鉄道の荷降駅との間，(b)荷積，荷降の内陸水路河口から直線で半径150km以内，(c)荷積，荷降の港湾から直線で半径150km以内。*Ibid.*, p. 34.
60) 第2条で規定されるネットワーク形成の第1段階で整備される鉄道軸は37項目となっている。そして第3条で規定されている鉄道軸は20項目となっている。詳細は，OJ（1993d）．
61) CEC（1992d），p. 11.
62) *Ibid.*, pp. 11-12.
63) OJ（1996c），ANNEX III. なお，邦訳については，駐日欧州委員会代表部（1999）13頁を参考にした。
64) CEC（1996f），p. 17.
65) CEC（1999b），p. 24.
66) 中・東欧諸国とEU加盟国との顕著なギャップとして，(a)投資財源の利用可能性と交通需要の較差，(b)EUが展開しようとする政策と逆行し，道路輸送指向が強い，(c)交通フリートの質が安全性，環境面においてEU基準と一致しない，(d)共通交通政策を遂行するのに適当な訓練を受けた職員が不足しているという問題が指摘されている。EUROPEAN COMMISSION（1997），p. 125.
67) 交通インフラニーズ評価の下で確認されたプロジェクトが完了する2015年までに900億ECUが必要と考えられている。なお，中・東欧諸国への欧州横断交通ネットワークの展開の対象は，主に1万3,000kmをこえる道路，2万kmの鉄道である。EC-INFORM-Transport（1998b），p. 7.
68) ISPAが適応する交通プロジェクトはつぎの4項目に要約できる。(a)持続可能なモビリティを促進して，共通の利益と考えられる交通プロジェクト，(b)中・東欧の加盟申請国がEU加盟国とのパートナーシップを実現するプロジェクト，(c)国内インフラの相互接続，相互運用を改善するプロジェクト，(d)欧州横断ネットワークとリンクを改善するプロジェクト。ISPAプロジェクトは年間10億ECUの予算で2000年から2006年を対象として，その資金は人口規模，1人当りGNP，問題の国の効率性の追求と交通および環境インフラの不足を考慮して，加盟申請国に年間ベースで配分される。EC-INFORM-Transport（1998a），p. 9.
69) EU加盟に関連する中・東欧諸国の優先的なニーズに集中し，PHARE予算の30％はEUが要求する経済的，政治的基準に一致させるために充当される。残る

70％は欧州横断ネットワークの展開，環境保全，産業の近代化のような単一市場の要件を充足させるための資金となる。EC-INFORM-Transport (1997), p. 12.
70) 具体的には，(a)重要な国際回廊のインフラの維持，整備，改良，とくにミッシングリンクの除去および高い割合の通過輸送をもつ区間の除去，(b)鉄道の全体的な再構築と近代化，(c)複合輸送の展開，(d)国境通過におけるミッシングリンクの解消。Gaspart, M. (1996), p. 96.
71) *Ibid.*, p. 97.
72) CEC (1998e), pp. 7-8.
73) CEC (1998f), pp. 27-31.
74) ITS の分野における欧州横断プロジェクトとして，船舶輸送管理システム（VTMIS），欧州無線航法計画（ERNP），航空輸送管理（ATM），グローバル航行衛星システム（GNSS），欧州鉄道輸送管理システム（ERTMS），道路輸送テレマティクス（RTT），貿易ロジスティクス配送管理システム（TEDIM）などがある。CEC (1997g), pp. 4-5.

付表Ⅰ-1　逓減係数

距離(km)	料金表Ⅰ	料金表Ⅱ	料金表Ⅲ	料金表Ⅳ	距離(km)	料金表Ⅰ	料金表Ⅱ	料金表Ⅲ	料金表Ⅳ
101	1.0000	1.0000	1.0000	1.0000	150	0.9493	0.9637	0.9712	0.9798
102	0.9998	0.9999	0.9999	0.9999	151	0.9479	0.9628	0.9705	0.9793
103	0.9996	0.9997	0.9998	0.9998	152	0.9465	0.9618	0.9697	0.9787
104	0.9993	0.9995	0.9996	0.9997	153	0.9451	0.9608	0.9689	0.9782
105	0.9990	0.9992	0.9994	0.9996	154	0.9437	0.9598	0.9681	0.9776
106	0.9986	0.9989	0.9992	0.9994	155	0.9424	0.9588	0.9673	0.9771
107	0.9981	0.9986	0.9989	0.9992	156	0.9410	0.9579	0.9666	0.9765
108	0.9975	0.9982	0.9986	0.9991	157	0.9396	0.9569	0.9658	0.9760
109	0.9969	0.9979	0.9983	0.9988	158	0.9382	0.9559	0.9650	0.9754
110	0.9963	0.9974	0.9979	0.9986	159	0.9368	0.9549	0.9640	0.9749
111	0.9956	0.9969	0.9975	0.9983	160	0.9354	0.9539	0.9635	0.9744
112	0.9949	0.9963	0.9971	0.9979	161	0.9340	0.9530	0.9627	0.9738
113	0.9941	0.9958	0.9966	0.9976	162	0.9326	0.9520	0.9620	0.9733
114	0.9933	0.9952	0.9961	0.9973	163	0.9312	0.9510	0.9612	0.9728
115	0.9924	0.9946	0.9957	0.9969	164	0.9298	0.9500	0.9604	0.9723
116	0.9915	0.9939	0.9952	0.9966	165	0.9285	0.9490	0.9596	0.9717
117	0.9906	0.9932	0.9946	0.9962	166	0.9271	0.9481	0.9589	0.9712
118	0.9896	0.9925	0.9941	0.9958	167	0.9257	0.9471	0.9581	0.9706
119	0.9886	0.9918	0.9935	0.9954	168	0.9243	0.9461	0.9573	0.9701
120	0.9875	0.9910	0.9930	0.9950	169	0.9229	0.9451	0.9565	0.9696
121	0.9865	0.9903	0.9924	0.9946	170	0.9216	0.9442	0.9558	0.9690
122	0.9854	0.9895	0.9917	0.9941	171	0.9202	0.9432	0.9550	0.9685
123	0.9843	0.9887	0.9911	0.9937	172	0.9188	0.9423	0.9543	0.9679
124	0.9832	0.9879	0.9904	0.9932	173	0.9175	0.9413	0.9535	0.9674
125	0.9821	0.9871	0.9898	0.9927	174	0.9161	0.9403	0.9528	0.9669
126	0.9809	0.9862	0.9891	0.9923	175	0.9147	0.9394	0.9520	0.9664
127	0.9797	0.9854	0.9884	0.9918	176	0.9134	0.9384	0.9513	0.9658
128	0.9785	0.9845	0.9877	0.9913	177	0.9121	0.9375	0.9505	0.9653
129	0.9773	0.9836	0.9870	0.9908	178	0.9107	0.9365	0.9498	0.9648
130	0.9761	0.9828	0.9863	0.9903	179	0.9093	0.9356	0.9491	0.9643
131	0.9748	0.9819	0.9856	0.9898	180	0.9080	0.9346	0.9483	0.9638
132	0.9735	0.9810	0.9849	0.9893	181	0.9066	0.9337	0.9476	0.9632
133	0.9722	0.9801	0.9842	0.9888	182	0.9053	0.9327	0.9468	0.9627
134	0.9709	0.9792	0.9834	0.9883	183	0.9040	0.9318	0.9461	0.9622
135	0.9696	0.9782	0.9827	0.9878	184	0.9027	0.9309	0.9454	0.9617
136	0.9684	0.9773	0.9819	0.9872	185	0.9013	0.9300	0.9447	0.9612
137	0.9671	0.9764	0.9812	0.9867	186	0.9000	0.9290	0.9439	0.9607
138	0.9657	0.9754	0.9804	0.9862	187	0.8987	0.9281	0.9432	0.9602
139	0.9644	0.9744	0.9796	0.9857	188	0.8973	0.9272	0.9425	0.9597
140	0.9631	0.9735	0.9789	0.9852	189	0.8960	0.9263	0.9418	0.9592
141	0.9617	0.9725	0.9781	0.9846	190	0.8947	0.9254	0.9411	0.9587
142	0.9603	0.9716	0.9774	0.9841	191	0.8934	0.9245	0.9403	0.9583
143	0.9590	0.9706	0.9766	0.9836	192	0.8921	0.9236	0.9396	0.9578
144	0.9576	0.9696	0.9758	0.9831	193	0.8908	0.9227	0.9389	0.9573
145	0.9563	0.9686	0.9751	0.9825	194	0.8895	0.9218	0.9382	0.9568
146	0.9549	0.9677	0.9743	0.9829	195	0.8882	0.9209	0.9375	0.9563
147	0.9535	0.9667	0.9736	0.9814	196	0.8869	0.9200	0.9369	0.9559
148	0.9521	0.9657	0.9728	0.9809	197	0.8857	0.9191	0.9362	0.9554
149	0.9507	0.9647	0.9720	0.9804	198	0.8845	0.9183	0.9355	0.9549

付表 I - 1　逓減係数（続き）

距離(km)	料金表 I	料金表 II	料金表 III	料金表 IV	距離(km)	料金表 I	料金表 II	料金表 III	料金表 IV
199	0.8832	0.9174	0.9348	0.9544	225	0.8519	0.8958		
200	0.8820	0.9166	0.9341	0.9540	226	0.8507	0.8950		
201	0.8807	0.9157			227	0.8496	0.8943		
202	0.8794	0.9148			228	0.8484	0.8935		
203	0.8782	0.9140			229	0.8473	0.8928		
204	0.8770	0.9131			230	0.8462	0.8920		
205	0.8757	0.9122			231	0.8450	0.8912		
206	0.8744	0.9114			232	0.8439	0.8904		
207	0.8732	0.9105			233	0.8428	0.8897		
208	0.8720	0.9097			234	0.8417	0.8889		
209	0.8708	0.9089			235	0.8406	0.8881		
210	0.8695	0.9030			236	0.8395	0.8874		
211	0.8683	0.9072			237	0.8384	0.8867		
212	0.8671	0.9064			238	0.8374	0.8859		
213	0.8659	0.9055			239	0.8364	0.8852		
214	0.8647	0.9046			240	0.8353	0.8844		
215	0.8635	0.9038			241	0.8342	0.8837		
216	0.8623	0.9030			242	0.8331	0.8830		
217	0.8611	0.9022			243	0.8320	0.8823		
218	0.8599	0.9014			244	0.8309	0.8815		
219	0.8588	0.9006			245	0.8298	0.8808		
220	0.8576	0.8998			246	0.8288	0.8801		
221	0.8564	0.8990			247	0.8278	0.8794		
222	0.8553	0.8982			248	0.8267	0.8787		
223	0.8541	0.8974			249	0.8257	0.8780		
224	0.8530	0.8966			250	0.8247	0.8773		

付表Ⅰ-2　逓減係数

距離(km)	料金表Ⅴ	料金表Ⅵ	料金表Ⅶ	料金表Ⅷ	料金表Ⅸ
201〜210				0.9113	0.9307
211〜220				0.8725	0.8874
221〜230				0.8658	0.8731
231〜240				0.8553	0.8561
241〜250				0.8540	0.8499
251〜260	0.8160	0.8138	0.8601	0.8448	0.8382
261〜270	0.7950	0.7920	0.8285	0.8285	0.8331
271〜280	0.7824	0.7702	0.8246	0.8246	0.8286
281〜290	0.7668	0.7483	0.8174	0.8174	0.8209
291〜300	0.7503	0.7265	0.8141	0.8141	0.8123
301〜310	0.7379	0.7116	0.8009	0.8009	0.8035
311〜320	0.7300	0.7040	0.7952	0.7952	0.7981
321〜330	0.7226	0.6969	0.7866	0.7866	0.7879
331〜340	0.7157	0.6902	0.7815	0.7815	0.7832
341〜350	0.7092	0.6839	0.7738	0.7738	0.7763
351〜360	0.7024	0.6780	0.7695	0.7695	0.7700
361〜370	0.6949	0.6724	0.7568	0.7568	0.7596
371〜380	0.6878	0.6670	0.7532	0.7532	0.7561
381〜390	0.6810	0.6620	0.7523	0.7523	0.7507
391〜400	0.6746	0.6572	0.7437	0.7437	0.7476
401〜420	0.6651	0.6503	0.7342	0.7342	0.7412
421〜440	0.6533	0.6417	0.7240	0.7240	0.7268
441〜460	0.6425	0.6339	0.7148	0.7148	0.7119
461〜480	0.6284	0.6267	0.6997	0.6997	0.7017
481〜500	0.6032	0.6202	0.6712	0.6712	0.6938
501〜520	0.5839	0.6128	0.6469	0.6469	0.6728
521〜540	0.5697	0.6048	0.6380	0.6380	0.6622
541〜560	0.5566	0.5974	0.6279	0.6279	0.6524
561〜580	0.5444	0.5962	0.6204	0.6204	0.6446
581〜600	0.5330	0.5840	0.6098	0.6098	0.6347
601〜620	0.5221	0.5770	0.6017	0.6017	0.6242
621〜640	0.5116	0.5695	0.5907	0.5907	0.6131
641〜660	0.5017	0.5624	0.5805	0.5805	0.6051
661〜680	0.4924	0.5558	0.5724	0.5724	0.5964
681〜700	0.4837	0.5496	0.5618	0.5618	0.5859
701〜720	0.4754	0.5429	0.5547	0.5547	0.5783
721〜740	0.4676	0.5358	0.5465	0.5465	0.5689
741〜760	0.4602	0.5292	0.5361	0.5361	0.5589
761〜780	0.4532	0.5229	0.5275	0.5275	0.5515
781〜800	0.4465	0.5169	0.5181	0.5181	0.5425

付　表　241

付表 I-3　逓減係数

距離(km)	料金表Ⅴ	料金表Ⅵ	料金表Ⅶ	料金表Ⅷ	料金表Ⅸ
801～820	0.4402	0.5112	0.5116	0.5116	0.5340
821～840	0.4342	0.5057	0.5030	0.5030	0.5258
841～860	0.4285	0.5006	0.4936	0.4936	0.5162
861～880	0.4230	0.4956	0.4858	0.4858	0.5071
881～900	0.4178	0.4909	0.4772	0.4772	0.5010
901～920	0.4139	0.4864	0.4701	0.4701	0.4917
921～940	0.4114	0.4821	0.4645	0.4645	0.4853
941～960	0.4089	0.4780	0.4569	0.4569	0.4784
961～980	0.4065	0.4740	0.4496	0.4496	0.4710
901～1000	0.4043	0.4702	0.4436	0.4436	0.4646
1001～1050	0.4006	0.4639	0.4325	0.4325	0.4534
1051～1100	0.3956	0.4556	0.4171	0.4171	0.4374
1101～1150	0.3912	0.4481	0.4059	0.4059	0.4263
1151～1200	0.3871	0.4412	0.3939	0.3939	0.4122
1201～	0.3860	0.4380	0.3812	0.3812	0.4005

距離(km)	料金表Ⅹ
251～880	0.8773
881～900	0.8769
901～920	0.8738
921～940	0.8690
941～960	0.8646
961～980	0.8604
981～1000	0.8564
1001～	0.8531

距離(km)	料金表ⅩⅠ	距離(km)	料金表ⅩⅠ	距離(km)	料金表ⅩⅠ
		401～420	0.9000	701～720	0.8846
		421～440	0.8983	721～740	0.8840
201～280	0.9166	441～460	0.8968	741～760	0.8822
281～290	0.9158	461～480	0.8955	761～780	0.8810
291～300	0.9138	480～500	0.8942	781～800	0.8800
301～310	0.9124	501～520	0.8931	801～820	0.8790
311～320	0.9107	521～540	0.8920	821～840	0.8776
321～330	0.9095	541～560	0.8910	841～860	0.8764
331～340	0.9079	561～580	0.8901	861～880	0.8752
341～350	0.9062	581～600	0.8893	881～900	0.8747

(出所)　W. Klaer (1961), pp. 326-331.

付表Ⅱ-1　車両カテゴリーに基づく最低車両税

車両数と最大許容総積載重量（トン）		最低車両税（ECU／年）	
以上	以下	エアサスペンションおよびそれ相当と考えられるものを装着した走行車軸	その他の走行車軸サスペンション・システム
2車軸			
12	13	0	31
13	14	31	86
14	15	86	121
15	18	121	274
3車軸			
15	17	31	54
17	19	54	111
19	21	111	144
21	23	144	222
23	25	222	345
25	26	222	345
4車軸			
23	25	144	146
25	27	146	228
27	29	228	362
29	31	362	537
31	32	362	537

付表II-2　連結車両のケース

車軸数と最大許容総積載重量(トン)		最低車両税(ECU／年)	
以上	以下	エアサスペンションあるいはそれ相当と考えられるものを装着した走行車軸	その他の走行車軸サスペンション・システム
2＋1車軸			
12	14	0	0
14	16	0	0
16	18	0	14
18	20	14	32
20	22	32	75
22	23	75	97
23	25	97	175
25	28	175	307
2＋2車軸			
23	25	30	70
25	26	70	115
26	28	115	169
28	29	169	204
29	31	204	335
31	33	335	465
33	36	465	706
36	38	465	706
2＋3車軸			
36	38	370	515
38	40	515	700
3＋2車軸			
36	38	327	464
38	40	454	628
40	44	628	929
3＋3車軸			
36	38	186	225
38	40	225	336
40	44	336	535

(出所)　OJ (1996h), ANNEX.

付表Ⅲ-1 各車両カテゴリーが道路インフラに及ぼす損耗の程度

自動車車両

エアサスペンションあるいはそれ相当と考えられるものを装着した走行車軸		その他の走行車軸サスペンション・システム		損耗の程度
車軸数と最大許容総積載重量(トン)		車軸数と最大許容総積載重量(トン)		
以上	以下	以上	以下	
2車軸		2車軸		
7.5	12	7.5	12	
12	13	12	13	
13	14	13	14	
14	15	14	15	
15	18	15	18	Ⅰ
3車軸		3車軸		
15	17	15	17	
17	19	17	19	
19	21	19	21	
21	23	21	23	
23	25	23	25	
25	26	25	26	Ⅱ
4車軸		4車軸		
23	25	23	25	
25	27	25	27	
27	29	27	29	Ⅰ
29	31	29	31	
31	32	31	32	Ⅱ

(出所) CEC (1996c), p. 52.

付表Ⅲ-2　連結車両

エアサスペンションあるいはそれ相当と考えられるものを装着した走行車軸		その他の走行車軸サスペンション・システム		損耗の程度
車軸数と最大許容総積載重量(トン)		車軸数と最大許容総積載重量(トン)		
以上	以下	以上	以下	
2＋1車軸		2＋1車軸		
7.5	12	7.5	12	
12	14	12	14	
14	16	14	16	
16	18	16	18	Ⅰ
18	20	18	20	
20	22	20	22	
22	23	22	23	
23	25	23	25	
25	28	25	28	
2＋2車軸		2＋2車軸		
23	25	23	25	
25	26	25	26	Ⅰ
26	28	26	28	
28	29	28	29	
29	31	29	31	Ⅱ
31	33	31	33	
33	36	33	36	Ⅲ
36	38	36	38	
2＋3車軸		2＋3車軸		
36	38	36	38	Ⅱ
38	40	38	40	Ⅲ
3＋2車軸		3＋2車軸		
36	38	36	38	Ⅱ
38	40	38	40	
40	44	40	44	Ⅲ
3＋3車軸		3＋3車軸		
36	38	36	38	Ⅰ
38	40	38	40	
40	44	40	44	Ⅱ

(出所)　CEC (1996c), p. 53.

付図Ⅰ-1　欧州高速鉄道システム（1995年）

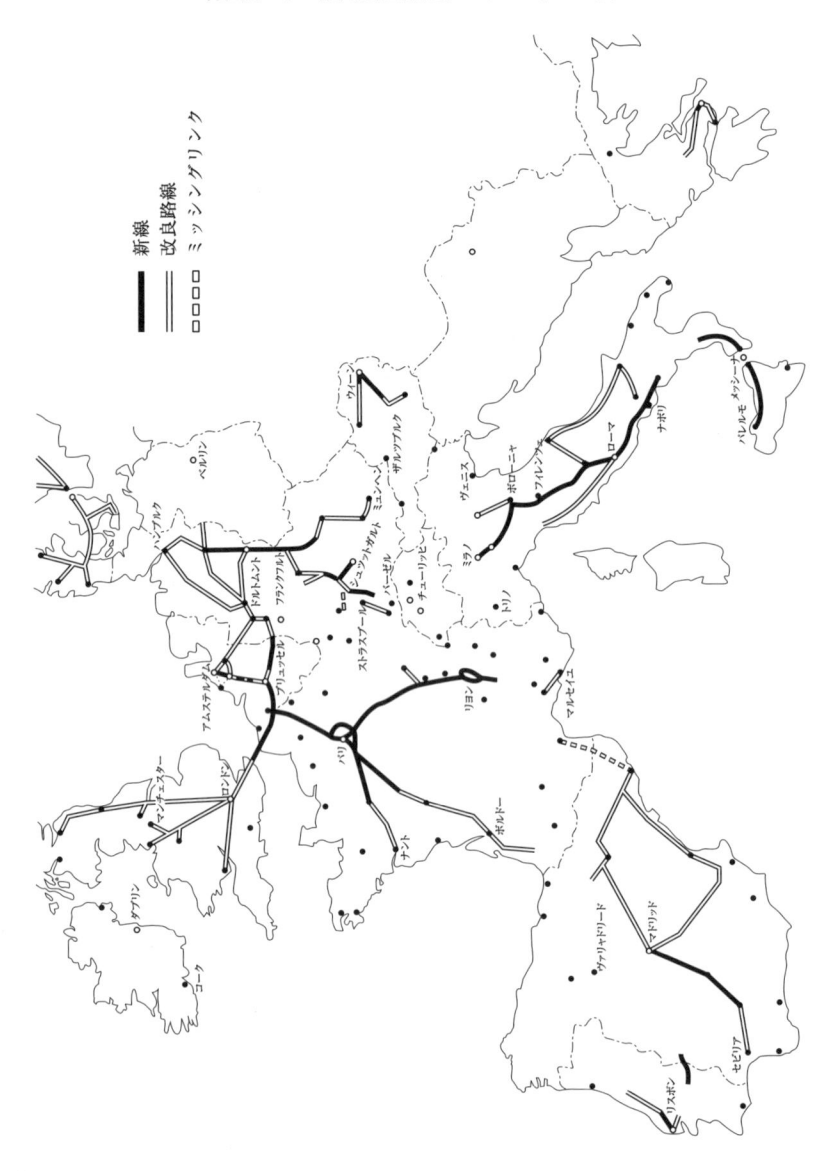

付　図　247

付図I-2　欧州高速鉄道システム（2005年）

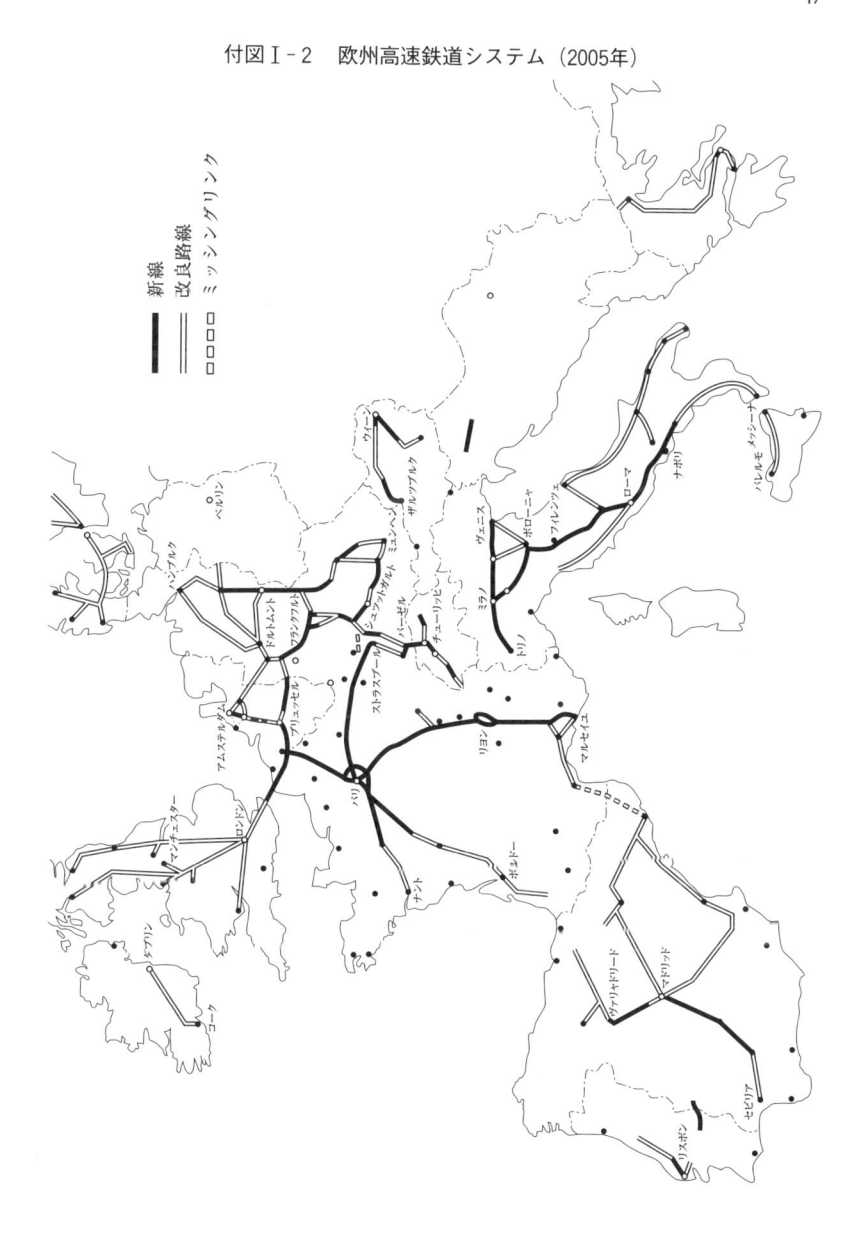

付図I-3　欧州高速鉄道システム（2015年）

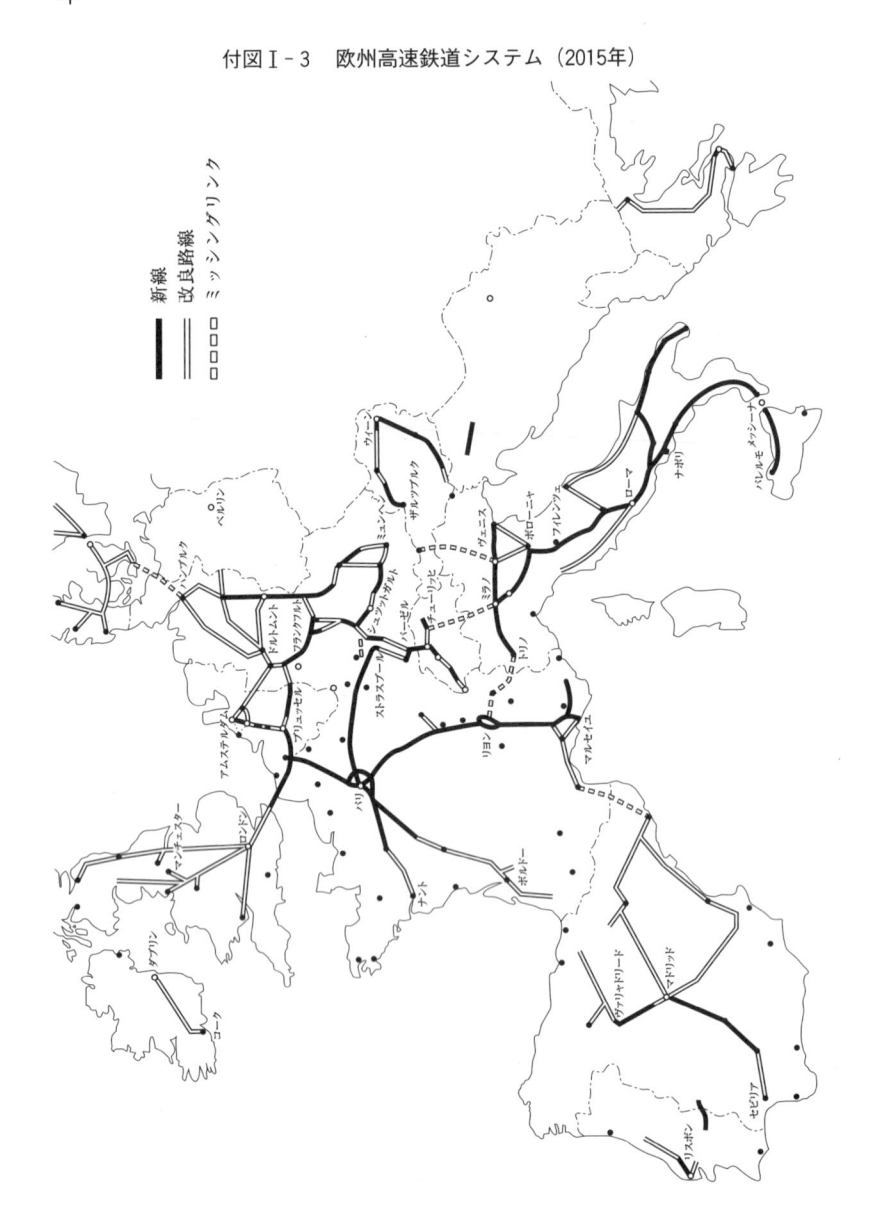

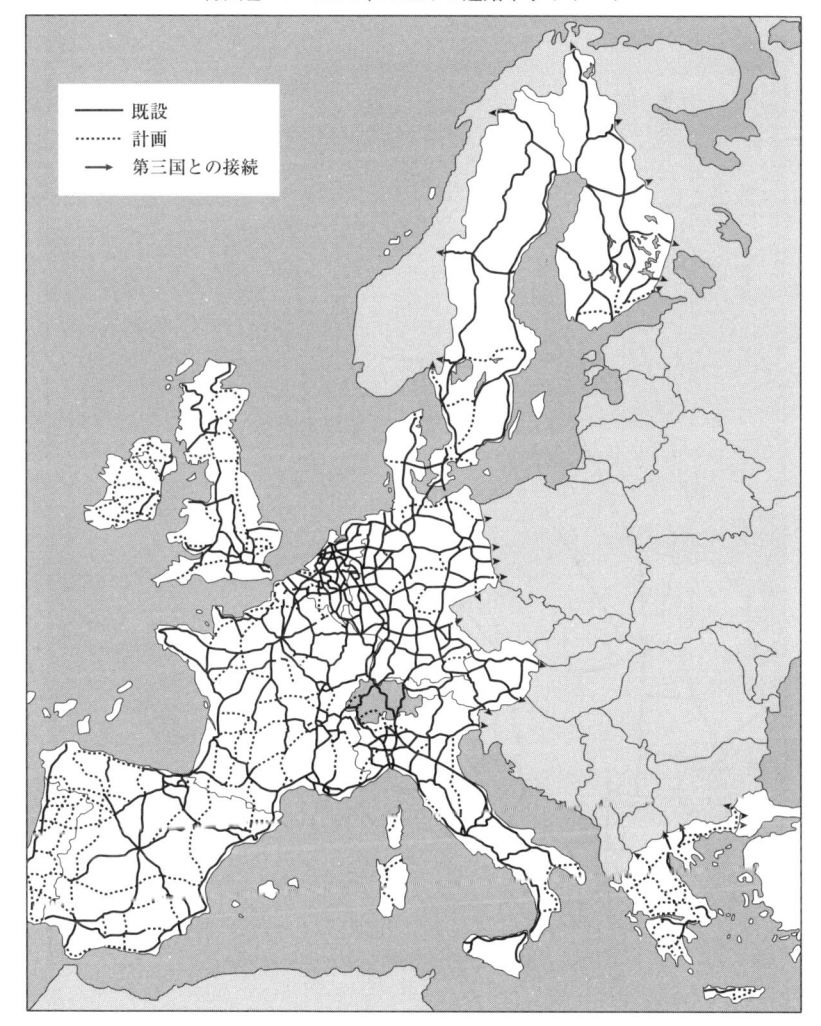

付図Ⅱ-1　2010年における道路ネットワーク

(出所)　OJ (1996c) ANNEX.

250

付図Ⅱ-2 2010年における内陸水路ネットワーク

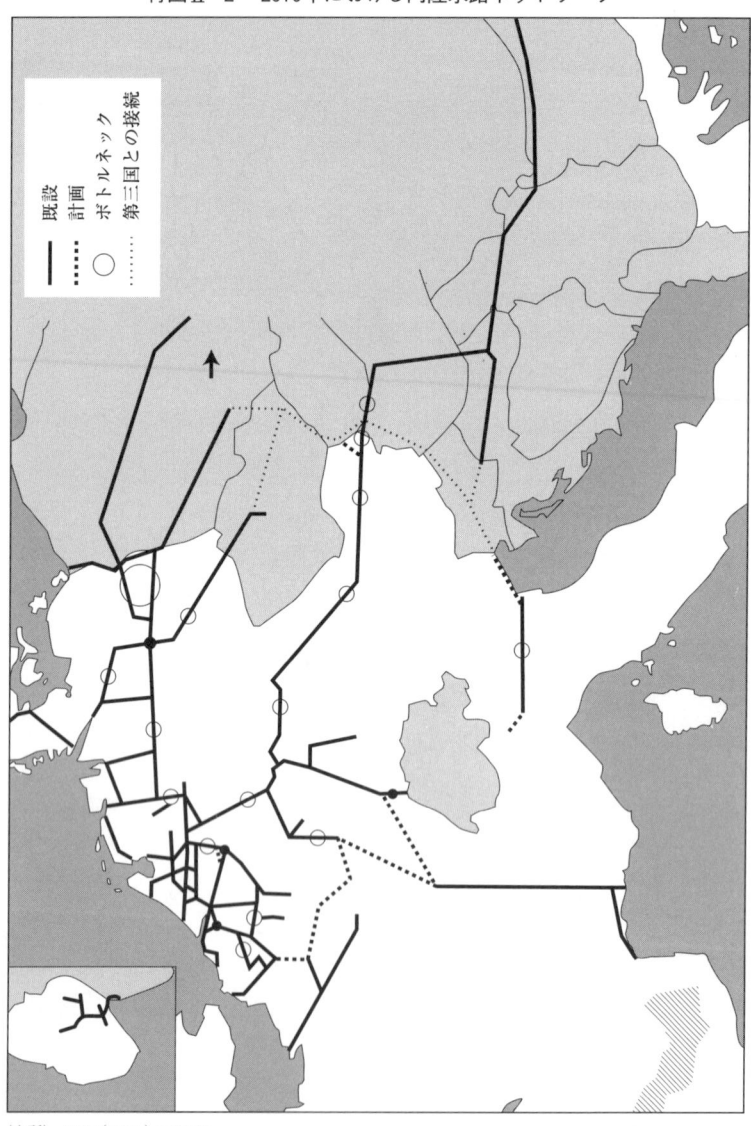

凡例:
- 既設
- 計画
- ボトルネック
- 第三国との接続

(出所) CEC (1996c) ANNEX.

付図Ⅱ-3 2010年における複合輸送ネットワーク

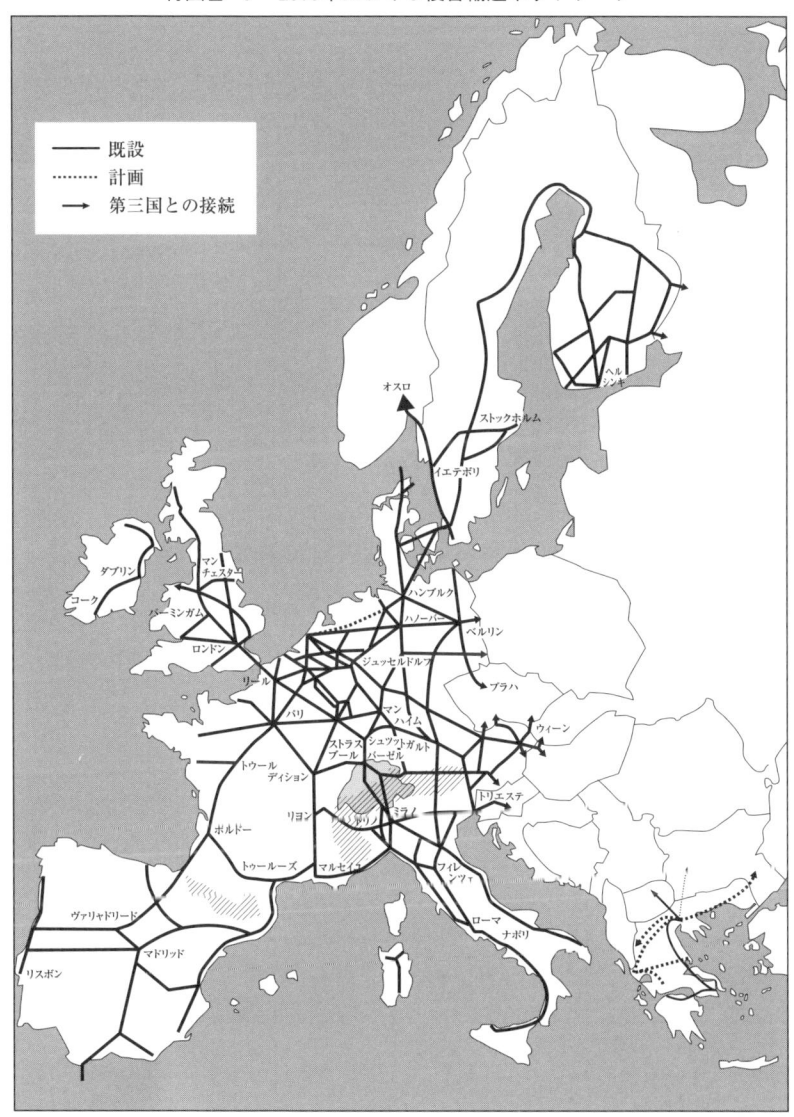

― 既設
…… 計画
→ 第三国との接続

(出所) CEC (1996c) ANNEX.

付図Ⅱ-4　2010年における鉄道ネットワーク

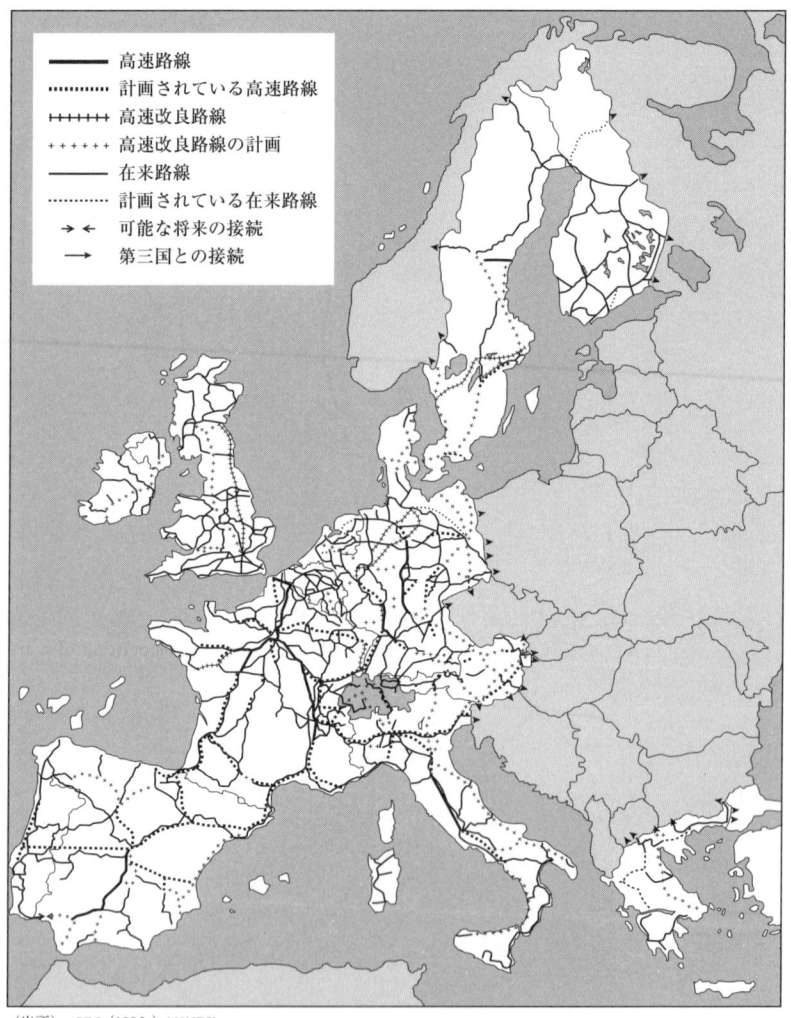

― 高速路線
⋯⋯ 計画されている高速路線
+++++ 高速改良路線
+ + + + + 高速改良路線の計画
― 在来路線
⋯⋯ 計画されている在来路線
→ ← 可能な将来の接続
→ 第三国との接続

(出所) CEC (1996c) ANNEX.

参考文献

COMMISSION OF THE EUROPEAN COMMUNITIES (1983), Proposal for a Council Regulation (EEC) amending Regulation (EEC) No 3164/76 on the Community quota for the carriage of goods by road between Member States, COM (83) 340, 9 June.

COMMISSION OF THE EUROPEAN COMMUNITIES (1984), Proposal for a COUNCIL REGULATION (EEC) amending Regulation (EEC) No 543/69 on the harmonization of certain social legislation relating to road transport and Regulation (EEC) No 1463/70 on the introduction of recording equipment in road transport, COM (84) 147, 21 March.

COMMISSION OF THE EUROPEAN COMMUNITIES (1985), Proposal for a Council Regulation laying down the conditions under which non-resident carriers may operate national road haulage services within a Member State, COM (85) 611, 27 November.

COMMISSION OF THE EUROPEAN COMMUNITIES (1986a), Communication from the Commission to the Council Medium-term Transport Infrastructure Programme, COM (86) 340, 27 June.

COMMISSION OF THE EUROPEAN COMMUNITIES (1986b), Report toward a European High-speed Rail Network, COM (86) 341, 30 June.

COMMISSION OF THE EUROPEAN COMMUNITIES (1986c), Communication from the COMMISSION TO THE COUNCIL, Elimination of distortions of competition of a fiscal nature in the transport of goods by road: Study of vehicle taxes, fuel taxes and road tolls, COM (86) 750, 10 December.

COMMISSION OF THE EUROPEAN COMMUNITIES (1987), Proposal for a Council Directive on the approximation of the rates of excise duty on mineral oils, COM (87) 327, 21 August

COMMISSION OF THE EUROPEAN COMMUNITIES (1988), Proposal for a COUNCIL DIRECTIVE on the charging of transport infrastructure costs to heavy goods vehicles, COM (87) 716, 8 January.

COMMISSION DES COMMUNAUTÉS EUROPÉENNES (1989a), Proposal de Règlement (CEE) du Conseil relatif à la formation des prix pour les transports de marchandises par route entre les Etats Membre, COM (89) 189, le 19 Mai.

COMMISSION OF THE EUROPEAN COMMUNITIES (1989b), Amended proposal for A Council Directive on the approximation of the rates of excise duty on mineral oils, COM (89) 526, 19 December.

COMMISSION OF EUROPEAN COMMUNITIES (1990a), Communication on a Community railway policy, COM (89) 564, 25 January.

COMMISSION OF THE EUROPEAN COMMUNITIES (1990b), Communication from the

Commission to the Council and Parliament, Green paper on the urban environment, COM (90) 218, 27 June.

COMMISSION OF THE EUROPEAN COMMUNITIES (1990c), Toward trans-european networks—progress report—, COM (90) 310, 19 July.

COMMISSION OF THE EUROPEAN COMMUNITIES (1990d), Toward trans-european networks for a community action programme, COM (90) 585, 10 December.

COMMISSION OF THE EUROPEAN COMMUNITIES (1991), Modification of the proposal for a Council Directive on the charging of transport infrastructure costs to heavy goods vehicles, COM (90) 540, 8 February.

COMMISSION OF THE EUROPEAN COMMUNITIES (1992a), Green paper on the impact of transport on the environment, A community strategy for a sustainable mobility, COM (92) 46, 20 February.

COMMISSION OF THE EUROPEAN COMMUNITIES (1992b), Proposal for a Council Regulation (EEC) introducing a declaration of european interest to facilitate the establishment of trans-european networks in the transport domain, COM (92) 15, 24 February.

COMMISSION OF THE EUROPEAN COMMUNITIES (1992c), Toward sustainability, A european community programme of policy and action in relation to the environment and sustainable development, COM (92) 23, 27 March.

COMMISSION OF THE EUROPEAN COMMUNITIES (1992d), Communication from the Commission concerning the creation of a european combined transport network and its operating conditions and proposal for a Council Decision concerning the establishment of a combined transport network in the community, COM (92) 230, 11 June.

COMMISSION OF THE EUROPEAN COMMUNITIES (1992e), Commission communications "Transport infrastructure", COM (92) 231, 11 June.

COMMISSION OF THE EUROPEAN COMMUNITIES (1992f), Proposal for a Council Directive introducing a tax on carbon dioxide emissions and energy, COM (92) 226, 30 June.

COMMISSION OF THE EUROPEAN COMMUNITIES (1992g), Amendment to the proposal for a Council Directive on the charging of transport infrastructure costs to heavy goods vehicles, COM (92) 405, 30 September.

COMMISSION OF THE EUROPEAN COMMUNITIES (1992h), Communication from the Commission, The future development of the common transport policy, A global approach to the construction of a community framework for sustainable mobility, COM (92) 494, 2 December.

COMMISSION OF THE EUROPEAN COMMUNITIES (1993a), Amendment to the proposal for a Council Regulation, Introducing a declaration of european interest to facilitate the establishment of trans-european networks in the transport domain, COM (93) 115, 19 April.

COMMISSION OF THE EUROPEAN COMMUNITIES (1993b), Report from the Commission to the Council on the application of Council Directive 75/130/EEC of 17 February 1975, as last amended by Council Directive 91/224/EEC of 27 March 1991 on the establishment of common rules for certain types of combined transport of goods between Member States, COM (93)394, 1 September.

COMMISSION OF THE EUROPEAN COMMUNITIES (1993c), Proposal for a Council Directive on the licensing of railway undertakings and proposal for a Council Directive on the allocation of railway infrastructure capacity and the charging of infrastructure fees, COM (93)678, 15 December.

COMMISSION OF THE EUROPEAN COMMUNITIES (1994a), Proposal for a Council Regulation laying down general rules for the granting of community financial aid in the field of trans-european networks, COM (94)62, 2 March.

COMMISSION OF THE EUROPEAN COMMUNITIES (1994b), Proposal for a European Parliament and Council Decision on community guidelines for the development of the trans-european transport network, COM (94)106, 7 April.

COMMISSION OF THE EUROPEAN COMMUNITIES (1994c), Proposal for a Council Regulation amending Regulation (EEC) No 3821/85 and Council Directive 88/599/EEC on recording equipment in road transport (tachograph), COM (94)323, 22 July.

COMMISSION OF THE EUROPEAN COMMUNITIES (1994d), Interim review of implementation of the european community programme of policy and action in relation to the environment and sustainable development "toward sustainability" COM (94)453, 30 November.

COMMISSION OF THE EUROPEAN COMMUNITIES (1995a), re-examined proposal for a Council Directive on the licensing of railway undertakings and Re-examined proposal for a Council Directive on the allocation of railway infrastructure and charging of infrastructure fees, COM (95)151, 5 May.

COMMISSION OF THE EUROPEAN COMMUNITIES (1995b), Amended proposal for a Council Directive introducing a tax on carbon dioxide emissions and energy, COM (95)172, 10 May,

COMMISSION OF THE EUROPEAN COMMUNITIES (1995c), Amended proposal for a European Parliament and Council Decision on community guidelines for the development of the trans-european transport network, COM (95)298, 19 June.

COMMISSION OF THE EUROPEAN COMMUNITIES (1995d), Communication on the development of the community's railways, application of Directive 91/440/EEC future measures to develop the railways, Proposal for a Council Directive amending Directive 91/440/EEC on the development of the community's railways, COM (95)337, 19 July

COMMISSION OF THE EUROPEAN COMMUNITIES (1995e), Commission report to the Council and European Parliament on the rates of duty laid down in Council Directive

92/79/EEC OF 19 October 1992 on the approximation of taxes on cigarettes, Council Directive 92/80/EEC OF 19 October 1992 on the approximation of taxes on manufactured tobacco other than cigarettes, Council Directive 92/84/EEC OF 19 October 1992 on the approximation of the rates of excise duty on alcohol and alcoholic beverages and Council Directive 92/82/EEC OF 19 October 1992 on the approximation of the rates of excise duties on mineral oils, COM (95)285, 13 September.

COMMISSION OF THE EUROPEAN COMMUNITIES (1996a), Progress report from the Commission on the implementation of the european community programme of policy and action in relation to the environment and sustainable development "towards sustainability", COM (95)624, 10 January.

COMMISSION OF THE EUROPEAN COMMUNITIES (1996b), Report from the Commission on the implementation in 1991-1992 of Regulation (EEC) No 3820/85 on the harmonization of certain social legislation relating to road transport, COM (95)713, 10 January.

COMMISSION OF THE EUROPEAN COMMUNITIES (1996c), Proposal for a Council Directive on the charging of heavy goods vehicles for the use of certain infrastructures, COM (96)331, 10 July.

COMMISSION OF THE EUROPEAN COMMUNITIES (1996d), Commission communication concerning an action programme to promote the combined transport of goods, COM (96)335, 24 July.

COMMISSION OF THE EUROPEAN COMMUNITIES (1996e), White Paper: A strategy for revitalising the community's railways, COM (96)421, 30 July.

COMMISSION OF THE EUROPEAN COMMUNITIES (1996f), Trans-european network annual report to the Council and the European Parliament, COM (95)571, 30 May.

COMMISSION OF THE EUROPEAN COMMUNITIES (1996g), Trans-european network, 1996 annual report, COM (96)645, 6 December.

COMMISSION OF THE EUROPEAN COMMUNITIES (1997a), Trans-european rail freight freeways, COM (97)242, 29 May.

COMMISSION OF THE EUROPEAN COMMUNITIES (1997b), Communications from the Commission to the Council, European Parliament, the Economic and social Committee and the Committee of Regions, Intermodality and intermodal freight transport in EU, A Systems approach to freight transport strategies and actions to enhance efficiency, services and sustainability, COM (97)243, 29 May.

COMMISSION OF THE EUROPEAN COMMUNITIES (1997c), White paper on sectors and activities excluded from the working time directive, COM (97)334, 15 July

COMMISSION OF THE EUROPEAN COMMUNITIES (1997d), Report from the Commission to the Council on the application during the year 1993 to 1995 of Council Directive 92/106/EEC of 7 December 1992 on the establishment of common rules for certain types of combined transport of goods between Member States, COM (97)372, 18

July.
COMMISSION OF THE EUROPEAN COMMUNITIES (1997e), Proposal for a European parliament and Council Decision amending Decision No 1692/96/EC as regards seaports, inland ports and international terminal as well as project No. 8 in Annex III.
COMMISSION OF THE EUROPEAN COMMUNITIES (1997f), Report from the Commission on the implementation in 1993-1994 of Regulation (EEC) No 3820/85 on the harmonization of certain social legislation relating to road transport, COM (97) 698, 12 December.
COMMISSION OF THE EUROPEAN COMMUNITIES (1997g), Connecting the Union's transport infrastructure network to its neighbours towards a cooperative pan-european transport network policy, COM (97) 172, 23 April.
COMMISSION OF THE EUROPEAN COMMUNITIES (1998a), Report from the Commission to the Council on the transit of goods by road through austria COM (98) 6, 16 January.
COMMISSION OF THE EUROPEAN COMMUNITIES (1998b), Proposal for Council Directive on a transparent system of harmonized rules for driving restrictions on HGV involved in international transport on designed roads, COM (98) 115, 11 March.
COMMISSION OF THE EUROPEAN COMMUNITIES (1998c), On the implementation and impact of Directive 91/440 on the development of the community railways and on access right for rail freight, COM (98) 202, 31 March.
COMMISSION OF THE EUROPEAN COMMUNITIES (1998d), Draft Directive amending existing tax incentives (92/106/EC) for combined transport, COM (98) 414, 10 July.
COMMISSION OF THE EUROPEAN COMMUNITIES (1998e), Proposal for a Council Regulation amending Regulation No 2236/95 laying down general rules for the granting of Community financial aid in the field of trans-european network, COM (98) 172, 18 March.
COMMISSION OF THE EUROPEAN COMMUNITIES (1998f), 1998 Report on the implementation of the guidences and priorities for the future, COM (98) 614, 28 October.
COMMISSION OF THE EUROPEAN COMMUNITIES (1998g), Report on the implementation of Regulation (EEC) No 3118/93 laying down the conditions under which non-resident carriers may operate national road haulage services within a Member State (CABOTAGE), COM (98) 47, 4 February.
COMMISSION OF THE EUROPEAN COMMUNITIES (1998h), Communication from the Commission to the Council, the European Parliament, the Economic and social committee and the Committee of the Regions on the organisation of working time in the sectors and activities excluded from Directive 93/104/EC of 23 November 1993, COM (98) 662, 18, November.
COMMISSION OF THE EUROPEAN COMMUNITIES (1999a), Proposal for a Council Regulation on the distribution of permits for HGV travelling in Switzerland, COM

(99) 35, 27 January.
COMMISSION OF THE EUROPEAN COMMUNITIES (1999b), Trans-european network, 1998 annual report, COM (99) 410, 15 April.

Journal Officiel des Communautés Européennes (1960), Règlement N°11 concernant la suppression de discriminations en matière de prix et conditions de transport, pris en exécution de l'article 79, paragraphe 3 du traité instituant la Commuauté économique européenne, le 16 août.

Journal Officiel des Communautés Européennes (1962), Première Directive du Conseil relative à l'établissement de certaines règles communes pour les transports internationaux (transports de marchandises par route pour compte d'autrui). 6 Août.

Official Journal of the European Communities (1965a), Council Directive 65/269/EEC of 13 May concerning the standarization of certain rules relating to authorizations for the carriage of goods by road between Member States, No. L88. 24 May.

Journal Officiel des Communautés Européennes (1965b), Decision du Conseil 65/271/EEC du 13 mai 1965 relative à l'harmonisation de certaines dispositions ayant une incidence sur la concurrence dans le domaine des transports par chemin de fer, par route et par voie navigable, N° L88, 24 Mai.

Journal officiel des Communautés Européennes (1968a), Proposition d'une Première Directive du Conseil relative à l'aménagement des systèmes nationaux de taxes sur les véhicules utilitaires, N° C95, le 17 Juillet.

Official Journal of the European Communities (1968b), Council Regulation (EEC) No 1174/68 of 30 July 1968 on the introduction of a system of bracket tariffs for the carriage of goods by road between Member States, No. L194, 6 August.

Journal Officiel des Communautés Européennes (1969a), Règlement (CEE) N°543/69 du conseil du 25 mars 1969 relatif à l'harmonisation de certains dispositions en matière sociale dans le domaine des transports par route, N° L77, 29 Mars.

Official Journal of the European Communities (1969b), Council Regulation (EEC) No 1191/69 of 26 June 1969 on action by Member States concerning the obligation inherent in the concept of a public service in transport by rail, road and inland waterway, No. L156, 28 June.

Official Journal of the European Communities (1969c), Council Regulation (EEC) No 1192/69 of 26 June 1969 on common rules for the normalisation of the accounts of railway undertakings, No. L156, 28 June.

Official Journal of the European Communities (1970a), Council Regulation (EEC) No 1107/70 of 4 June 1970 on the granting of aids for transport by rail, road and inland waterway, No. L130, 15 June.

Official Journal of the European Communities (1970b), Council Regulation (EEC) No

1463/70 of 20 July 1970 on the introduction of recording equipment in road transport, No. L164, 27. July.

Official Journal of the European Communities (1972), Council Directive 72/426/EEC of 19 December 1972 amending the first Directive of 23 July 1962 on the establishment of certain common rules for international transport (carriage of goods by road for hire or reward), No. L291, 28 December.

Official Journal of the European Communities (1973), Declaration of the Council of the European Communities and of the representatives of the governments of the Member States meeting in the Council of 22 November 1973 on the programme of action of the European Communities on the environment, No. C112, 20 December.

Official Journal of the European Communities (1974a), Council Directive 74/149/EEC of 4 March 1974 amending the first Directive on the establishment of certain common rules for international transport (carriage of goods by road for hire or reward), No. L84, 28 March.

Official Journal of the European Communities (1974b), Council Directive 74/561/EEC of 12 November 1974 on admission to the occupation of road haulage operator in national and international transport operations, No. L308, 19, November.

Official Journal of the European Communities (1975a), Council Directive 75/130/EEC of 17 February 1975 on the establishment of common rules for certain types of combined road/rail carriage of goods between Member States, No. L48, 22 February.

Official Journal of the European Communities (1975b), Council Decision 75/327/EEC of 20 May 1975 on the improvement of the situation of railway undertakings and the harmonization of rules governing financial relations between such undertakings and States, No. L152, 12 June.

Official Journal of the European Communities (1975c), Council Regulation (EEC) No 1473/75 of 20 May 1975 amending Regulation (EEC) No 1107/70 on the granting of aids for transport by rail, road and inland waterway, No. L152, 12 June.

Official Journal of the European Communities (1975d), Resolution embodying the opinion of the European parliament on the proposal from Commission of the European Communities to the Council for a Regulation amending Regulation (EEC) No 1174/68 of 30 July 1968 on the introduction of a system of bracket tariffs for the carriage of goods by road between Member States, No. C280, 8 December.

Official Journal of the European Communities (1976a), Economic and Social Committee: Opinion on the communication from the Commission to the Council on the operation of the markets in surface goods transport within the Community (road, rail and inland waterway), and on four draft Regulation concerning, No. C281, 27 November.

Official Journal of the European Communities (1976b), Council Regulation (EEC) No 3164/76 of 16 December on the Community quota for the carriage of goods by road between Member States, No. L. 357, 29 December.

Official Journal of the European Communities (1977a), Council Directive 77/158/EEC of 14 February amending the First Directive on the establishment of common rules for the certain types of carriage of goods by road between the Member States, No. L. 48, 19 February.

Official Journal of the European Communities (1977b), Resolution of the Council of the European Communities and of the representatives of the governments of the Member States meeting within the Council of 17 May 1977 on the continuation and implementation of a European Community policy and action programme on the environment, No. C139, 13 June.

Official Journal of the European Communities (1977c), Council Regulation (EEC) No 2830/77 of 12 December 1977 on the measures necessary to achieve comparability between the accounting systems and annual accounts of railway undertakings, No. L334, 24 December.

Official Journal of the European Communities (1977d), Council Regulation (EEC) No 2831/77 of 12 December 1977 on the fixing of rates for the carriage of goods by road between Member States, No. L334, 24 December.

Official Journal of the European Communities (1977e), Council Regulation (EEC) No 3024/77 of 21 December amending Regulation (EEC) No 3164/76 of the Community quota for the carriage of goods by road between Member States, No. L 358, 31 December.

Official Journal of the European Communities (1978a), Council Decision 78/174/EEC of 20 February 1978 instituting a consultation procedure and setting up a committee in the field of transport infrastructure, No. L54, 25 February.

Official Journal of the European Communities (1978b), Council Directive 78/175/EEC of 20 February amending the First Directive on the establishment of common rules for the certain types of carriage of goods by road between Member States, No. L 54, 25 February.

Official Journal of the European Communities (1978c), Council Directive 78/546/EEC of 12 June 1978 on statistical returns in respect of carriage of goods by road as part of regional statistics, No. L168, 26 June.

Official Journal of the European Communities (1978d), Commission Recommendation of 29 June 1978 concerning the general conditions for the application of the reference tariffs provided for in Article 4(3) of Council Regulation (EEC) No 2831/77 on the fixing of rates for the carriage of goods between Member States, No. L202, 26 July.

Official Journal of the European Communities (1978e), Council Regulation (EEC) No 2183/78 of 19 September 1978 laying down uniform costing principles for railway undertakings, No. L258, 21 September.

Official Journal of the European Communities (1979a), Council Regulation (EEC) No 2963/79 of 20 December amending Regulation (EEC) No 3164/76 on the Community quota for the carriage of goods by road between Member States as regards the increase of the quota, No. L336, 29 December.

Official Journal of the European Communities (1979b), Council Regulation (EEC) No 2964/79 of 20 December amending Regulation (EEC) No 3164/76 on the Community quota for the carriage of goods by road between Member States as regards the introduction of short-term Community authorizations, No. L 336, 29 December.

Official Journal of the European Communities (1980a), Council Decision 80/48/EEC of 20 December 1979 on the adjustment for the carriage of goods by road for hire or reward between Member States, No. L18, 24 January.

Official Journal of the European Communities (1980b), Council Decision 80/49/EEC of 20 December 1979 amending the First Directive on the establishment of common rules for certain types of carriage of goods by road between Member States, No. L18, 24 January.

Official Journal of the European Communities (1981a), Council Regulation (EEC) No 305/81 of 20 January 1981 amending Regulation (EEC) 3164/76 on the Community quota for the carriage of goods by road between Member States, No. L34, 6 February.

Official Journal of the European Communities (1981b), Council Resolution of 15 December 1981 on Community railway policy, No. C157, 22 June.

Official Journal of the European Communities (1982a), Council Decision 82/50/EEC of 19 January 1982 amending the First Directive, of 23 July 1962, on the establishment of common rules for certain types of carriage of goods by road between Member States, No. L27, 4 February.

Official Journal of the European Communities (1982b), Council Regulation (EEC) No 663/82 of 22 March 1982 amending, as regards the increase of the quota, Regulation (EEC) No. 3164/76 on the Community quota for the carriage of goods by road between Member States, No. L78, 24 March 1982.

Official Journal of the European Communities (1982c), Council Regulation (EEC) No 1658/82 of 10 June 1982 supplementing by provisions on combined transport Regulation (EEC) No. 1107/70 on the granting of aids for transport by rail, road and inland waterway, No. L184, 29 June.

Official Journal of the European Communities (1982d), Council Decision 82/529/EEC of 19 July 1982 on the fixing of rates for international carriage of goods by rail, No. L234, 9 August.

Official Journal of the European Communities (1982e), Council Directive 82/603/EEC of 28 July amending Directive 75/130/EEC on the establishment of common rules for certain types of combined road/rail carriage of goods between Member States, No. L247, 23 August.

Official Journal of the European Communities (1982f), Council Regulation (EEC) No

3515/82 of 21 December 1982 amending Regulation (EEC) No 3164/76 on the Community quota for the carriage of goods by road between Member States and Regulation (EEC) No 2964/79, No. L369, 29 December.

Official Journal of the European Communities (1983a), Resolution of the Council of the European Communities and of the representatives of the governments of the Member States, meeting within the Council of 17 February 1983 on the continuation and implementation of a European Community Policy and action programme on the environment (1982 to 1986), No. C46, 17 February.

Official Journal of the European Communities (1983b), Council Directive 83/572/EEC of 26 October 1983 amending Directive 65/269/EEC concerning the standarization of certain rules relating to authorizations for the carriage of goods by road between Member States, 28 November, No. L332.

Official Journal of the European Communities (1983c), Council Regulation (EEC) No 3568/83 of 1 December 1983 on the fixing of rates for the carriage of goods by road between Member States, No. L359, 22 December.

Official Journal of the European Communities (1984a), Council Regulation (EEC) No 3621/84 of 19 December 1984 amending Regulation (EEC) No 3164/76 on the Community quota for the carriage of goods by road between Member States, No. L333, 21 December.

Official Journal of the European Communities (1984b), Council Recommendation 84/646/EEC of 19 December 1984 on strengthening the cooperation of the national railway companies of the Member States in inter-national passenger and goods transport, No. L333, 21 December.

Official Journal of the European Communities (1985a), Council Decision 85/476/EEC of 27 September 1985 allocating among the Member States the additional authorizations resulting from the increase in the Community quota for the carriage of goods by road for 1986, No. L284, 24 October.

Official Journal of the European Communities (1985b), Council Regulation (EEC) No 3243/85 of 14 November 1985 amending Regulation (EEC) No 3164/76 on the Community quota for the carriage of goods by road between Member States, No. L309, 21 November.

Official Journal of the European Communities (1985c), Council Directive 85/505/EEC amending Directive 65/269/EEC on the standardization of certain rules relating to authorization for the carriage of goods by road between Member States, No. L309, 21 November, 1985.

Official Journal of the European Communities (1985d), Council Regulation (EEC) No 3820/85 of 20 December 1985 on the harmonization of certain social legislation relating to road transport, No. L370, 31 December.

Official Journal of the European Communities (1985e), Council Regulation (EEC) No

3821/85 of 20 December 1985 on recording equipment in road transport, No. L370, 31 December.

Official Journal of the European Communities (1986a), Council Directive 86/544/EEC of 10 November 1986 amending Directive 75/130/EEC on the establishment of common rules for certain types of combined transport of goods between Member States, 15 November.

Official Journal of the European Communities (1986b), Council Regulation (EEC) No 4059/86 of 22 December 1986 on granting of financial support to transport infrastructure projects, No. L378, 31 December.

Official Journal of the European Communities (1987), Resolution of the Council of the European Communities and of the representatives of the governments of the Member States, meeting within the Council of 19 October 1987 on the continuation and implementation of a European Community policy and action programme on the environment (1987 to 1992) No. C328, 7 December.

Official Journal of the European Communities (1988a), Council Directive 88/599/EEC of 23 November 1988 on standard checking procedures for implementation of Regulation (EEC) No 3820/85 on the harmonization of certain social legislation relating to road transport and Regulation (EEC) No 3821/85 on recording equipment in road transport, No. L325, 29 November.

Official Journal of the European Communities (1988b), Council Regulation (EEC) No 4048/88 of 19 December 1988 on the grant of financial support to transport infrastructure projects, No. L356, 24 December.

Official Journal of the European Communities (1989a), Council Regulation (EEC) No 1100/89 of 27 April 1989 amending Regulation (EEC) No 1107/70 on the granting of aids for transport by rail, road and inland waterway, No. L116, 28 April.

Official Journal of the European Communities (1989b), Council Directive 89/438/EEC of 21 June 1989 amending Directive 74/561/EEC on admission to the occupation of road haulage operator in national and international transport operations, Directive 74/562/EEC on admission to the occupation of road passenger transport operator in national and international transport operations and Directive 77/796/EEC aiming at the mutual recognition of diplomas, certificates and other evidence of formal qualifications for goods haulage operators and road passenger transport operators, including measures intended to encourage these operators effectively to exercise their right to freedom of establishment, 22 July.

Official Journal of the European Communities (1989c), Council Regulation (EEC) No 4058/89 of 21 December 1989 on the fixing of rates for the carriage of goods by road between Member States, No. L390, 30 December.

Official Journal of the European Communities (1989d), Council Regulation (EEC) No 4059/89 of 21 December 1989 laying down the conditions under which non-resident carriers may operate national road haulage services within a Member State, No. L390, 30 December.

Official Journal of the European Communities (1990), Council Regulation (EEC) No 3359/90 of 20 November 1990 for an action programme in the field of transport infrastructure with a view to the completion of an integrated transport market in 1992, No. L326, 24 November.

Official Journal of the European Communities (1991a), Council Directive 91/224/EEC of 27 March 1991 amending Directive 75/130/EEC on the establishment of common rules for certain types of combined transport of goods between Member States, No. L103, 23 April.

Official Journal of the European Communities (1991b), Council Regulation (EEC) No 1893/91 of 20 June 1991 amending Regulation (EEC) No 1191/69 on action by Member States concerning the obligations inherent in the concept of a public service in transport by rail, road and inland waterway, No. L169, 29, June.

Official Journal of the European Communities (1991c), Council Directive 91/440/EEC of 29 July 1991 on the development of the Community's railways, No. L237, 24 August.

Official Journal of the European Communities (1992a), Council Regulation (EEC) No 881/92 of 26 March 1992 on access to the market in the carriage of goods by road within the Community to or from the territory of a Member State or passing across the territory of one or more Member States, No. L95, 9 April.

Official Journal of the European Communities (1992b), Council Directive 92/81/EEC of 19 October 1992 on the harmonization of the structures of excise duties on mineral oils, No. L316, 31 October.

Official Journal of the European Communities (1992c), Council Directive 92/82/EEC of 19 October 1992 on the approximation of the rates of excise duties on mineral oils, No. L316, 31 October.

Official Journal of the European Communities (1992d), Council Regulation (EEC) No 3578/92 of 7 December 1992 amending Regulation (EEC) No 1107/70 on the granting of aids for transport by rail, road and inland waterway, No. L364, 12 December.

Official Journal of the European Communities (1992e), Council Directive 92/106/EEC of 7 December 1992 on the establishment of common rules for certain types of combined transport of goods between Member States, No. L368, 17 December.

Official Journal of the European Communities (1993a), Council Decision 93/45/EEC of 22 December 1992 concerning the granting of financial support for pilot schemes to promote combined transport, No. L16, 25 January.

Official Journal of the European Communities (1993b), Commission Decision 93/173/EEC of 22 February 1993 drawing up the standard form provided for by Article 16 of Council Regulation (EEC) No 3820/85 on the harmonization of certain social legislation relating to road transport, No. L72, 25 Mars.

Official Journal of the European Communities (1993c), Council Regulation (EEC) No 3118/93 of 25 October 1993 laying down the conditions under which non-resident carriers may operate national road haulage services within a Member State, No. L279, 12 November.

Official Journal of the European Communities (1993d), Council Decision 93/628/EEC of 29 October 1993 on the creation of a trans-european combined transport network, No. L305, 10 December.

Official Journal of the European Communities (1993e), Council Decision 93/629/EEC of 29 October 1993 on the creation of a trans-european road network, No. L305, 10 December.

Official Journal of the European Communities (1993f), Council Decision 93/630/EEC of 29 October 1993 on the creation of a trans-european inland waterway network, No. L305, 10 December.

Official Journal of the European Communities (1993g), Council Regulation (EEC) No 792/93 of 30 March 1993 establishing a certain financial instrument, No. L79, 1 April.

Official Journal of the European Communities (1993h), Council Directive 93/89/EEC of 25 October 1993 on the application by Member States of taxes on certain vehicles used for carriage of goods by road and tolls and charges for the case of certain infrastructure, No. L279, 12 November.

Official Journal of the European Communities (1995a), Council Directive 95/18/EC of 19 June 1995 on the licensing of railway undertakings, No. L143, 27 June.

Official Journal of the European Communities (1995b), Council Directive 95/19/EC of 19 June 1995 on the allocation of railway infrastructure capacity and the charging of infrastructure fees, No. L143, 27 June.

Official Journal of the European Communities (1996a), Council Directive 96/26/EEC of 29 April 1996 on admission to the occupation of road haulage operator and road passenger transport operator and mutual recognition of diplomas, certificates and other evidence of formal qualifications intended to facilitate for these operators the right to freedom of establishment in national and international transport operations, No. L124, 23 May.

Official Journal of the European Communities (1996b), Council Directive 96/53/EC of 25 July 1996 laying down for certain road vehicles circulating within the Community the maximum authorized dimensions in national and international traffic and the maximum authorized weights in international traffic, No. L235, 17 September.

Official Journal of the European Communities (1996c), Council Decision No 1692/96/EC of the European Parliament and of the Council of 23 July 1996 on Community Guideline for the development of the trans-european transport network, No. L228, 9 September.

Official Journal of the European Communities (1997), Council Regulation (EC) No 543/97 of 17 March 1997 amending Regulation (EEC) No 1107/70 on the granting of aids for transport by rail, road and inland waterway, No. L84, 26 March.

Official Journal of the European Communities (1998), Council Regulation (EEC) No 3821/85 on recording equipment in road transport and Directive 88/599/EEC concerning the application of Regulation (EEC) No 3820/84 and (EEC) No 3821/85, No. L274, 9 October.

Official Journal of the European Communities (1999), Decision of the representatives of the governments of the Member States meeting within the Council 1999/415/ECSC of 17 June 1999 authorising the Commission to terminate the Agreement of 28 July 1956 on the setting of through international railway tariffs for the carriage of coal and steel in transit through Swiss territory, No. L159, 25 June.

Carlo degli Abbati (1986), *Transport and European Integration,* Commission of the European Communities.

Allais, M., L. Duquesne de la Vinelle, C. J. Oort, St. H. Seidenfus and M. del Viscovo (1965), *Options in Transport Tariff Policy,* EEC Series No. 1.

青木真美 (1991), 「欧州における高速鉄道網の整備」, 東洋大学短期大学観光産業研究所刊『観光産業』第8号。

青木真美 (1992), 「ヨーロッパの高速鉄道網整備計画」, 『運輸と経済』第52巻第7号。

青木真美 (1999), 「ヨーロッパにおける鉄道貨物輸送の動向」, 『運輸と経済』第59巻第8号。

Balassa, B. (1961), *The Theory of Economic Integration, Illinois* (中島正信訳 (1963), 『経済統合の理論』ダイヤモンド社).

Banister, D. (1993), Investing in Transport Infrastructure, in Banister, D. and J. Berechman (ed.), *Transport in a Unified Europe: Policies and Challenges,* North Holland.

Baum, H. (1984), Deregulation of Rates for International Road Haulage within the European Community, *Journal of Transport Economics and Policy,* Vol. 18, No. 1.

Blum, U., H. Gercek and J. Viegas (1992), High-Speed Railway and the European Peripheries: oppotunities and challenges, *Transportation Research,* Vol. 26, No. 2.

Blum, U. and J. Viegas (1993), High-Speed Railways in Europe, Banister, D. and J. Berechman (ed.), *Transport in a Unified Europe: Policies and Challenges,* North-Holland.

Button, K. J. (1982), *Transport Economics,* London.

Button, K. J. (1984), *Road Haulage Licensing and EC Transport,* Gower.

Bulletin EC (1990a)-10.

Bulletin EC (1990b)-11.

Communauté Économique Européenne (1961), *Le Mémorandum de la Commission sur l'orientation à donner à la politique commune des transports.*

Communauté Européenne des Chemins de Fer (1988), *Réseau Européen à Grande Vitesse: Élaboration d'une Proposition de la Communauté Européenne des Chemins de Fer*, Mars.
Diebold, W. (1959), *The Schuman Plan*, New York.
DIRECTORATE GENERAL FOR ENERGY (DG XVII) (1993), *ENERGY, CONSEQUENCES OF THE PROPOSED CARBON/ENERGY TAX*, SEC (92) 1996, 23 OCTOBER.
Dyos, H. J. and D. H. Aldcroft (1969), *British Transport*, Penguin Books.
ECSC (1953), 1st General Report.
ECSC (1954), 2nd General Report.
ECSC (1955), 3rd General Report.
ECSC (1956), 4th General Report.
EC-INFORM-Transport (1997), No. 4.
EC-INFORM-Transport (1998a), No. 15.
EC-INFORM-Transport (1998b), No. 18.
EC-INFORM-Transport (1998c), No. 22.
EC-INFORM-Transport (1999), No. 27.
EUROPEAN COMMISSION (1987), *The Single European Act*, Bulletin of the European Communities Supplement 1/87.
EUROPEAN COMMISSION (1993), *GROWTH, COMPETITIVENESS, EMPLOYMENT*, White Paper.
EUROPEAN COMMISSION (1995), *Citizen's network*, Bulletin of European Union, Supplement 4/95.
EUROPEAN COMMISSION (1996), *Towards fair and efficient pricing in transport policy options for internalizing the external costs of transport in the European Union*, Bulletin of European Union, Supplement 2/96.
EUROPEAN COMMISSION (1997), *AGENDA 2000 for a stronger and wider Union*, Bulletin of European Union, Supplement 5/97.
EUROPEAN COMMUNITIES (1987), *TREATIES ESTABLISHING THE EUROPEAN COMMUNITIES*,
EUROPEAN COMMUNITIES (1992), *TREATY OF EUROPEAN UNION*.
EUROPEAN PARLIAMENT (1991a), *COMMUNITY POLICY ON TRANSPORT INFRASTRUCTURE*.
EUROPEAN PARLIAMENT (1991b), *THE JUDGEMENT OF THE COURT OF JUSTICE OF THE EUROPEAN COMMUNITIES IN CASE 13/83 AND THE DEVELOPMENT OF THE COMMON TRANSPORT POLICY*.
EUROPEAN UNION (1995), *Selected Instrument taken from the Treaties*, Vol. 1.
EUROPEAN UNION (1997), *TREATY OF AMSTERDAM*.
Eurostat (1998), *TRANSPORT FIGURES*, DG VII.
藤原豊司, 田中俊郎 (1995), 『欧州連合』(東洋経済新報社).

Gaspard, M. (1996), *Le Financement des Infrastructures de Transport en Europe Centrale et Orientale,* Presses de l'école nationale des ponts et chausses.
Gerardin, B. (1993), Financing Transport in Europe, in Banister, D. and J. Berechman (ed.), *Transport IN A Unified Europe: Policies and Challenges,* North-Holland.
Gwilliam, K. M. (1980), "The Transport Policy" in El-Agraa, A. M. (ed.), *The Economics of the European Community,* Oxford.
Haq, G. (1997), *Toward Sustainable Transport Planning-A comparison between Britain and the Netherlands*-Avebury.
林克彦 (1994),「複合輸送政策」,橋本昌史編著『ECの運輸政策』第6章所収(白桃書房)。
林克彦 (1997),「EU統合過程における物流政策の変遷」,『日本物流学会誌』No. 5.
Hoster, F., H. Welsch and C. Böhringer (1997), *CO_2 Abatement and Economic Structural Change in the European Internal Market,* Springer-Verlag.
House of Lords (1983), *Quotas for the Carriage of Goods by Road,* 6th Report Session 1983-84, HMSO, London.
Hutter, R. (1953), The Transport Problem within the European Coal and Steel Community, *Transport Communications Review,* Vol. 6 No. 3.
家田仁 (1994)「鉄道政策Ⅱ—技術的調和と高速鉄道網計画」,橋本昌史編著『ECの運輸政策』第4章所収(白桃書房)。
今城光英 (1994)「鉄道政策Ⅰ」,橋本昌史編著『ECの運輸政策』第3章所収(白桃書房)。
INSÉE (1995), *LES COMPTES DES TRANSPORT EN 1994,* OEST.
INSÉE (1996), *LES TRANSPORTS EN 1995,* OEST.
石弘光編 (1997),『環境税』(東洋経済新報社)。
Judgement of the Court (1984), Case 113/83, 11 December.
Judgement of the Court (1985), Case 13/83, 22 May.
Judgement of the Court (1995), Case C-21/94, 5 July.
Kiriazidis, T. (1994), *European Transport: Problems and Policies,* Avebury.
Klaer, W. (1960), "Direkt internationale Tarife Studien zur Rechtsgroundlage Entstehungsgeschichte und Einführung direkter internationale Eisenbahngütertarife in der europaischen Gemeinschaft für Kohle und Stahl," *Archiv für Eisenbahnwesen,* Jg. 70,
Klaer, W. (1961), *Der Verkehr im Gemeinsamen markt für Kohle und Stahl,* Baden-baden.
Locklin, D. P. (1972), *Economics of Transport,* 7th., Illinois.
Mackie, P. J., D. Simon, and A. E. Whiteing (1987), *The British Transport Industry and the European Community,* Gower.
Maggi, R., I. Masser and P. Nijkamp (1992), Missing network in European transport and communications, *Transport Reviews,* Vol. 12, No. 4.
Meade, J. E., H. H. Liesner and S. S. Wells (1962), *Case Studies in European Economic Union,* London.

Munby, D. L. (1962), Fallacies in the Community's Transport Policy, *Journal of Common Market Studies*, Vol. 1.

長峰, 林, 近藤 (1998),「EU統合過程における物流政策——持続可能なモビリティ」,『流通科学論集—流通・経営編』第10巻第2号.

中浜昭人 (1994),「内陸水運政策」, 橋本昌史編著『ECの運輸政策』第5章所収 (白桃書房).

中村徹 (1984),「1968年運輸法について——N. F. C. と免許制——」『関西学院商学研究』第17号.

Nijkamp, P., J. M. Vleugel, R. Maggi and I. Masser (1994), *Missing Transport networks in Europe*, Avebury.

太田恒武ほか (1992)「研究フォーラム(1)EC統合と鉄道の課題」,『運輸と経済』第52巻第6号.

Palmer, M., J. Lambert, M. Forsyth, A. Morris and E. Wohlgemuth (1968), *European Unity*, London.

Ross, J. F. L. (1994), High-Speed Rail: Catalyst for European Integration?, *Journal of Common Market Studies*, Vol. 32, No. 2.

Rühl, A. et P. Vincente Vila (1993), Conditions de Realisation d'un Réseau Européen à Grande Vitesse, *Transport*, N°358, mars-avril.

Scheider, W. (1956), *Die Tarifpolitik der Hohen Behörde und Das Deutsche Verkerswesen*, Göttingen.

島野卓爾・岡村堯・田中俊郎編著 (2000)『EU入門』(有斐閣).

Shneerson, D. (1977), "On the Measurement of Benefits from Shipping Service", *Maritime Policy and Measurement*, vol. 4.

Swann, D. (1984), *The Economics of the Common Market*, Penguin Books.

田中素香 (1982),『欧州統合』(有斐閣).

Walrave, M. (1993), Le Projet de Réseau Européen à Grande Vitesse, *Transport*, N°357 janvier février.

Willeke, R., H. Baum, and W. Hoener (1982), *Reference tariffs for goods transport*, EEC transport series, No. 6.

General Report EC, each year.

駐日欧州委員会代表部 (1999)『ヨーロッパ』8・9・10合併号.

日本経済新聞 (1998a), 平成10年7月25日 (夕).

日本経済新聞 (1998b), 平成10年8月3日 (夕).

初出一覧

「ECにおける交通政策の予備的一考察」『大阪産業大学論集社会科学編』第63号，1986年1月

「国際直通料金について——欧州石炭・鉄鋼共同体における国際鉄道輸送のケース——」『大阪産業大学論集社会科学編』第66号，1987年1月

「ECにおける道路貨物輸送の免許制の自由化について——英国の視点から——」『大阪産業大学論集社会科学編』第72号，1988年1月

「欧州高速鉄道ネットワークについての一考察」『大阪産業大学論集社会科学編』第100号，1995年9月

「EU共通鉄道政策についての一考察」『大阪産業大学論集社会科学編』第101号，1996年3月

「欧州横断交通ネットワークの形成とその課題」『大阪産業大学論集社会科学編』第103号，1996年9月

「欧州横断交通ネットワークの形成について——道路，内陸水路，複合輸送のケース——」『大阪産業大学論集社会科学編』第105号，1997年2月

「EU共通鉄道政策の制度的展開——パリ条約からマーストリヒト条約をこえて——」『運輸と経済』第57巻第6号，1997年6月

「EU環境政策における交通についての一考察」『大阪産業大学論集社会科学編』第108号，1998年2月

「EUにおける自動車エネルギー税についての一考察」『大阪産業大学論集社会科学編』第110号，1998年5月

「EUにおける自動車諸税をめぐる議論の動向について」『交通学研究1998年研究年報』1999年5月

「21世紀に向けたEU交通政策の挑戦」『運輸と経済』第59巻第8号，1999年8月

「EUの複合輸送をめぐる議論の展開」『日本物流学会誌』第8号，2000年5月

「EUにおける道路貨物輸送料金の自由化について」『大阪産業大学経営論集』第1巻第3号，2000年6月

索　　引

【ア】

青木（真美）……………………………………124
赤字助成…………………………………………105
アジェンダ2000……………………………229,232
アムステルダム条約………………………………5
アレ・レポート…………………………………24

【イ】

域内市場統合白書………………………………171
意見………………………………………………7
イコール・フッティング………………………100
インターコンテナ／インターフリゴ…………202
インターモーダル………………139,192-196,199,
　　200,203,211,220,221,224
インフラコスト……………………………104,168,183
インフラ（利用）料金…………109,113,115,
　　152,165,166,221

【ウ】

運行義務……………………………………117,118

【エ】

エネルギー／環境理事会………………………176

【オ】

欧州横断交通ネットワーク………117,158,181,
　　193,203,206,208-210,213,214,217,225-229,
　　231,232,234
欧州横断鉄道貨物フリーウェイ…………100,
　　115,117,194
欧州会議…………………………………………3
欧州議会……6,7,9,10,15,25,26,49,60,61,105,
　　121,122,166,169,206
欧州経済委員会…………………………………2
欧州経済共同体（EEC）……………………1,3-6,8
欧州経済協力委員会……………………………3
欧州経済協力機構………………………………3
欧州経済地域（EEA）……………………………52
欧州結合基金……………………………………216

【カ続き／オ続き】

欧州原子力共同体（EURATOM）……………3-6
欧州構造基金……………………………………136
欧州裁判所……………………6,8,10,49,58,60,169
欧州自由貿易連合（EFTA）……15,52,209,210,
　　235
欧州石炭・鉄鋼共同体………2,3,6,79,82,85,
　　86,95-97,136,216
欧州地域開発基金…………………………216,234
欧州鉄道共同体……………………………124,129
欧州投資銀行………………5,136,216,217,227
欧州防衛共同体……………………………………2
欧州理事会……………5,9,15,146,176,206,230
王立運輸委員会………………………………35,58
汚染者負担の原則………140,144,148,158,213

【カ】

外部コスト………………117,151,153-156,158,
　　161,167,170,171,174,181,187,201,203,217,
　　221,224
加鉛ガソリン…………152-154,158,172,175,
　　178,184
加重特定多数決……………………………5,8,9
カボタージュ…………30,44,45,49-53,56,58,
　　166,167
カンガルーシステム……………………………10
環境影響評価……………143,144,146,147,158
環境コスト…………………………168,174,221
勧告……………………………………………7,8
関税同盟…………………………………………4

【キ】

期間輸送免許…………………………………59
規則……………………………………………7,8
北大西洋条約機構（NATO）………………2,40
基本距離料金………………83,84,87,88,90,91,97
共通交通政策………1,11,14,33,49,58,60,99,
　　100,103,106,121,134,152,166,206,229,236
共通鉄道政策…………………………………132
共同市場………3-5,11,14,17,33,40,41,50,56,
　　63,79-82,86,93,99,113,132,133,140-143,

166
共同体免許‥‥‥‥‥‥44-51,56,57,60-62,108
共同体利益の宣言‥‥‥‥‥‥‥‥‥‥‥132
共同体割り当て協定‥‥‥‥‥‥‥‥‥‥38
協力免許‥‥‥‥‥‥‥‥‥‥‥‥‥‥39,40

【ク】

グィイリアム（Gwilliam, K. W.）‥‥‥‥‥11

【ケ】

経済／財政理事会‥‥‥‥‥‥‥‥153,176
経済・社会評議会‥‥‥‥‥6,7,10,25,166
経済統合‥‥‥‥‥‥‥‥‥‥‥‥‥‥3,4
経済同盟‥‥‥‥‥‥‥‥‥‥‥‥‥‥‥4
決定‥‥‥‥‥‥‥‥‥‥‥‥‥‥‥‥7,8
結合基金‥‥‥‥‥‥‥‥‥‥‥‥‥‥208
ゲデス委員会‥‥‥‥‥‥‥‥‥‥‥‥38
限界費用‥‥‥‥‥‥‥‥‥‥‥‥‥‥31
限界レント‥‥‥‥‥‥‥‥‥‥‥‥‥31

【コ】

公共サービス‥‥‥‥‥15,68,100-102,104-107,
110-114,117,119
公共サービス契約‥‥‥‥‥‥‥‥‥‥111
高速鉄道ネットワーク‥‥‥‥105,107,121-124,
129-134,234
鉱油‥‥‥‥‥152,153,165,171-174,177,178,181
国際鉄道連合‥‥‥‥‥‥‥‥‥‥‥‥124
国際道路貨物局‥‥‥‥‥‥‥‥‥‥57,59
国際貿易開発会議‥‥‥‥‥‥‥‥‥‥196
国籍原則‥‥‥‥‥‥‥‥‥‥‥‥166,167
コンテナ‥‥‥‥‥‥‥‥‥‥‥‥‥‥225

【サ】

財政法‥‥‥‥‥‥‥‥‥‥‥‥‥‥‥36
最適資源配分‥‥‥‥‥‥‥‥‥‥‥24,31
サードパーティ‥‥‥‥‥‥‥‥‥194,195
サプライチェーン‥‥‥‥‥‥‥‥196,200
サルター協議会‥‥‥‥‥‥‥‥‥35,36,58
参入規制‥‥‥‥‥‥‥‥‥‥‥‥‥‥34

【シ】

ジェラルダン（Gerardin, M.）‥‥‥‥‥215
自家用輸送‥‥‥‥‥‥‥‥‥‥30,34,36,60
質的免許‥‥‥‥‥‥‥‥‥‥‥‥‥38,58

支配的地位の濫用‥‥‥‥‥18-20,24,25,195,202
市民ネットワーク‥‥‥‥‥‥‥‥‥‥139
シャイダー（Scheider, W.）‥‥‥‥‥‥‥88
社会・経済収益性（率）‥‥‥‥‥‥106,131
社会的規則‥‥‥‥‥‥17,29,63,74,77,100,202
社会的コスト‥‥‥‥‥‥‥112,114,188,213
車軸税‥‥‥‥‥‥‥‥‥‥‥‥‥‥‥191
車両税‥‥‥‥‥‥‥‥152,153,155,166-168,170,
181-183
自由貿易地域‥‥‥‥‥‥‥‥‥‥‥‥4
自由貿易地域連合‥‥‥‥‥‥‥‥‥‥4
シューマン（Schuman, R.）‥‥‥‥‥‥‥3
上下分離‥‥‥‥‥‥100,110,117,122,135,194
指令‥‥‥‥‥‥‥‥‥‥‥‥‥‥‥‥7

【ス】

数次輸送免許‥‥‥‥‥‥‥‥‥‥‥‥59
スパーク委員会‥‥‥‥‥‥‥‥‥‥‥4
スワップボディ‥‥‥‥‥‥‥‥‥193,225

【セ】

西欧同盟（WEU）‥‥‥‥‥‥‥‥‥‥2,4
税の中立性‥‥‥‥‥‥‥‥‥‥‥177,179
全会一致‥‥‥‥‥‥‥‥‥‥‥‥5,8,9,166

【ソ】

相互運用‥‥‥‥‥‥‥115,182,192,205-209,
213,217,220,224,236
相互接続‥‥‥‥‥‥192,193,205,206,208,209,
213,217-221,224,236

【タ】

多国間免許‥‥‥‥‥‥‥‥‥‥‥‥‥57
田中（素香）‥‥‥‥‥‥‥‥‥‥‥‥‥9
ターミナル料金‥‥‥‥‥‥83,84,87,88,90,97
単一欧州議定書‥‥‥‥‥5,10,144,145,147,171
単一輸送免許‥‥‥‥‥‥‥‥‥‥‥‥59
短期免許‥‥‥‥‥‥‥‥‥‥‥‥‥‥57
単純平均算定法‥‥‥‥‥‥‥‥‥‥87,88
炭素税‥‥‥‥‥‥‥‥‥‥165,179,182,185

【チ】

地球温暖化‥‥‥‥‥‥148,150,159,161,163,187

索　引　275

【ツ】

通行料金 …………… 152,153,166-169,171,183
積荷ゲージ規制 ………………………… 191

【テ】

逓減係数 ………… 83,84,87,88,90-93,97
ディーゼル ……… 152,154,156,164,168,171,
　172,175,176,181-183
デジタルタコグラフ ………………… 77,202
鉄道インフラアクセス ………………… 100

【ト】

道路・鉄道輸送法 ……………………… 36
道路プライシング ……………………… 165
都市環境白書 …………………………… 164

【ナ】

ナイカンプ (Nijkamp, P.) …………… 211,221
内部補助 ……………………… 18,22,108

【ニ】

2国間協定 ……………… 38,39,45,56,57,59
2国間免許 …… 39,40,41,44,45,57,58,61,62
CO_2／エネルギー税 ……………… 176-179,182

【ネ】

燃料税 ……………………… 153,166,167

【ハ】

バウム (Baum, H.) ………………… 20,30
PACT ……………… 194,198-200,201,204
バットン (Button, K. J.) ……………… 12,14
バラッサ (Balassa, B.) …………………… 4
パリ条約 ……… 1,3,11,12,79,80,86,88,95,96,99

【ヒ】

ピギーバッグシステム …………………… 40
非経済的な競争 …………………… 19,24,25
ビーチング報告書 ……………………… 37

【フ】

複合輸送 ……… 40,103,105,107,123,134,135,
　151,183,187-192,195-203,212,220,222-225,
　231,235-237

複合輸送免許 …………………… 39,40
部分区間料金 …………………………… 92
ブラケット（料金）………………… 17,19-31
ブリュッセル条約機構 …………………… 1,2

【ホ】

補完性原理 ………… 207,208,215,218,225,233

【マ】

マーシャルプラン ………………………… 3
マーストリヒト条約 … 5,6,9,10,146,157,174,
　205-207,210,213,214,217,218,225,226,233
マルチモーダル（システム）…… 196,207,220,
　221,226,227,233
マンビー (Munby, D.) ………………… 23

【ミ】

ミッシングリンク ………… 132,193,208,210,
　211,216,218,220,237

【ム】

無鉛ガソリン …… 152-154,172,175,176,178,184

【メ】

メッシーナ会議 …………………………… 4

【モ】

モーダルシフト ………………… 164,165,181
モーダルスプリット ………………… 18,187
モネ (Monnet, J) ………………………… 3

【ユ】

有償貨物輸送 (common carrier) …… 30,31,34,
　36,42,45,60,61
輸送管理システム ………………… 165,208,209
輸送義務 …………………………… 117,118
輸送距離料金 …………………………… 83
輸送分担率 ……………………………… 37
ユーロトンネル …………… 106,127,130,227

【ラ】

ライン航行中央委員会 ………………… 202

【リ】

料金義務 …………………………… 117,118

利用者料金················152,168-170,181,183,
　202,212
量的規制················41,47,49,50,56,57
領土原則·································166-170

【ル】

ルクセンブルクの妥協························8

【レ】

レファレンス料金····························25-31
連邦遠距離貨物輸送庁··························28
連邦カルテル庁·································31

【ロ】

ロジスティクス········29,30,192,194,196,198,
　200,211,223,224
ロードファクター······························38
ローディングユニット························225
ローマ条約············1,4,8,11,45,49,56,99,104,
　140,142
ローリングロード·························191,202
ro-ro 輸送······························44,56,60

【ワ】

ワルシャワ条約·································2
ワン・ストップ・ショップ···············116,117

【著者略歴】

中村　徹（なかむら・とおる）
　1955年　大阪府に生まれる
　1978年　関西学院大学商学部卒業
　1983年　関西学院大学商学研究科博士課程後期課程単位取得退学
　1990～1991年　リヨン第2大学運輸経済研究所（LET）客員研究員
　2002年　博士（商学）（関西学院大学）
　現　在　大阪産業大学経営学部教授
　主な業績　OECD編『国際航空輸送政策の将来』（共訳，日本経済評論社，
　　　　　　2000年）。

EU陸上交通政策の制度的展開――道路と鉄道をめぐって――

| 2000年10月20日　第1刷発行 | 定価（本体2800円＋税） |
| 2003年 3月15日　第2刷発行 | |

　　　　　著　者　中　村　　　徹
　　　　　発行者　栗　原　哲　也
　　　　　発行所　㈱ 日本経済評論社
　　〒101-0051　東京都千代田区神田神保町3-2
　　　　電話 03-3230-1661　FAX 03-3265-2993
　　　　　E-mail: nikkeihy@js7.so-net.ne.jp
　　　　　URL: http://www.nikkeihyo.co.jp/
　　　　　　　　　　　　　文昇堂印刷・美行製本
　　　　　　　　　　　　　装幀＊渡辺美知子

乱丁落丁はお取替えいたします。　　　　　　　Printed in Japan
Ⓒ NAKAMURA Toru 2000
ISBN4-8188-1280-3
　Ⓡ〈日本複写権センター委託出版物〉
本書の全部または一部を無断で複写複製（コピー）することは，著作権法上の例外を除き，禁じられています。本書からの複写を希望される場合は，日本複写権センター（03-3401-2382）にご連絡ください。

国際航空輸送政策の将来
―グローバルな変化に対応して―

OECD編・丸茂新・中村徹・吉井秀和訳

A5判 二八〇〇円

国際航空は生産と流通システムのグローバル化の背後にある重要な推進力である。航空輸送産業や利用者グループなどから成る専門委員会が航空輸送を支配する規制構造について再検討する。

市場か政府か
―21世紀の資本主義への展望―

山本哲三著

A5判 二八〇〇円

レーガンの規制緩和やサッチャーの民営化政策等欧米の実験の問題点をとりあげ、規制緩和と民営化が推進された歴史的背景を整理し市場と政府のあり方を分析する。

プライスキャップ規制
―理論と実際―

OECD・山本哲三著

四六判 二九〇〇円

公益事業における公正な利益配分・報酬率・競争を促すためのプライスキャップ規制とは。各国の事例を集めたOECDの報告をふまえその特徴、意義及び課題を理論的に整理。

鉄道改革の国際比較

今城光英編著

A5判 二八〇〇円

国鉄の分割民営化が実施されて一二年が経過した。日本を皮切りに欧州各国に波及した国有鉄道の民営化政策を比較検討し、国鉄改革とその評価を論じる。

成長か衰退か
―日本の規制改革―

OECD編 山本哲三訳

A5判 三〇〇〇円

日本の規制システムの現状と規制改革の経緯を踏まえたラジカルなOECDの勧告にどう応えていくのか。それを決定するのは政府、官僚というより、われわれ国民である。

（価格は税抜）　日本経済評論社